Die Verletzung des Persönlichkeitsrechts durch Bildnisveröffentlichung

Europäische Hochschulschriften
Publications Universitaires Européennes
European University Studies

Reihe II

Rechtswissenschaft

Série II Series II

Droit
Law

Bd./Vol. 449

PETER LANG
Frankfurt am Main · Bern · New York

Die vorliegende Dissertation wurde von der
Stiftervereinigung der Presse e. V. Bonn
und von der Fiduziarischen Stiftung "Freiheit
der Presse", Frankfurt am Main
gefördert

CIP-Kurztitelaufnahme der Deutschen Bibliothek

Müller, Ulrich:
Die Verletzung des Persönlichkeitsrechts
durch Bildnisveröffentlichung : d. „Recht
am eigenen Bild" als untaugl. Versuch e.
Konkretisierung d. allg. Persönlichkeits-
rechts / Ulrich Müller. — Frankfurt am Main ;
Bern ; New York ; Lang, 1985.
  (Europäische Hochschulschriften : Reihe 2,
  Rechtswissenschaft ; Bd. 449)
  ISBN 3-8204-5218-4
NE: Europäische Hochschulschriften / 02

ISSN 0531-7312
ISBN 3-8204-5218-4
© Verlag Peter Lang GmbH, Frankfurt am Main 1985
Alle Rechte vorbehalten.
Nachdruck oder Vervielfältigung, auch auszugsweise, in allen Formen
wie Mikrofilm, Xerographie, Mikrofiche, Mikrocard, Offset verboten.
Druck und Bindung: Weihert Druck GmbH, Darmstadt

Ulrich Müller

Die Verletzung des Persönlichkeitsrechts durch Bildnisveröffentlichung

Das »Recht am eigenen Bild« als untauglicher Versuch einer Konkretisierung des allgemeinen Persönlichkeitsrechts

PETER LANG
Frankfurt am Main · Bern · New York

"Kein Rechtsatz ist völlig verstanden, solange er nicht als Resultat einer Interessenabwägung oder als legislativer Fehlgriff erkannt ist"

Philipp Heck 1914

EINLEITUNG

Das Recht am eigenen Bild gehört zu den wenigen gesetzlich geregelten Persönlichkeitsrechten.
Diese bei Betrachtung des Persönlichkeitsrechts durchaus nicht selbstverständliche Sonderstellung hat ihre eigentliche Ursache in einem auch heute wieder in anderer Beziehung auftauchendem Mißtrauen und Unbehagen gegen den technischen Fortschritt; konkret gegen die Mitte letzten Jahrhunderts entwickelte und sich rasch ausbreitende Technologie der Photographie. Deren sich schnell dienstbar gemachten Möglichkeiten kurzer Belichtungszeiten und seit Kodak's Erfindung transportabler Aufnahmegeräte schafften bereits im Jahre 1898 den letztlich ausschlaggebenden Anlaß, um im Rahmen der Anfang des 20. Jahrhunderts vorgenommenen Urheberrechtsreform auch einen gesetzlichen Schutz vor ungenehmigter Bildnisveröffentlichung zu begründen. Ohwohl bereits längere Zeit zuvor Überlegungen zu einem "Recht am eigenen Bild" bestanden haben, führten erst die von zwei Berufsreportern mittels Hausfriedensbruch erlangten photographischen Aufnahmen des Sterbelagers Bismarcks, deren Veröffentlichung in letzter Instanz durch das Reichsgericht(1) verhindert wurde, zu einer gesetzlichen Fassung. Das Reichsgericht sah sich damals genötigt, auf das Hausrecht der Familie Bismarck und auf bereicherungsrechtliche Grundsätze zurückzugreifen, um die Veröffentlichung verhindern zu können(2).

Mit den §§ 22-24, 33, 37, 38, 42-44, 48 und 50 wurde das Recht am eigenen Bild in das im Jahre 1907 in Kraft getretene "Gesetz betreffend das Urheberrecht an Werken der bildenden Künste und der Photographie"(3) aufgenommen.
Die Einfügung in ein urheberrechtliches Gesetz, obwohl man dieses Recht von Anfang an als Persönlichkeitsrecht einstufte, begründet sich in der vom Gesetzgeber beabsichtigten Einschränkung der aus dem Urheberrecht am Abbild folgenden an sich ungehinderten Verwertungs- und Verwendungsbefugnis des Herstellers des Bildnisses(4).

----

1. RGZ 45, 170
2. siehe dazu J. KOHLER, GRUR 1900, 196 ff
3. im folgenden KUG; Abdruck des Gesetzeswortlautes der §§ 22, 23, 33 KUG im Anhang
4. Drucksachen des Reichstags, 1540 = GRUR 1906, 11/25; vgl. dazu ALLFELD, Das Recht 1902, 417/419

Unter anderem aus dieser Beschränkungsabsicht erklärt sich auch, daß bis heute die §§ 22 ff. KUG nur Schutz vor dem Verbreiten und Schaustellen des Bildnisses gewähren, nicht jedoch vor dessen Herstellung und Anfertigung. Denn die aus dem Urheberrecht folgenden Nutzungsrechte setzen die Existenz eines urheberrechtsfähigen Werks bereits voraus, das vor der Anfertigung des Bildes noch nicht besteht.
Die §§ 22 ff. KUG gelten nun, soweit sie den Bildnisschutz betreffen, trotz der Aufhebung des KUG im Zusammenhang mit der Schaffung des heutigen Urheberrechtsgesetzes vom 9. September 1965 gemäß dessen § 141 Nr. 5 fort.

§ 22 KUG enthält ein grundsätzliches Einwilligungserfordernis des bildlich Dargestellten(1) zur öffentlichen Verbreitung und Schaustellung des Bildes, von dem § 23 I KUG einige Ausnahmen zuläßt. Die wichtigste Ausnahme, die hier zum Anknüpfungspunkt der Erörterung gemacht werden soll, ist die des § 23 I Nr. 1 KUG, nach der auch ohne Einwilligung Bildnisse zur Schau gestellt und verbreitet werden dürfen, soweit sie inhaltlich dem Bereich der Z e i t -
g e s c h i c h t e   zugeordnet werden können.
§ 23 I Nr. 1 KUG erfährt wiederum eine Einschränkung durch § 23 II KUG, der die an sich nach § 23 I KUG zulässigen Veröffentlichungen untersagt, sobald ihnen berechtigte Interessen des Abgebildeten oder nach seinem Tode die seiner Angehörigen entgegenstehen.

Betrachtet man die Entstehungsgeschichte des Rechts am eigenen Bild, so fällt gleich zu Beginn auf, daß die berechtigte Empörung, die die heimliche Photographie des Totenbetts Bismarcks - unbestritten einer Persönlichkeit von eminent historischer Bedeutung - auslöste, zu einem Gesetz geführt hat, das in § 23 I Nr. 1 KUG die Verbreitung und Schaustellung von Bildnissen aus dem Bereich der Zeitgeschichte grundsätzlich gestattete. Damit war von Anbeginn ersichtlich, daß kein Automatismus zwischen der "Geschichtlichkeit" des Bildes oder der abgebildeten Person und einer daraus folgenden Veröffentlichungsfreiheit bestehen konnte.
Dieser Einsicht trug schon § 23 II KUG Rechnung, der nach den Motiven(2) verhindern sollte, daß Bildnisse für Zwecke verwendet werden könnten, die eine V e r l e t z u n g der dem Abgebildeten schuldigen A c h t u n g mit sich bringen. Da auch das Institut des Persönlichkeitsrechts am eigenen Bild von der gleichen Absicht des Gesetzgebers getragen war(3), stellt sich so nicht nur in der Rückschau die Frage, auf welche Weise der Begriff des Bildnisses der Zeitgeschichte geeignet ist, die Feststellung der Rechtmäßigkeit einer Bildnisveröffentlichung zu erleichtern.

----

1. oder seiner Angehörigen für den Ablauf der ersten 10 Jahre nach dem Tode des Abgebildeten

2. Drucksachen des Reichstags, 1541 = GRUR 1906, 11/25

3. Drucksachen des Reichstags, 1540 = GRUR 1906, 11/25

Nach knapp 80-jähriger praktischer Anwendung der §§ 22 ff. KUG
sollte man nun meinen, müßte der Begriff des Bildnisses der Zeitgeschichte soviel Konturen gewonnen haben, daß mit seiner Hilfe
die Bestimmung einer Rechtsverletzung durch Bildnisveröffentlichung relativ leichtfallen sollte.
Eine Durchsicht der vorliegenden Rechtsprechung und Literatur zu
diesem Begriff führt jedoch sehr schnell zu dem Ergebnis, daß es
wohl wenige gesetzliche Tatbestandsmerkmale geben dürfte, die von
ihrer Wortbedeutung her so relativ eindeutig und bestimmbar sind,
in ihrer tatsächlichen Handhabung aber überhaupt keine Eingrenzungen aufweisen. So paradox es erscheint, der Begriff des "Bildnisses aus dem Bereich der Zeitgeschichte" ist mit derart vielen
in sich widersprüchlichen Bedeutungsinhalten versehen worden, daß
er sich deshalb inzwischen als völlig bedeutungsleer erweist. Und
diese Bedeutungsleere scheint denn auch das einzig greifbare Ergebnis einer Inhaltsbestimmung zu bleiben.
So werden Fußballprofis und Unterhaltungskünstler zu Personen der
Zeitgeschichte, weil sie sich allgemeiner Beliebtheit erfreuen(1);
Vermieterinnen deshalb, weil sie nicht an Spätheimkehrer vermieten
wollen(2), und Polizisten aus dem Grund, weil polizeiliches Handeln als staatliche Tätigkeit der demokratischen Kontrolle unterliegen müsse (3).
Bei Damen, die Politikern die Zeit vertreiben helfen, wird die zeitgeschichtliche Relevanz dagegen mit der Begründung abgelehnt, daß an
der Information über skandalöse Vorfälle und Sensationen kein berechtigtes Interesse der Öffentlichkeit bestehe(4).
Ein straffällig gewordener Richter wurde zur Person der Zeitgeschichte, weil er kein besonderes Recht vorweisen konnte, das
das Interesse der Öffentlichkeit an seiner Person beschränken
dürfte(5).
Bei Straftätern allgemein soll die Qualifikation als Person der
Zeitgeschichte davon abhängen, daß die Berechtigung der Aufmerksamkeit, die sie mit ihrer Tat erregen, höher zu bewerten sei,
als das ihnen zugestandene Resozialisierungsinteresse(6).
Der Bezug zur Z e i t g e s c h i c h t e , also zur geschichtlichen Bedeutung des wiedergegebenen Bildinhalts, ist in
allen wahllos herausgegriffenen aber typischen Beispielen nicht
herzustellen. Es drängt sich vielmehr der Eindruck auf, daß nicht
die Zeitgeschichtlichkeit eines Bildnisses die Veröffentlichungs-

----

1. RGZ 125, 80/82 "Tull Harder"; BGHZ 20, 345 "Paul Dahlke"

2. BGHZ 24, 200

3. FRANKE, NJW 1981, 2033/2035

4. "Spielgefährtin" I und II, BGH NJW 1965, 2148 und BGH GRUR 1969, 301

5. KG Schulze KGZ 14, 6 "Früherer Strafrichter"

6. NEUMANN-DUESBERG JZ 1973, 261/262

freiheit ermöglichen soll, wie § 23 I Nr. 1 KUG dies vorsieht, sondern daß vielmehr die Absicht, eine Veröffentlichungsfähigkeit herbeizuführen, dem jeweiligen Bildnis den Stempel des Zeitgeschichtlichen aufdrückt. Nur selten wird dabei offen erklärt, daß man nicht willens ist, die Veröffentlichungsfreiheit tatsächlich von einer z e i t g e s c h i c h t l i c h e n   Bedeutung des wiedergegebenen Bildnisinhalts abhängig zu machen.
Der Bundesgerichtshof spricht einmal im Zusammenhang mit der Veröffentlichung von Abbildungen bekannter Profi-Fußballer zu geschäftlichen Zwecken davon, daß für die Annahme eines Bildes oder einer Person der Zeitgeschichte nicht darauf abgestellt werden dürfe, ob dem wiedergegebenen Geschehen zeitgeschichtliche Bedeutung zukäme[1]; ausreichend sei vielmehr, daß sich die allgemeine Aufmerksamkeit auf die dargestellte Person richte.

Spätestens nach dieser Erkenntnis der Rechtsprechung, daß für ein Bildnis der Zeitgeschichte keine Zeitgeschichtlichkeit des Bildes vonnöten sei, ist man gezwungen, andere Wege der Bedeutungsbestimmung des § 23 I Nr. 1 KUG zu gehen.
Ein Ansatzpunkt dazu ist die Entscheidung des Bundesverfassungsgerichts im Lebach-Urteil[2], wonach jede Veröffentlichung eines Personenbildnisses davon abhänge, daß die Intensität des Eingriffs in den Persönlichkeitsbereich gegen das Informationsinteresse der Öffentlichkeit abgewogen werde.
Diese auch in der zivilrechtlichen Rechtsprechung zu § 23 KUG ständig vorgenommene Einzelfallabwägung zur Bestimmung der Zulässigkeit einer Veröffentlichung wirft allerdings sofort zwei Fragen auf: Wie ist eine allein ausschlaggebende E i n z e l f a l l a b w ä g u n g   mit § 23 I Nr. 1 KUG in Einklang zu bringen und welchen Unterschied macht dann noch die Behandlung des Rechts am eigenen Bild im Vergleich zum allgemeinen Persönlichkeitsrechts aus, bei dem seit jeher die Einzelfallinteressen gegenübergestellt und gegeneinander abgewogen werden, ohne daß es dazu einer gesetzlichen Bestimmung bedürfte.

Die Diskrepanz zwischen Wortbedeutung und Anwendung des § 23 I Nr. 1 KUG, die übereinstimmende Verweisung in zivil- und bundesverfassungsgerichtlicher Rechtsprechung auf eine Entscheidung im Wege der einzelfallbezogenen Abwägung der sich gegenüberstehenden Belange gibt Anlaß und Notwendigkeit genug, den Konflikt zwischen Persönlichkeitsrecht und Informationsfreiheit der Allgemeinheit, den der Gesetzgeber über § 23 I Nr. 1 und § 23 II KUG lösen wollte, von Grund auf neu zu betrachten.

----

1. Warn. Rspr. 1979 (39), 120/123
2. BVerfGE 35, 202 = NJW 1973, 1226

Hier kann vorab nur darauf hingewiesen werden, daß eine einzelfallbezogene Abwägung der sich gegenüberstehenden Interessen nichts anderes bedeutet, als daß von Fall zu Fall neu entschieden wird, welche Voraussetzungen für die Annahme einer Rechtsverletzung des Abgebildeten vorliegen müssen(1).
Diese Vorgehensweise lag dem Gesetzgeber im Jahre 1907 jedoch fern. Er wollte eine g r u n d s ä t z l i c h e Ausnahme der an sich umfassenden Genehmigungsabhängigkeit nur schaffen, soweit es sich um zeitgeschichtlich bedeutsame Bildnisse handelt und auch diese Ausnahme nur unter ganz besonderen Einzelfallbesonderheiten wieder eingeschränkt sehen. In § 23 I Nr. 1 KUG kommt eindeutig u. a. eine gesetzgeberische Entscheidung und Regelung des Konflikts zum Ausdruck, zumindest in allen Fällen, in denen dem veröffentlichtem Bild der zeitgeschichtliche Charakter fehlt, ausnahmslos eine Rechtsverletzung des Abgebildeten anzunehmen.

Die Darstellung und Erklärung dieser Nichtübereinstimmung von Gesetz und Gesetzesanwendung, sowie die daraus resultierenden Folgerungen bilden im wesentlichen den Gegenstand und das Thema dieser Abhandlung.

Da das eigentliche Problem in dem Grundkonflikt, der über § 23 I und § 23 II KUG gelöst werden sollte, begründet liegt - nämlich in der Kollision der Rechte und Interessen der Abgebildeten an einer Nichtveröffentlichung des Bildnisses mit den Interessen der Publizisten an der Verbreitung und Schaustellung - , werden im zweiten Teil unter Anlehnung an die auf Seite angesprochene These Ph. Hecks(2) die sich gegenüberstehenden Interessen der Konfliktbeteiligten herausgearbeitet.

Eine Einschränkung erfolgt dabei in der Weise, daß nur diejenigen I n t e r e s s e n l a g e n umfassend dargestellt werden, die vom Gesetzgeber, von Rechtsprechung und Lehre innerhalb des § 23 I Nr. 1 KUG Berücksichtigung finden sollen und dürfen. Auf diese Weise soll das von einem Recht am eigenen Bild in diesem Bereich erfaßte R e g e l u n g s m a t e r i a l , der Umfang der auszugleichenden Belange beschrieben werden.

Da mit den §§ 22, 23 I Nr. 1 und 23 II KUG bereits eine gesetzgeberische Konfliktsentscheidungsregel vorgegeben ist, wird im dritten Teil diese gesetzliche Vorgabe für die Bestimmung der Zulässigkeit einer Veröffentlichung für sich gesehen auf ihren R e g e l u n g s i n h a l t hin untersucht(3), um im folgenden aufzeigen zu können, auf welche Weise sich die Anwendung dieser Norm in Rechtsprechung und Lehre von den gesetzgeberischen Vorstellungen

----

1. vgl. etwa ESSER-WEYERS, Schuldrecht Bd. 2 TB 2, 138 zum allgemeinen Persönlichkeitsrecht
2. siehe auch STAUDINGER-COING, Einl. Rz 114
3. 3. Teil I

und der gesetzlichen Regelung entfernt hat(1).
Dabei wird auch zu erörtern sein, was die tatsächliche Handhabung des § 23 I Nr. 1 und des § 23 II KUG durch die Rechtsprechung methodisch und rechtstechnisch im Vergleich zu einer gesetzgeberischen Konfliktslösung bedeutet(2).
Weil **Diskrepanzen** zwischen **richterlicher Rechtsanwendung** und dem **vorgegebenen positiven Recht** aufgrund der Bindung des Richters an Recht und Gesetz nicht in unbeschränktem Maße zulässig sind, schließt sich im vierten Teil eine **verfassungsrechtliche Überprüfung** der vorgefundenen Differenz zwischen dem gesetzlichen Lösungsweg einerseits und der Handhabung des § 23 KUG in Rechtsprechung und Lehre andererseits an.

Das dabei gefundene Ergebnis, die Verfassungswidrigkeit der **Anwendung** des bestimmten Rechtsbegriffs "Bildnis aus dem Bereiche der Zeitgeschichte" im Wege einer von diesem Begriff inhaltlich völlig losgelösten Einzelfallabwägung, entscheidet allein noch nicht das Problem, wie nun die Kollision von Persönlichkeitsrecht und Meinungsfreiheit auf dem Sektor der Bildnisveröffentlichungen in verfassungskonformer Weise gelöst werden kann und muß.

Es stellt sich vielmehr die Frage, ob **überhaupt** eine verfassungskonforme Auslegung des § 23 I Nr. 1 KUG denkbar ist, die für alle von dieser Norm erfaßten Sachverhalte gleichermaßen zu sachgerechten Ergebnissen führen kann und die deshalb von der Rechtsprechung ihren Entscheidungen zugrunde gelegt werden muß; oder ob eine sachgerechte Konfliktslösung **allein** auf der Ebene des Einzelfalls unter Rückgriff auf die Interessenabwägung gelingen kann. Mit anderen Worten, es bleibt noch zu prüfen, ob sich das Recht am eigenen Bild wie das allgemeine Persönlichkeitsrecht einer einheitlichen allgemeingültigen Regelung entzieht und deshalb ebenfalls einer gesetzlichen Fassung von konkreter Aussagekraft nicht zugänglich ist.

Sollte sich nämlich die gesetzlich vorgeschriebene Konfliktslösung, die Veröffentlichungsfreiheit vom Vorliegen eines zeitgeschichtlichen Inhalts des Bildnisses abhängig zu gestalten, deshalb als untauglich erweisen, weil ihre gesetzmäßige Anwendung nicht nur in wenigen Einzelfällen, sondern in der Mehrzahl der erfaßten Sachverhalte zu unbilligen, das heißt als ungerecht empfundenen richterlichen Entscheidungen führen würde, wäre § 23 I Nr. 1 KUG in verfassungsrechtlicher Hinsicht nicht mehr haltbar. Sollte sich zudem noch erweisen, daß auch das Recht am eigenen Bild, ähnlich wie das allgemeine Persönlichkeitsrecht, allenfalls als generalklauselartige Bestimmung gefaßt werden könnte, weil die Konfliktslösung, soll sie sich als gerecht darstellen, aus der Natur der Sache heraus von einzelfallbedingten Besonderheiten abhängen muß, so stellte sich außerdem das Problem der Sinnhaftigkeit eines gesetzlichen besonders geregelten Persönlichkeitsrechts am eigenen Bild überhaupt.

----
1. 3. Teil II
2. 3. Teil II, C, D

Diese im fünften Teil untersuchten Fragen führen zu dem Ergebnis, daß
bei dem angegebenen Interessenkonflikt zwar an sich inhaltliche Regelungen des Schutzes vor ungenehmigter Bildnisveröffentlichung aus der
Natur der Sache heraus nicht ausgeschlossen sind, wenn sie die Zulässigkeit der Veröffentlichung von der Relevanz des Bildnisinhalts für
die Allgemeinheit abhängig machen.

Eine solche Ausgestaltung, wie sie § 23 I Nr. 1 KUG mit dem Erfordernis der Zeitgeschichtlichkeit als eine der theoretisch denkbaren Lösungen aufzeigt, scheitert jedoch letztlich daran, daß die ständige
Rechtsprechung des Bundesverfassungsgerichts den S c h u t z d e r
M e i n u n g s f r e i h e i t nicht nach dem Wert des Inhalts der
jeweiligen in der Veröffentlichung zum Ausdruck kommenden Meinung oder
Information differenziert, sondern ihn allein davon abhängig macht, daß
überhaupt eine Meinungsäußerung vorliegt. Da das Bundesverfassungsgericht auch das T a g e s - u n d Z e i t g e s c h e h e n zum
grundsätzlich geschützten Objekt meinungsfreiheitlicher Äußerungen
zählt, auch insoweit dadurch das Persönlichkeitsrecht beeinträchtigt
wird, kann es aus verfassungsrechtlichen Gründen keine allgemeingültige und -verbindliche nach dem Wertgehalt des Bildnisses bestimmte
Grenze geben, unterhalb derer jede Veröffentlichung eines Personenbildnisses automatisch als Rechtsverletzung beurteilt werden muß.

Vielmehr zwingt diese bundesverfassungsrechtliche Behandlung der Meinungsfreiheit im Vergleich zum Persönlichkeitsrecht dazu, die Rechtsverletzung unter jeweiliger Berücksichtigung der Einzelfallbesonderheiten ermitteln zu müssen.

Dieses wesentlichste Ergebnis der Untersuchung führt nicht zu einer
Bevorzugung der einen oder anderen Interessenlage auf Kosten der entgegenstehenden, sondern nur zu einer V e r s c h i e b u n g d e r
E n t s c h e i d u n g s e b e n e von der des G e s e t z e s
auf die des E i n z e l f a l l e s . Es ist daher rein methodischer, bzw. gesetzes- und gesetzgebungstechnischer Art.

Eine sachliche Aussage über die Konfliktsentscheidung an sich enthält
es naturgemäß nicht, da eine solche Aussage bei Zugrundelegung des
hier gefundenen Ergebnisses generell und unter Loslösung vom jeweiligen Sachverhalt nicht mit verbindlicher Sicherheit gefunden werden
kann.

Vielmehr bedeutet der Rückgriff auf die Einzelfallabwägung als allein
taugliches Instrument, zu einer sachgerechten Lösung zu kommen, nichts
anderes, als daß im konkreten Fall die den Sachverhalt prägenden Interessen mit dem ihnen jeweils aufgrund der Art. 2 und 5 GG zukommenden
Gewicht einander gegenübergestellt und im Wege des Vergleichs entschieden werden muß, welchem von ihnen der Vorzug gebührt.

Insoweit unterscheidet sich das Recht am eigenen Bild unter den heutigen verfassungsrechtlichen Anforderungen nicht mehr vom allgemeinen
Persönlichkeitsrecht.

Als Einleitung und zur Ermöglichung eines Vergleichs der methodischen
und rechtstechnischen Ermittlung einer Rechtsverletzung im allgemeinen Persönlichkeitsrecht und im Bereich des Rechts am eigenen Bild
heutiger Ausprägung wird deshalb im ersten Teil die Problematik der
vorherrschenden Handhabung des allgemeinen Persönlichkeitsrechts dargestellt.

1. Teil

DIE VERLETZUNG DES ALLGEMEINEN PERSÖNLICHKEITSRECHTS
UND DER GESETZLICH GEREGELTEN PERSÖNLICHKEITSRECHTE

I. Die Generalklausel des allgemeinen Persönlichkeitsrechts

A. Die Entwicklung des allgemeinen Persönlichkeitsrechts

Dem allgemeinen Persönlichkeitsrecht des Einzelnen auf Achtung seiner Menschenwürde und auf freie Entfaltung seiner Persönlichkeit(1), schon letztes Jahrhundert insbesondere von Otto von Gierke(2), J. Kohler(3) und Gareis (4) als grundlegendes absolutes Recht auf Achtung der eigenen Individualität befürwortet, blieb die Anerkennung durch Rechtsprechung und Gesetzgebung bis in die jüngste Vergangenheit versagt(5). Gemäß der Ansicht, dem Zivilrecht den Schutz vermögenswerter Interessen zu übertragen und den Schutz ideeller Werte in das öffentliche, insbesondere in das Strafrecht zu verweisen, nahm der Gesetzgeber ein allgemeines Persönlichkeitsrecht nicht in das bürgerliche Gesetzbuch auf(6). Er folgte bei der Schaffung des BGB bewußt nicht den Vorbildern des französischen Code civil (Art. 1382), des österreichischen AGBG oder des schweizerischen OR, die alle ein allgemeines Prinzip enthielten, nachdem jeder widerrechtlich und schuldhaft zugefügte Schaden zu einer Ersatzpflicht führt. Der deutsche Gesetzgeber meinte vielmehr, dem Richter nicht die Beurteilung überlassen zu können, wann eine Schadenszufügung rechtswidrig und schuldhaft sei.
Insbesondere im Bereich des Persönlichkeitsrechts glaubte man damals, mit der Aufnahme einiger persönlichkeitsrechtlicher Güter in § 823 I BGB, wie

----

1. so die heute aus den Art. 1 und 2 GG abgeleitete vorherrschende Umschreibung; s. BGHZ 13, 334/338 "Leserbrief"; BGHZ 24, 72/76 "Krankenpapiere"; SCHWERDTNER, Münchener Kommentar, § 12 Anhang Rz. 185; ERMAN-WEITNAUER, Anhang zu § 12 Rz. 2; VON GAMM, Urheberrechtsgesetz, Einf.Rz. 92 u.a.

2. Deutsches Privatrecht, I. Band 1895, 703

3. u. a. in Archiv für bürgerliches Recht Bd. 7 (1893), 94 ff.

4. Busch's Archiv Bd. 35 (1877), 185 ff.

5. Zur Geschichte des allgemeinen Persönlichkeitsrechts s. COING, JZ 1958, 558; R. SCHEYHING, AcP 158, 503; D. LEUZE, Die Entwicklung des Persönlichkeitsrechts im 19. Jahrhundert 1962 und die Zusammenfassungen bei ERMAN-WEITNAUER, Anh. zu § 12 Rz. 1, 2; STAUDINGER-COING/HABERMANN, Vorbem. zu § 1 Rz. 19, 22-24; SCHULZ-SCHAEFFER, 119 ff.

6. s. die vorigen Fußnoten

Leben, Körper, Gesundheit und Freiheit und über § 826 BGB ausreichenden Rechtsschutz zu schaffen, ohne mit der Einfügung eines allgemeinen Persönlichkeitsrechts in das Gesetzeswerk jede Bestimmtheit und Abgrenzung des Schadensersatzrechts aufzugeben(1).

Die Rechtsprechung, insbesondere die des Reichsgerichts(2), stützte sich in ihrer Ablehnung dieses Rechtsinstituts dann auf die Entscheidung des Gesetzgebers (3).

Die nach dem Ende des zweiten Weltkrieges verstärkt aufgetretene Forderung nach umfassenderem Schutz der Einzelpersönlichkeit(4) führte zwar zum "Entwurf eines Gesetzes zur Neuordnung des zivilrechtlichen Persönlichkeits- und Ehrenschutzes"(5), der jedoch auf starken Widerstand der Presse stieß(6) und im Gesetzgebungsverfahren nicht fortgeführt wurde(7).

Es blieb so dem Bundesgerichtshof vorbehalten, im Jahre 1954 dem allgemeinen Persönlichkeitsrecht im Wege richterlicher Rechtsfortbildung zum Durchbruch zu verhelfen(8). In dem ersten auf das allgemeine Persönlichkeitsrecht gestützten Urteil des Bundesgerichtshofs - bekannt unter dem Stichwort "Schacht-" oder "Leserbrief" - hatte sich dieser damit zu befassen, daß ein Rechtsanwalt des ehemaligen Reichsministers Schacht eine von seinem Mandanten veranlaßte Gegendarstellung einer Zeitung übersandte; die Zeitung diese Zuschrift aber unter sinnverändernden Auslassungen ohne den Charakter als Gegendarstellung deutlich zu machen, als persönlichen Leserbrief des Rechtsanwalts abdruckte. Ohne den Rückgriff auf ein allgemeines Persönlichkeitsrecht des Anwalts hätte dessen Klage abgewiesen werden müssen. Die Anerkennung des allgemeinen Persönlichkeitsrechts in diesem Urteil und in der darauffolgenden Rechtsprechung wurde mit der auch das Zivilrecht beeinflussenden Wirkung des einige Jahre zuvor in Kraft getretenen Grundgesetzes begründet, speziell mit der der Art. 1 und 2 GG. Der Bundesgerichtshof rechtfertigte deshalb seine Entscheidung damit, daß "nachdem nunmehr das Grund-

----

1. V. CAEMMERER, Festschrift für Fritz v. Hippel 1967, 27-30
2. RGZ 51, 369/373; 69, 401/403 f. "Nietzsche Briefe"; 79, 397/398/400 "Fresko"; 113, 413/414 "Der Tor und der Tod";KG JW 1928, 363 "Piscator"
3. KRÜGER-NIELAND, Festschrift für F. Hauß 1978, 215
4. vgl. die Beschlußfassung des 42. Deutschen Juristentages 1950 in Verh. d. 42. DJT Bd. 2 D 154 mit der Forderung nach einer umfassenden gesetzlichen Regelung des Persönlichkeitsrechts
5. Bundestagsdrucksachen III Nr. 1237 v. 18.8.1959 = Ufita 29 (1959), 39
6. FIKENTSCHER, Schuldrecht, 640
7. ERMAN-WEITNAUER, Anh. zu § 12 Rz. 62; zum Gesetzesentwurf s. auch LÖFFLER, Ufita 30 (1959), 69; G. HIRSCH, Maulkorb für die Presse? 1959; w. Nachw. bei V. GAMM, Urheberrechtsgesetz, Einf. Rz. 92
8. BGHZ 13, 334 "Leserbrief"

gesetz das Recht des Menschen auf Achtung seiner Würde und das Recht auf freie Entfaltung der Persönlichkeit auch als privates, von jedermann zu achtendes Recht anerkennt", "das allgemeine Persönlichkeitsrecht als verfassungsmäßig gewährleistetes Grundrecht angesehen werden muß"(1).

B. Der Inhalt des allgemeinen Persönlichkeitsrechts

Mit dem Recht auf Achtung der Würde und auf freie Entfaltung der Persönlichkeit hat man allenfalls ein Rechtsprinzip(2), eine allgemeine Richtlinie gewonnen(3), die in ihrer auf die Art. 1 und 2 GG zurückgehenden Ableitung nicht nur für das gesamte Zivilrecht, sondern für die gesamte Rechtsordnung, als auch für das Strafrecht, das öffentliche und das Verfassungsrecht Geltung besitzt. So lautet denn auch ein ursprünglicher Einwand gegen ein allgemeines Persönlichkeitsrecht, daß sich daraus schließlich jede Befugnis begründen ließe, denn in einem gewissen Sinne würde mit jedem Recht Schutz der Individualität angestrebt(4). Noch heute hat die Kennzeichnung dieses Rechtsprinzips durch Gareis aus dem Jahre 1877 Gültigkeit: "Das Recht der Persönlichkeit figuriert in der Rechtswissenschaft immer noch theils mit einer proteusartigen Vielgestaltigkeit, theils mit der Gestaltlosigkeit eines Protoplasma"(5). Vom Bundesgerichtshof wird das allgemeine Persönlichkeitsrecht als von "generalklauselartiger Weite und Unbestimmtheit" beschrieben(6), Fikentscher spricht von einem "Rahmenrecht"(7).

Gerechtfertigt wird die Weite des inhaltlichen Umfangs dieses Rechtsprinzips damit, daß sich das Wesen der Persönlichkeit mit ihrer Dynamik nicht

----

1. BGHZ 13, 334/338 "Leserbrief"; eine ähnliche Gleichstellung des allgemeinen Persönlichkeitsrechts mit den Grundrechten nahmen abhängig von der jeweiligen Auffassung über die unmittelbare oder bloß mittelbare Drittwirkung der Grundrechte im Zivilrecht vor: ENNECCERUS-LEHMANN, Schuldrecht Bd. 2, 936; H. KAUFMANN JuS 1963, 373/378; w. Nachw. bei HUBMANN, Das Persönlichkeitsrecht, 112 Fn. 24. Siehe die Kritik dieser Gleichstellung bei LARENZ, Schuldrecht II, 550 und bei HUBMANN, Das Persönlichkeitsrecht 112 f.

2. LARENZ, Methodenlehre, 458

3. STAUDINGER-COING/HABERMANN, Vorbem. zu § 1 Rz. 25

4. KG JW 1928, 363 re. Sp. "Piscator", SCHULZ-SCHAEFFER, 135

5. Busch's Archiv Bd. 35 (1877), 185/188; ESSER, Schuldrecht Bd. 2, 401 bezeichnete es sogar als "juristisches Monstrum"

6. BGHZ 24, 72/78 "Krankenpapiere"; 30, 7/11 "Caterina Valente"; BGH GRUR 1965, 495, 497 "Wie uns die anderen sehen"; s. a. ENNECCERUS-LEHMANN, Schuldrecht Bd. 2, 937; RÜTELMANN, AcP 163, 89/91; LARENZ, Schuldrecht II, 623

7. Schuldrecht, 641

festlegen lasse(1). Hubmann(2) spricht vom faustischen Drang der Person ins Unendliche, der in kein Schema passe; von der Geheimnisfülle des menschlichen Wesens, das sich auch fernsten Geschlechtern nicht völlig erschliessen werde.
In der Offenheit des Inhalts dieses Rechtsinstituts sieht er allerdings gleichzeitig die Chance, aus künftigen Entwicklungen rührende, heute noch nicht absehbare Beeinträchtigungen der Persönlichkeit erfassen zu können(3).

Auf die mit der generalklauselartigen Weite zwangsläufig verbundene Rechtsunsicherheit ist verschiedentlich hingewiesen worden(4). Diese Rechtsunsicherheit zu beheben, ist mit ein Ziel aller Bemühungen um eine Konkretisierung des allgemeinen Persönlichkeitsrechts. "Es geht insoweit nicht um ein Wollen, sondern um ein Können von Präzisierung"(5).

----

1. BGHZ 24, 72/78 "Krankenpapiere"
2. Das Persönlichkeitsrecht, 132
3. Das Persönlichkeitsrecht, 131
4. RGZ 51, 373; LARENZ, Schuldrecht II, 623; ders. NJW 1955, 521/522 li. Sp.; SCHLECHTRIEM DRiZ 1975, 65 re. Sp.; HUBMANN, Das Persönlichkeitsrecht, 155, jeweils m. weit. Nachw.
5. SCHWERDTNER, Das Persönlichkeitsrecht, 98

II. Die Verletzung des allgemeinen Persönlichkeitsrechts

Sinnvoll ist die Anerkennung des allgemeinen Persönlichkeitsrechts nur, wenn sie zur Bildung von Tatbeständen führt, denen Rechtsfolgen zugeordnet werden können[1]; mit anderen Worten, wenn dieses Recht als Anspruchsgrundlage dienen kann.

Diese Möglichkeit wurde mit der Anbindung des allgemeinen Persönlichkeitsrechts als "sonstiges Recht" im Rahmen des § 823 I BGB erreicht[2].

Demgemäß erweist sich die praktische Bedeutung dieses Rechtsinstituts vorwiegend in dem Schutz der Person vor Verletzung ihrer individuellen Rechte und Interessen durch unerlaubte Handlungen. Die positive Zuweisung von Handlungs- und Entfaltungsfreiräumen und rechtlich geschützter Befugnisse tritt demgegenüber als für die Rechtspraxis relativ irrelevant in den Hintergrund, die Grenzen persönlichkeitsrechtlicher Freiräume werden vielmehr inzident bei der Bestimmung der Rechtsverletzung mit festgelegt. Diese Eigenart des allgemeinen Persönlichkeitsrechts wurde schon von Gareis[3] mit den Worten beschrieben, daß es sich "etwa wie gewisse Nerven im menschlichen Körper zuerst und zumeist in verletztem Zustand bemerkbar mache".

Der zivilrechtliche Schutz im Rahmen des § 823 BGB setzt die Erarbeitung von Verletzungstatbeständen voraus, die eine Aussage über die Widerrechtlichkeit der verletzenden Handlung ermöglichen[4]. Eine Generalklausel vermag diese Funktion aufgrund ihrer Abstraktheit nicht zu erfüllen[5]; eine Richtlinie hat noch keinen Regelcharakter[6], unter die konkrete Sachverhalte subsumiert werden könnten. Wenn nun die Abstraktheit des Prinzips der Anwendung im konkreten Fall entgegensteht, liegt die Me-

----

1. LARENZ, Methodenlehre, 458
2. BGHZ 24, 72/77 "Krankenpapiere"; SCHWERDTNER, Münchener Kommentar, § 12 Anhang Rz. 186 m. w. Nachw.; zu dem für die Praxis unfruchtbaren Streit, ob das allgemeine Persönlichkeitsrecht selbst oder nur daraus abgeleitete einzelne Rechte subjektive und damit "sonstige Rechte" des § 823 I BGB sein können, SCHLECHTRIEM, DRiZ 1975, 65/68; HUBMANN, Das Persönlichkeitsrecht, 107 ff.
3. DJZ 1902, 412/414
4. ERMAN-WEITNAUER, Anh. zu § 12 Rz. 5
5. LARENZ, NJW 1955, 521/524 li. Sp.
6. LARENZ, Methodenlehre, 458

thode zur Ermöglichung der praktischen Handhabung in der Verringerung der Distanz zwischen diesen beiden Polen: in der Konkretisierung der Generalklausel des allgemeinen Persönlichkeitsrechts(1).

Die Konkretisierung und die Erarbeitung von Verletzungstatbeständen erfolgt für das allgemeine Persönlichkeitsrecht typischerweise in der Form, daß eine möglichst genaue Bezeichnung des jeweiligen Rechtsguts, des zu schützenden Interesses, erfolgt, das durch unerlaubte Handlung beeinträchtigt werden kann. Den einzelnen Rechtsgütern werden dann Tatbestände zugeordnet, die Auskunft darüber geben, unter welchen Voraussetzungen diese Rechte als verletzt anzusehen sind. Beide Elemente gehören untrennbar zusammen(2).

A. Die Konkretisierung der Rechtsgüter des allgemeinen Persönlichkeitsrechts

Die Weite der Generalklausel des allgemeinen Persönlichkeitsrechts bedingt, daß sich dieses Recht nicht darin erschöpfen kann, ein einziges einheitliches Rechtsgut, nämlich die Person, vor einer Unzahl von Verletzungsmöglichkeiten zu schützen, sondern daß es um den Schutz vielfältiger, von einander unterscheidbarer und damit je nach der Schärfe der Abgrenzung mehr oder weniger selbständiger Persönlichkeitsgüter geht. Man kann von einem Bündel von Schutzpositionen(3) sprechen, die ihren gemeinsamen Ursprung in dem Achtungs- und Teilhabeanspruch(4) der persönlichen Individualität haben. Erfaßt sind alle Freiräume, deren der Einzelne bedarf, um sein eigenes Ich, seine Individualität und damit seine Eigenständigkeit im sozialen Nebeneinander herauszuarbeiten, zu schützen und zu bewahren. Schon aus dem Begriff der Individualität, der eine Besonderheit, eine Unterscheidbarkeit zu anderen Personen voraussetzt, ist die Vielfalt der erfaßten Interessen ablesbar. Im konkreten Verletzungsfall wird daher meist nicht die Gesamtpersönlichkeit betroffen sein, sondern einzelne Seiten, einzelne Werte und Güter, die die Persönlichkeit in sich vereinigt(5).

---

1. FIKENTSCHER, Schuldrecht, 641; der umgekehrte Weg, den offenbar NEUMANN-DUESBERG (NJW 1957, 1341) zu gehen scheint, indem er die typischen Charakteristika eines jeden Einzelfälles zu besonderen Persönlichkeitsrechten verallgemeinern will, scheint wegen der so entstehenden unabsehbaren Vielfalt besonderer Einzelrechte weniger geeignet

2. zum Weg der Konkretisierung s. LARENZ, Methodenlehre, 204

3. ESSER, Schuldrecht Bd. 2, 401

4. zu diesen Begriffen SCHWERDTNER, Das Persönlichkeitsrecht, 94 ff., 126 ff.

5. HUBMANN, Das Persönlichkeitsrecht, 156 m. w. Nachw.

Die heimliche Tonbandaufnahme eines persönlichen Telefongesprächs zum Beispiel braucht nicht gleichzeitig die Ehre oder den Schutz der religiösen Überzeugung zu beeinträchtigen.

Es ist offensichtlich, daß nicht jedes persönlichkeitsrechtliche Interesse den gleichen Schutz genießen kann, weder vom Grad der Schutzwürdigkeit, noch von der Art des Schutzes. Auch unterscheidet sich notwendigerweise die Angriffsrichtung je nach betroffenem Schutzgut(1).

So folgen naturgemäß aus dem Gesichtspunkt des Ehrenschutzes inhaltlich andere Ansprüche, als aus dem Recht auf gewerbliche Betätigung(2); aus dem Namensrecht (§ 12 BGB)andere Rechte als aus dem Schutz vor Indiskretion.

Erst die möglichst genaue Differenzierung der Rechtsgüter erlaubt die Zuordnung konkreter Verletzungstatbestände(3). Eine Unterscheidung von Intim- und Privatsphäre(4) im Rahmen des Indiskretionsschutzes z. B. ist deshalb nur sinnvoll, wenn beide Begriffe klar voneinander abgrenzbar sind. Beide Bereiche stehen im Gegensatz zur Öffentlichkeit menschlichen Verhaltens. Die Intim- oder Geheimsphäre beschreibt dabei den engsten Schutzbereich der Persönlichkeit gegen Eingriffe Dritter(5) und soll alles umfassen, was "der Einzelne selbst vor Vertrauten und Freunden und vielleicht sogar vor dem Ehegatten und den Kindern geheim hält"(6). Die dem Begriff der Intimsphäre zugeordnete Befugnis ist nach Hubmann(7) das Recht auf Schutz vor Kenntnislangung durch jedermann.

Die Privatsphäre dagegen sei ihrem Wesen nach bereits durch soziale Bezüge einem eng begrenzten Kreis, der Familie, den Freunden und Bekannten zugänglich und erfasse das Interesse am Schutz der Kenntnisbegrenzung auf diesen Kreis. Daraus folge die grundsätzliche Unzulässigkeit einer Veröffentlichung, aber noch nicht die Unzulässigkeit der Weitergabe einer das Privatleben zuzurechnenden Tatsache innerhalb dieses Kreises(8).

----

1. HUBMANN, Das Persönlichkeitsrecht, 156; ähnlich ERMAN-WEITNAUER, Anh. zu § 12 Rz. 4; RÖTELMANN, AcP 163, 89/91
2. Dieses Persönlichkeitsrecht findet sich bei HUBMANN, Das Persönlichkeitsrecht, 190 f
3. SCHLECHTRIEM, DRiZ 1975, 65 re. Sp.
4. Zur Unterscheidung von Geheim-, Intim- und Privatsphäre s. HUBMANN, Das Persönlichkeitsrecht, 157, 320 ff. und Ufita 26 (1958), 19/25; SCHWERDTNER, Münchener Kommentar § 12 Anhang Rz. 206; PALANDT-THOMAS, § 823 Anm. 15 B
5. SCHWERDTNER, Münchener Kommentar, § 12 Anhang Rz. 206
6. HUBMANN, Ufita 26 (1958), 19/25
7. HUBMANN, Ufita 26 (1958), 19/26
8. so HUBMANN, Ufita 26 (1958), 19/25 und Das Persönlichkeitsrecht, 270

Die Beispiele zeigen, daß, je konkreter die Herausarbeitung des jeweiligen in Betracht zu ziehenden Rechtsguts gelungen ist, umso konkreter die Verletzungstatbestände bestimmbar sind. Man kann sogar noch weiter gehen: Ohne genaue differenzierte Herauskristallisation des jeweils betroffenen Interesses ist die Zuordnung konkreter Verletzungstatbestände ausgeschlossen(1).

Umgekehrt reicht ein konkreter Tatbestand allein aber nicht aus, etwas über die Verletzung der persönlichen Rechte auszusagen, wenn er ohne Bezug zu einem konkreten geschützten Persönlichkeitswert steht. Die Verbreitung wahrer Tatsachen z. B. ist nicht geeignet, das Recht der Ehre zu beeinträchtigen, u. U. aber den Schutzbereich der Geheim- und Privatsphäre(2).

Die Feststellung einer Persönlichkeitsrechtverletzung im Rahmen des § 823 I BGB kommt daher nicht ohne die Zugrundelegung eines konkreten Rechtsgutes aus. Die Kritik(3) an der pauschalen Heranziehung der Generalklausel als verletztem Recht in manchen Urteilen des Bundesgerichtshofs(4) ist daher nicht ganz unberechtigt.

B. Die Konkretisierung von Verletzungstatbeständen

Aus dem differenzierten Rechtsgut allein folgen noch nicht automatisch Tatbestände, bei deren Erfüllung die Person als in diesem Recht verletzt anzusehen ist. Die Konkretisierung der Rechtsgüter oder persönlichkeitsrechtlicher Interessen befähigt vorab nur zur Zuordnung, Systematisierung und Kategorisierung von Verhaltensweisen des Rechtsinhabers, die von dem jeweiligen Rechtsgut als geschützt anzusehen sind. Die Bildung des Begriffes "Privatsphäre" zum Beispiel ermöglicht die Einordnung, was alles darunter zu fassen ist, indem man die verschiedenen Äußerungen und Bestätigungen des Einzelnen entweder seinem Privatleben, seiner Geheimsphäre oder seinem öffentlichen Auftreten zuweist.

Der Schutz der persönlichkeitsrechtlichen Befugnisse wurde vom Bundesverfassungsgericht aus Art. 2 I GG i. V. m. Art 1 I GG abgeleitet(5). Mit dieser Ableitung war ursprünglich das Zugeständnis des gleichen Schutzumfanges verbunden, der allgemein aus Art. 2 I GG herausgelesen wurde. Das Recht der freien Entfaltung der Persönlichkeit wurde deshalb ebenfalls als Gewährleistung umfassender Handlungsfreiheit interpretiert, deren Betätigung nur durch die verfassungsmäßige Ordnung und das Sittengesetz begrenzt wird.

----

1. s. ERMAN-WEITNAUER, Anh. zu § 12 Rz. 9
2. Beispiel bei HUBMANN, Das Persönlichkeitsrecht, 157
3. u. a. HUBMANN, Das Persönlichkeitsrecht, 156
4. so in BGH NJW 1960, 1614 "Nitribitt"; BGHZ 35, 363/365 "Ginseng"
5. BVerfGE 6, 32 "Elfes Urteil"

Eine "allgemeine menschliche Handlungsfreiheit"(1) weist jedoch keinerlei immanente Grenzen auf; sie schließt vielmehr jedes denkbare menschliche Verhalten ein(2). Die Annahme eines verfassungsrechtlich derart weit gesteckten Rahmens ermöglicht der zivilrechtlichen Rechtsprechung aufgrund des Vorrangs des Verfassungsrechts keine nähere Konkretisierung oder Einschränkung des Schutzumfangs des allgemeinen Persönlichkeitsrechts.

Das Bundesverfassungsgericht sah sich vielleicht deshalb in der Folge selbst veranlaßt, Inhalt und Grenzen des allgemeinen Persönlichkeitsrechts verfassungsrechtlich enger zu umschreiben. Im Elfes-Urteil(3). erfolgte - ohne daß damit eine Einschränkung des geschützten Bereichs verbunden gewesen wäre - bereits eine erste Konkretisierung durch die Betonung eines grundsätzlich unantastbaren Bereichs privater Lebensgestaltung, der jeglichem Zugriff entzogen sei. Zu diesem unantastbaren Bereich trat im Scheidungsakten-Fall (4) ein Bereich privater Lebensgestaltung, der nicht absolut vor staatlichen Eingriffen geschützt sein sollte, sondern der vielmehr als zu Grunsten höherwertiger Rechtsgüter einschränkbar bezeichnet wurde. Praktisch wurde diese Unterscheidung zwischen unantastbaren und einschränkbaren Sphären allerdings nie. In keinem einzigen Fall wurde bisher ein Eingriff in den unantastbaren Bereich angenommen (5). Stattdessen wurde durchgehend unter Heranziehung des Verhältnismäßigkeitsgrundsatzes eine Abwägung der sich gegenüberstehenden und betroffenen Rechtsgüter vorgenommen und die Entscheidung zu Gunsten des sich im konkreten Fall als höherwertig erweisenden Schutzgutes getroffen. Auf diese Weise blieb in Wirklichkeit kein Lebensbereich des Bürgers der Zugriffsmöglichkeit des Staates prinzipiell verschlossen.

Mit der Anerkennung eines unantastbaren Bereiches im Elfes-Urteil und der Annahme im Prinzip einschränkbarer Teile des Persönlichkeitsfeldes im Scheidungsakten-Fall kündigte sich die Bildung spezifischer verfassungsrechtlich geschützter "Sphären", wie der der Privat-, Intim- und Geheimsphäre an, die zusammen mit den Rechtsgütern der persönlichen Ehre, des Rechts am eigenen Bild, des Rechts am gesprochenen Wort und

---

1. s. Nachw. bei HESSE, Grundzüge des Verfassungsrechts, 164 u. Fn. 65
2. HESSE, Grundzüge des Verfassungsrechts, 164 f.
3. BVerfGE 6, 32/36 ff.
4. BVerfGE 27, 344
5. vgl. R. WELLBROCK, 52

des Verfügungsrechts über die Darstellung der eigenen Person die wesentlichen Teile des verfassungsrechtlich relevanten Schutzbereichs des allgemeinen Persönlichkeitsrechts ausmachen sollten. Eine scharfe Abgrenzung oder Konturierung dieser Schutzgüter erfolgte allerdings nicht; auch wurden aus diesen Umschreibungen keine allgemeingültigen Kriterien für die Bestimmung der Zulässigkeit staatlicher Maßnahmen abgeleitet(1).
Die gleichen Prinzipien, die das Bundesverfassungsgericht für die Beurteilung von Eingriffen im Verhältnis des Bürgers zum Staat heranzog, wurden auch der Beurteilung von Rechtsbeeinträchtigungen im Verhältnis Bürger-Bürger oder Bürger-Gesellschaft zugrundegelegt, ohne daß eine wesentliche Differenzierung aus den unterschiedlichen beteiligten Rechtssubjekten abgeleitet wurde(2).
Mit der Beschreibung bestimmter Kernbereiche des Persönlichkeitsrechts war jedoch noch keine Einschränkung des aus Art. 2 I GG abgeleiteten und mit der "allgemeinen menschlichen Handlungsfreiheit" umschriebenen Schutzes verbunden. Eine Reduzierung und Differenzierung des verfassungsrechtlich geschützten Umfangs des Persönlichkeitsrechts nahm das Bundesverfassungsgericht erstmals im Eppler-Urteil(3) und zwar in zweierlei Hinsicht vor: Unter Abtrennung des aktiven Elements der Handlungsfreiheit beschränkte es den Geltungsumfang des Grundrechts aus Art. 2 I GG für das zivilrechtliche Persönlichkeitsrecht auf den Schutz vor Beeinträchtigungen und begrenzte gleichzeitig den Schutzbereich auf die engere Persönlichkeitssphäre. So schützt nach dieser neueren Rechtsprechung des Bundesverfassungsgerichts das Persönlichkeitsrecht zum Beispiel nicht die Befugnis, für eine bestimmte Partei im Wahlkampf kandidieren zu können; wohl aber davor, daß dem Bewerber um ein öffentliches Amt Äußerungen in den Mund gelegt werden, die er nicht getan hat und die auch seinem eigenen politischen Selbstverständnis nicht entsprechen.
Jedoch führt auch diese verfassungsrechtliche Einschränkung nicht zu einer Konkretisierung der verbleibenden Rechtsgüter, die eine Ausbildung spezieller Verletzungstatbestände ermöglichen könnte.

----

1. vgl. R. WELLBROCK, 52

2. s. z. B. BVerfGE 34, 238 "Tonbandaufnahme" und BVerfGE 34, 269, "Soraya"

3. BVerfGE 54, 148 "Eppler"

Die bloße Bestimmung des speziellen Schutzgutes ermöglicht bei dem umfassenden Schutz eines Persönlichkeitsrechts - zählt es erst einmal zu der engeren Persönlichkeitssphäre im Sinne der bundesverfassungsgerichtlichen Rechtsprechung - allenfalls eine Aussage darüber, ob Handlungen Dritter in den jeweiligen Schutzbereich eingreifen und dieses Rechtsgut somit beeinträchtigen. Nicht jede Rechtsbeeinträchtigung ist jedoch bereits allein aus dem Umstand, daß sie in einen an sich bestehenden Schutzbereich eingreift, als Rechtsverletzung anzusehen.
Wenn nun Rechtsgutkonkretisierungen im allgemeinen Persönlichkeitsrecht, auch aufgrund der Ausklammerung des aktiven Elements der Handlungsfreiheit und der Begrenzungen dieses Rechtsinstituts auf einen Achtungsanspruch, nur eine Schutzbereichbestimmung ermöglichen - Familienleben, Privatsphäre etc. - kennzeichnen Verletzungstatbestände dagegen naturgemäß das Verhalten Dritter in ihrer Zielrichtung auf die geschützten Rechtsgüter.

Mit der Einbeziehung der Interessen und Rechte anderer stößt man auf das Kernproblem des allgemeinen Persönlichkeitsrechts: auf die Einordnung der Rechtsbefugnisse des Einzelnen in die Gesamtrechtsordnung(1), der erforderlichen Berücksichtigung von Gegenpositionen(2), der notwendigen Integration in das Leben der Umwelt(3), um nur drei Umschreibungen zu nennen(4).

Da der wesentliche Teil der freien Entfaltung der Persönlichkeit auf ihr soziales Umfeld, auf die Betätigung in der Gemeinschaft gerichtet ist, dabei notgedrungen mit der Persönlichkeitsentfaltung anderer in Berührung kommt, sind Kollisionen mit den Rechten und Interessen anderer vorprogrammiert(5) und unvermeidlich(6). Nach Deutsch(7) sind Eingriffe in das Persönlichkeitsrecht in der industriellen Leistungsgesellschaft an der Tagesordnung(8) und können daher nicht schlichtweg verboten sein(9). Offenkundig ist, daß eine Rechtsordnung, so sehr sie sich auch den Freiheitsrechten des Einzelnen verpflichtet fühlt, keinen uneingeschränkten Schutz der Persönlichkeit zu leisten vermag(10).

----

1. COING, JZ 1954, 700
2. SCHLECHTRIEM, DRiZ 1975, 65/66 re. Sp.
3. U. KOEBEL, MDR 1972, 8/9
4. so auch HUBMANN, Das Persönlichkeitsrecht, 158: die soziale Bindung, die allen subjektiven Rechten anhaftet;
   LARENZ, NJW 1955, 521/522: das Maß derjenigen Beschränkungen, die sich der Einzelne um des Zusammenlebens in der Gemeinschaft willen gefallen lassen muß
5. BGHZ 24, 72/80 "Krankenpapiere"; BVerfGE 7, 198/220 "Lüth"; ADOMEIT, JZ 1970, 495, 498
6. BGHZ JZ 1978, 102/104
7. GRUR Int. 1973, 463/464
8. dagegen SCHWERDTNER, Das Persönlichkeitsrecht, 98
9. DEUTSCH, GRUR Int. 1973, 463/464; BGH JZ 1978, 102/104 m. w. Nachw.
10. SCHWERDTNER, Das Persönlichkeitsrecht, 98

Wenn aber jedes Recht, auch das absolute, unter dem Spannungsverhältnis widerstreitender Interessen und Rechte steht(1), ist mit der Erkenntnis der Rechtsbeeinträchtigung noch nichts gewonnen, nicht einmal bei vorsätzlichen Eingriffen(2). Die Bestimmung der Rechtsmacht des Individuums, die ihm im Rahmen seiner Persönlichkeitsrechte zugestanden wird, muß vielmehr bereits Wertentscheidungen zugunsten der Allgemeinheit und der Rechte und Interessen anderer berücksichtigen(3). Die Gemeinschaftsordnung bedingt daher die Abrenzung der Befugnisse und Rechte unter den Beteiligten.

Es muß also noch nach der Bestimmung des Persönlichkeitsguts und der eventuellen Schutzwürdigkeit einer Durchsetzung des den Eingriff tragenden Interesses geprüft werden, ob diese Schutzwürdigkeit die Beeinträchtigung rechtfertigt. Die Erörterung des Privatlebens eines Politikers in einer Zeitschrift, der sich selbst öffentlich als Sittenapostel aufspielt (4), ist nicht allein deshalb rechtswidrig, weil dadurch dessen engere Persönlichkeitssphäre berührt wird.

Es ist daher nicht angebracht, die den persönlichkeitsrechtlichen Freiheitsraum beeinträchtigenden Gegeninteressen allein unter dem Gesichtspunkt von Rechtfertigungsgründen zu betrachten(5), da dies voraussetzen würde, daß jeder Eingriff an sich widerrechtlich wäre(6). Bei einer Kollision von auf beiden Seiten schutzwürdigen Rechtsgütern vermag die Betrachtung der einen Position unter dem Aspekt eines Rechtfertigungsgrundes deshalb nicht mehr auszusagen, als daß die beeinträchtigende Handlung im Interesse dieser Position vorgenommen worden ist. Der Prüfung der Rechtswidrigkeit der Beeinträchtigung an sich wird man dadurch nicht enthoben.

1. Das Merkmal der Rechtswidrigkeit als notwendiger Bestandteil der Rechtsverletzung

Die Rechtsordnung realisiert sich u. a. in der Verteilung von Rechtsmacht und -befugnissen zwischen den an Interessenkonflikten Beteiligten. Die Überschreitung des zustehenden Freiheitsraumes zu Lasten des entgegen-

----

1. SCHLECHTRIEM, DRiZ 1975, 65/66 re. Sp.
2. ESSER, Schuldrecht Bd. 2, 402
3. SCHLECHTRIEM, DRiZ 1975, 65/66
4. BGH NJW 1964, 1471 "Sittenrichter"
5. so aber SCHLECHTRIEM, DRiZ 1975, 65/67 li. Sp.; KRÜGER-NIELAND Karlsruher Forum 1961, 16; ERMAN-WEITNAUER, Anh. zu § 12 Rz. 8; HUBMANN, Das Persönlichkeitsrecht, 160, tun dies z. T. im Rahmen des Rechtfertigungsgrundes der "Wahrnehmung berechtigter Interessen"
6. so wie hier ESSER-WEYERS, Schuldrecht Bd. 2 TB 2, 139; LARENZ, Schuldrecht Bd. 2, 624; NIPPERDEY NJW 1967, 1985/1988; ADOMEIT, JZ 1970, 495/496; BGH JZ 1978, 102/104

stehenden Rechts steht demnach nach erfolgter Zuteilung von Befugnissen und den daraus rührenden Verhaltensnormen(1) im Gegensatz zur Rechtsordnung und bedingt damit gleichzeitig das Rechtswidrigkeitsurteil über die Überschreitung.

Hier setzt nun die eigentliche Funktion des Verletzungstatbestandes an: "bestimmte, leicht kenntliche Vorgänge als typische Erscheinungsformen des Unrechts kenntlich zu machen"(2).

Im Sinne der ursprünglichen dogmatischen Vorstellung des Tatbestandes enthält dieser nicht nur einen typisierten Lebenssachverhalt, sondern gleichzeitig eine Unrechtsbeschreibung(3). Die grundsätzliche Zulässigkeit von Rechtsbeeinträchtigungen läßt den Eingriff als solchen im Rahmen des § 823 I BGB unerheblich erscheinen; erst die Beurteilung dieser Beeinträchtigung als objektives Unrecht qualifiziert ihn zur Verletzungshandlung. Von Wert ist daher nur die Feststellung einer in rechtswidriger Weise erfolgten Beeinträchtigung als Persönlichkeitsrechtsverletzung. Die Unterscheidung von Tatbestand und Rechtswidrigkeit ist insbes. im allgemeinen Persönlichkeitsrecht mangels gesetzlicher Regelungen relativ unfruchtbar(4).

Nach dem oben Gesagten bezeichnet die Rechtswidrigkeit die Grenze innerhalb des Kollisionsbereiches entgegenstehender Rechte und Interessen, die den jeweiligen Freiheitsraum absteckt(5); mit anderen Worten die Grenze, ab der das jeweils betroffene Interesse schutzwürdiger erscheint, als das entgegenstehende(6). Der so abgesteckte Bereich wird mit der Abgrenzung(7), der Grenze des Persönlichkeitsrechts(8) oder mit der Reichweite dieses Rechtes(9) beschrieben.

----

1. zum Begriff der Verhaltensnorm, ERMAN-WEITNAUER, Anh. zu § 12 Rz. 9 m. w. Nachw.; V. CAEMMERER, Festschrift zum 100jährigen Bestehen des Deutschen Juristentages 1960, 49/112; NIPPERDEY, NJW 1967, 1985/1988; SCHWERDTNER, Münchener Kommentar, § 12 Anhang Rz. 187
2. LARENZ, NJW 1955, 521/523
3. NIPPERDEY, NJW 1967, 1985/1988
4. Diese Unterscheidung findet man bspw. bei ERMAN-WEITNAUER, Anh. zu § 12 Rz. 5, 7; wie hier KRÜGER-NIELAND, Karlsruher Forum 1961, 16.
5. "Abgrenzung miteinander kollidierender Freiheitssphären" so ESSER-WEYERS, Schuldrecht Bd. 2 TB 2, 139; ESSER, Schuldrecht Bd. 2, 402
6. LARENZ, BGB AT 112; KRÜGER-NIELAND, Karlsruher Forum 1961, 16
7. BGHZ 24, 72/80 "Krankenpapiere"; COING, JZ 1954, 700; LARENZ NJW 1955, 521; ERMAN-WEITNAUER, Anh. zu § 12 Rz. 9
8. STAUDINGER-COING/HABERMANN, Vorbem. zu § 1 Rz. 27
9. BGHZ 24, 72/80 "Krankenpapiere"; V. GAMM, NJW 1979, 513/514; LARENZ, Methodenlehre, 392

Die Durchsetzung des weniger schutzwürdigen oder niederrangigen Interesses zu Lasten des wertvolleren ist mit der Rechtsordnung unvereinbar. Die Grenzziehung setzt daher eine Bewertung der sich im Kollisionsfalle gegenüberstehenden Interessen und eine Entscheidung, welches Interesse sich auf Kosten des anderen durchsetzen darf, voraus(1). Mit der Ausgleichsgewinnung durch Bewertung der sich im Konfliktsfall gegenüberstehenden Belange ist bereits die Methode dieser Grenzziehung umschrieben: Sie wird allgemein als Abwägung bezeichnet(2).

Wenn Aufgabe und Ziel der Abwägung die Trennung rechtmäßigen von rechtswidrigem Verhalten ist, gewinnt man mit dieser Methode nicht nur eine Aussage über die Rechtswidrigkeit allein, sondern notwendigerweise damit verbunden, die Qualifikation einer Beeinträchtigungshandlung als Verletzungstatbestand(3). Deshalb wird häufig die Funktion der Abwägung in der gleichzeitigen Tatbestands- und Rechtswidrigkeitsfeststellung von Persönlichkeitsrechtsverletzungen gesehen, ohne diese beiden Bereiche einer wesentlichen Unterscheidung zu unterziehen(4). Das Rechtswidrigkeitsurteil ist somit immanenter Bestandteil des Tatbestandes einer Persönlichkeitsrechtsverletzung.

2. Die Güter- und Interessenabwägung als allgemeines
   Prinzip der Tatbestandsabgrenzung

Wenn also mit Hilfe der Abwägung Tatbestand und Rechtswidrigkeit von Verletzungshandlungen festgestellt werden können, indiziert die durch Abwägung gewonnene Qualifikation als Rechtsverletzung in gleicher Weise wie die gesetzliche Umschreibung unerlaubter Handlungen die Rechtswidrigkeit des bezeichneten Verhaltens. Durch Abwägung ermittelte Verletzungshandlungen entsprechen daher den klassischen Deliktstatbeständen, denen auf-

----

1. LARENZ, Methodenlehre, 393

2. "Interessenabwägung" bei HUBMANN, Das Persönlichkeitsrecht, 159 f.; "Güter- und Interessenabwägung" in BGHZ 24, 72/80 u. a.; "Güter- und Pflichtenabwägung" bei KRÜGER-NIELAND, Karlsruher Forum 1961, 16 und bei SCHWERDTNER, Münchener Kommentar, § 12 Anhang Rz. 199

3. s. KRÜGER-NIELAND, Karlsruher Forum 1961, 16f., wo anhand von Beispielen aus der höchstrichterlichen Rechtsprechung dargelegt wird, daß mittels der Abwägung sowohl der Tatbestand einer Persönlichkeitsrechtsverletzung, die Widerrechtlichkeit oder der spezielle Rechtfertigungsgrund der "Wahrnehmung berechtigter Interessen" gewonnen werden kann; s.auch V.GAMM, Persönlichkeits- und Ehrverletzungen, 16

4. SCHWERDTNER, Münchener Kommentar, § 12 Anh. Rz. 199; LARENZ, Schuldrecht II, 624; ADOMEIT, JZ 1970, 495/496; REINICKE, JA 1981, 328/330; dagegen auf die Rechtswidrigkeitsfeststellung beschränkt NIPPERDEY, NJW 1967, 1985/1988; PALANDT-THOMAS, § 823 Anm. 15 D; FIKENTSCHER, Schuldrecht, 641; BGH NJW 1978, 2151/2152

grund ihrer Geschlossenheit und der Abgegrenztheit ihrer Tatbestandsvoraussetzungen Indizwirkung für die Rechtswidrigkeit zugewiesen wird(1). Beiden "Arten" von Tatbeständen, den gesetzlichen wie den gesetzesunabhängig gewonnenen ist die in ihnen enthaltene Entscheidung über das Unrechtmäßige des von ihnen beschriebenen Verhaltens gemeinsam.

Dieses Ergebnis ist nicht überraschend, da letztlich alle Normen des Privatrechts Interessenkonflikte entscheiden, soweit sie nicht bloße Organisationsregeln oder "Leerformeln"(2) darstellen. Rechtsfindung bedeutet allemal Konfliktslösung. Soweit nicht bereits gesetzliche oder vertragliche Entscheidungsregeln vorgegeben sind, müssen jeweils die betroffenen Rechtsgüter und Interessen herausgearbeitet, auf ihren im Rahmen der Gesamtrechtsordnung zustehenden Rang und ihre Wertigkeit anhand von Bewertungsprinzipien untersucht(3), gegenübergestellt und der Konflikt einer Entscheidung zugeführt werden. Je unterschiedlicher der Rang der kollidierenden Rechtsgüter ist, umso leichter ist diese Entscheidung und umso weniger wird man sich dieses Vorgehens bewußt werden. So ist selbstverständlich, daß das Leben des Menschen allen materiellen Rechtsgütern vorgeht, oder daß allein dem Urheber eines Werkes dessen Verwertung zustehen kann. Schwieriger wird es, wenn die sich gegenüberstehenden Werte gleichen Rang aufweisen oder in ihrem Rangverhältnis nicht ohne weiteres bestimmbar sind(4). So etwa, wenn persönlichkeitsrechtliche Interessen aufeinander stoßen oder der Indiskretionsschutz auf das Recht der Presse- und Meinungsfreiheit trifft(5).

In allen Fällen wird der Ausgleich mit Hilfe der Güter- und Interessenabwägung herbeigeführt. Das Ergebnis ist immer die wertende Entscheidung, welches Interesse sich in welchem Rahmen zu Lasten des anderen durchsetzen darf, wo die Grenze rechtmäßigen und rechtswidrigem Verhaltens verläuft. Den letzten Schritt zu einer gesetzlichen Ausgestaltung kennzeichnet dann die Umsetzung des gefundenen Ergebnisses in Tatbestand und Rechtsfolge(6).

----
1. LARENZ, NJW 1955, 521/523; NIPPERDEY, NJW 1967, 1985/1988
2. zu diesem Begriff STAUDINGER-COING, Einl. Rz. 71/72
3. STAUDINGER-COING, Einl. Rz. 114
4. LARENZ, Methodenlehre, 401
5. KRÜGER-NIELAND, Festschrift für F. Hauß 1978, 215/218
6. STAUDINGER-COING, Einl. Rz. 114

Die Anwendung der Methode der Abwägung ist also an keine spezielle Entscheidungsebene gebunden; sie ist weder auf das Verfahren der Gesetzgebung, noch auf die Rechtsprechung beschränkt, sondern ein allgemeingültiges Prinzip der Entscheidungsgewinnung(1).
Ihre Anwendbarkeit stellt allenfalls ein Kompetenzproblem, insbesondere zwischen Legislative und Judikative dar. Der Konkretisierungsprimat des Gesetzgebers(2) weist dabei der gesetzgebenden Gewalt das Vorrecht zur Konfliktslösung zu.
Zur richterlichen und damit zur Einzelfallabwägung kommt es daher erst, wenn das Gesetz einer eigenen Bewertung des Richters Raum gibt; sei es, daß der zur Entscheidung anstehende Konflikt gesetzlich überhaupt nicht geregelt und entschieden ist, oder daß die Norm selbst sich durch die Aufnahme von Generalklauseln oder Leerformeln einer für den konkreten Einzelfall ausreichenden Bewertung enthält(3). Erst dann ist der Richter berechtigt, allerdings auch verpflichtet, eine an der Gesamtrechtsordnung orientierte Konfliktslösung vorzunehmen, denn der Beurteilung des Falles kann er sich nicht enthalten(4).

C. Die Feststellung der Rechtswidrigkeit
   im allgemeinen Persönlichkeitsrecht

Die Güter- und Interessenabwägung ist daher keine besondere Schranke des Persönlichkeitsrechts(5). Die Notwendigkeit der Anwendung dieser Methode beruht vielmehr allein auf dem Umstand, daß das allgemeine Persönlichkeitsrecht unterschiedlich scharf abgegrenzte Tatbestände aufweist und zum Großteil als Rechtsinstitut nur die Erfassung und Kategorisierung der persönlichen Rechtsgüter ohne Festlegung ihrer tatsächlichen Reichweite vermag(6).

----

1. STAUDINGER-COING, Einl. Rz. 114; HUBMANN, Festschrift Schnorr v. Carolsfeld, 173/175; BGHZ 3, 270/271/281 "Sumpfblüte"

2. zu diesem Begriff und seiner Begründung s. GÖLDNER, Verfassungsprinzip und Privatrechtsnorm, 182 ff.; LARENZ, Methodenlehre, 330, 419 und unten 5. Teil II

3. COING, JZ 1954, 700

4. STAUDINGER-COING, Einl. Rz. 120, 186

5. so aber ERMAN-WEITNAUER, Anh. zu § 12 Rz. 8; ähnlich HUBMANN, Das Persönlichkeitsrecht, 159

6. ERMAN-WEITNAUER, Anh. zu § 12 Rz. 9, geht zwar von einer verschieden starken Abgrenzung der Tatbestände im Persönlichkeitsrecht aus, scheint aber die fehlende Indizwirkung bestreiten zu wollen. Gegen eine Indizwirkung des allgemeinen Persönlichkeitsrechts an sich BGH NJW 1978 751/753 m. w. Nachw.; LARENZ, Schuldrecht II, 625; ders. Methodenlehre, 393; SCHWERDTNER, Münchener Kommentar, § 12 Anhang Rz. 199; ders. Das Persönlichkeitsrecht, 98; PALANDT-THOMAS, § 823 Anm. 15 D; FIKENTSCHER, Schuldrecht, 641; KRÜGER-NIELAND, Karlsruher Forum 1961, 16 u.a.

Neben den gesetzlichen Tatbeständen der besonderen Persönlichkeitsrechte wurden bisher nur wenige relativ abgegrenzte Verletzungstatbestände erarbeitet, die wie z. B. der Schutz von Briefen (§ 15), der Schutz des gesprochenen Wortes (§ 18) und der Schutz der Intimsphäre vor technischen Abhörvorrichtungen (§ 19) Eingang in den nicht weiter verfolgten Entwurf eines Gesetzes zur Neuordnung des zivilrechtlichen Persönlichkeits- und Ehrenschutzes gefunden haben(1). Obwohl eine gesetzliche Normierung im Zivilrecht bisher nicht gelungen ist, sind einige typische Persönlichkeitsrechtsverletzungen, z. T. diejenigen, die im Entwurf enthalten waren, als Straftatbestände in das Strafrecht aufgenommen worden(2).
Bei dem überwiegenden Teil der persönlichkeitsrechtlichen Erscheinungen muß dagegen der Verletzungstatbestand erst von Fall zu Fall durch Abwägung ermittelt werden.
Wenn aber mit der Abwägung eine Methode existiert, Verhaltensweisen als Rechtsverletzungen charakterisieren zu können, so stellt sich letztlich nicht das Problem der Abgrenzbarkeit, sondern allenfalls das der Abgrenztheit des Persönlichkeitsrechts. Bei fehlender Abgrenzbarkeit wäre dieses Rechtsinstitut, insbesondere als sonstiges Recht im Rahmen des § 823 I BGB für die Praxis untauglich. Dem steht jedoch bereits die große Fülle gerichtlicher Entscheidungen entgegen, denen man im wesentlichen zugeben muß, daß sie Ausdruck konsensgetragener Rechtsüberzeugung sind(3). Das Verdienst der inhaltlichen Ausfüllung des allgemeinen Persönlichkeitsrechts wird denn auch primär der Rechtsprechung zugestanden(4).

Soweit gesetzliche Regelungen fehlen, ist auch weiterhin die Rechtsprechung allein aufgerufen, das im Wege höchstrichterlicher Rechtsfortbildung anerkannte allgemeine Persönlichkeitsrecht in dem ihr möglichen Rahmen in der Einzelfallentscheidung mit Inhalt zu füllen(5).

Das Problem, mit dem sich die juristische Literatur mangels gesetzlicher Grundlagen in weiten Bereichen befaßt hat, ist, ob und wie weit sich aus der inzwischen vorliegenden Entscheidungsfülle allgemeingültige Tatbestände und Abgrenzungsmerkmale ergeben, anhand derer sich vom Einzelfall losgelöst feststellen läßt unter welchen Voraussetzungen generell eine Persönlichkeitsrechtsverletzung anzunehmen sei(6).

----

1. Bundestagsdrucksachen III Nr. 1237 v. 18.8.1959 = Ufita 29 (1959), 39

2. §§ 201 ff. StGB, Verletzung des persönlichen Lebens- und Geheimbereichs

3. vgl. SCHLECHTRIEM, DRiZ 1975, 65/66

4. ERMAN-WEITNAUER, Anh. zu § 12 Rz. 4 m. w. Nachw.; ESSER, Schuldrecht Bd. 2, 402; LARENZ, Schuldrecht II, 624; HUBMANN, Das Persönlichkeitsrecht, 157 ff., 172

5. LARENZ, BGB AT, 112

6. vgl. SCHLECHTRIEM, DRiZ 1975, 65/66; NEUMANN-DUESBERG, NJW 1957, 1341/1343

Zwei Wege wurden dazu beschritten:
Von denjenigen, die dem allgemeinen Persönlichkeitsrecht selbst die
Qualität eines eigenständigen subjektiven Rechts und zum Teil die Eigenschaft, sonstiges Recht im Sinne des § 823 I BGB zu sein, absprechen[1],
wird versucht, u. a. aus den gerichtlichen Entscheidungen einzelne besondere Persönlichkeitsrechte als selbständige, absolute Rechte zu entwickeln.
Der Weg dazu ist die Verallgemeinerung und Zusammenfassung von Einzelfallcharakteristika[2]. Mit der Grenzziehung der besonderen Persönlichkeitsrechte werde die Abgrenzbarkeit des allgemeinen Persönlichkeitsrechts erreicht[3]. Unabhängig von der Entscheidung der Streitfrage der Bedeutung
der Generalklausel als subjektivem Recht[4] lassen sich gegen diese Auffassung Bedenken anführen: Bei einer unendlichen Reihe von besonderen Persönlichkeitsrechten als notwendige Folge[5] dieses aktionsrechtlichen Vorgehens wird deren praktische Handhabbarkeit in Frage gestellt. Die Spannbreite der aufgeführten Einzelrechte reicht z. B. schon bisher vom Recht
auf Resozialisierung[6] über den Datenschutz bis zum Recht auf Klärung
der blutsmäßigen Abstammung[7].
Die vorherrschende Richtung[8] versucht, aus dem Entscheidungsmaterial
Fallgruppen, Kategorien zu gewinnen, die Maßstäbe für die Einzelfallentscheidung abgeben sollen; eine für die Ausfüllung von Generalklauseln
typische Methode[9]. Das erarbeitete Geflecht von Entscheidungsmustern[10]
dient dabei lediglich als Orientierungshilfe und steht deshalb unter dem
Vorbehalt der Berücksichtigung fallbedingter Umstände, so daß der Richter
aufgrund des Gleichheitsgrundsatzes jeweils gezwungen ist, die konkreten
Entscheidungsgrundlagen auf ihre Vereinbarkeit mit den vorgegebenen Maßstäben zu überprüfen.

----

1. z. B. RÜTELMANN, AcP 163, 89/91; NEUMANN-DUESBERG, NJW 1957, 1341, der das allgemeine Persönlichkeitsrecht zwar als "sonstiges Recht" auffaßt, ihm jedoch jede praktische Bedeutung als Anspruchsgrundlage abspricht

2. NEUMANN-DUESBERG, NJW 1957, 1341/1343

3. NEUMANN-DUESBERG, NJW 1957, 1341/1343

4. dazu SCHLECHTRIEM, DRiZ 1975, 65/68, und HUBMANN, Das Persönlichkeitsrecht, 107 ff.

5. NEUMANN-DUESBERG, NJW 1957, 1341/1343

6. NEUMANN-DUESBERG, JZ 1973, 261

7. NIPPERDEX, Ufita 30 (1959), 1/16 m. w. Nachw.

8. LARENZ, Schuldrecht II, 625 ff.; ESSER, Schuldrecht Bd. 2 401 f.; FIKENTSCHER, Schuldrecht, 641; HUBMANN, Das Persönlichkeitsrecht, 155, 175 ff.; PALANDT-THOMAS, § 823 Anm. 15 B; STAUDINGER-COING/HABERMANN, Vorbem. zu § 1 Rz. 26 u. a.

9. s. die einschlägigen Kommentierungen zu § 242 BGB

10. LARENZ, Methodenlehre, 277

Ob bisher mit der Fallgruppenbildung eine Abgrenzung des allgemeinen Persönlichkeitsrechts erreicht ist, scheint fraglich, wenn man sich vor Augen hält, daß es nicht gelungen ist, sich auf übereinstimmende Kategorien zu einigen.
So findet man beispielsweise bei Fikentscher(1) vier Hauptgruppen, nämlich "Eindringen in den persönlichen Bereich", "Preisgabe von Einzelheiten aus dem persönlichen Bereich", "Verwendung von Bildern, Fotografien, Namen, Wappen u. dgl. zu Reklamezwecken" und den "Ehrenschutz". Diese Fallgruppen werden dann noch einmal untergliedert, so z. B. die erste Gruppe in folgende Erscheidungsformen: Heimliche Aufnahme eines Personenbildnisses, heimliche Tonbandaufnahme, heimliches Abhören des Telefons, Suggestivwerbung, operative Entnahme von Teilen aus dem Körper ohne Zustimmung der Angehörigen und die Persönlichkeitserforschung ohne Einwilligung des Betroffenen. Bei Hubmann(2) findet man innerhalb dreier übergeordneter Rechtskreise, des Rechts auf Entfaltung der Persönlichkeit, des Rechts an der Persönlichkeit und des Rechts auf Individualität insgesamt 34 Untergruppen, denen er ein eigenes Kapitel widmet(3). Die vorgenommenen Gruppierungen entspringen offensichtlich mehr der jeweiligen Auswahl von Ordnungsgesichtspunkten des Zusammenstellers, denn einer tatsächlichen zwingenden Übereinstimmung und Vereinbarkeit in wesentlichen Grundzügen.
Das mag mit daran liegen, daß selbst zwischen einzelnen übergeordneten Gruppierungen keine eindeutige Abgrenzbarkeit möglich zu sein scheint. Z. B. macht die Differenzierung von Intim-, Privatsphäre und Öffentlichkeit des Verhaltens aufgrund der fließenden Übergänge erhebliche Mühe(4). So kann eine Hochzeit der Geheimsphäre angehören, wenn sie sogar dem eigenen Familienkreis verborgen bleiben soll(5), zur Privatsphäre zählen, wenn sie im üblichen Rahmen einer Familienfeier stattfindet(6) oder

----

1. Schuldrecht, 641 f.
2. Das Persönlichkeitsrecht, 175 ff.
3. weitere Beispiele: ERMAN-WEITNAUER, Anh. zu § 12 Rz. 27 ff. = 13 Fallgruppen; PALANDT-THOMAS, § 823 Anm. 15 B = 4 Fallgruppen; STAUDINGER-COING/HABERMANN, Vorbem. zu § 1 Rz. 26 = 5 Fallgruppen; SCHWERDTNER, Münchener Kommentar § 12 Anhang Rz. 206 ff. = 8 Fallgruppen; die Reihe ließe sich fortsetzen
4. s. die undifferenzierte Verwendung der Begriffe Privat-, Intim- und Familiensphäre in BGHZ 64, 178 ff. = NJW 1975, 1161 (Prüfung, ob das öffentliche Auslegen pornographischer Schriften die Intimsphäre des Betrachters verletze); BGH JZ 1965, 411/413 "Gretna Green" und die davon verschiedene Einordnung desselben Sachverhalts bei KOEBEL, JZ 1965, 413; BGH NJW 1964, 1471/1472 "Sittenrichter"; OLG Hamburg NJW 1970, 1325; ERMAN-WEITNAUER, Anh. zu § 12 Rz. 49; s. die Kritik an dieser Handhabung bei SCHWERDTNER, Münchener Kommentar § 12 Anhang Rz. 206 f
5. Beispiel: BGH JZ 1965, 412 "Gretna Green"
6. Beispiel: KG, Schulze KGZ 14 und 15 "Früherer Strafrichter"

sich, wie bei der Hochzeit des englischen Thronfolgers vor der Weltöffentlichkeit abspielen.
Abgesehen von diesen Schwierigkeiten fehlt es den in den jeweiligen Fallgruppen zusammengefaßten Interessen und Gütern mehr oder weniger an zugeordneten Verletzungstatbeständen mit allgemeiner Indizwirkung für die Rechtswidrigkeit. Zwar werden Rangabstufungen vorgenommen; so wird z. B. der Intimsphäre eine höhere Schutzbedürftigkeit als der Privatsphäre zugewiesen.
Daraus ist aber nur die Erkenntnis zu gewinnen, daß in diesen Schutzbereichen eingreifende Beeinträchtigungen von mindestens gleichrangigen Werten gedeckt sein müssen. Damit ist zwar der erste Schritt zur Güterabwägung gemacht; ein Ergebnis der Abwägung kann darin noch nicht liegen. In Anlehnung an die strafrechtliche Begriffsbildung(1) könnte man davon sprechen, daß auch der Lehre nur die Bildung "offener" Tatbestände(2), d. h. nicht abgegrenzter Tatbestände gelungen ist.

Man wird als Ergebnis festhalten müssen, daß das allgemeine Persönlichkeitsrecht im Einzelfalle zwar abgrenzbar, als Rechtsinstitut jedoch nicht abgegrenzt ist(3).
Wenn jedoch das Recht dem Richter die Möglichkeit eröffnet, durch Abwägung im Einzelfall Rechtsgrenzen zu ermitteln, dann ist man nach Esser-Weyers(4) an einer Stelle des Rechtssystems angelangt, an der niemand der für die klassische Methodenlehre unbequemen Einsicht ausweichen kann, daß eine neue Entscheidung nicht bereits bestehendes Recht erkennt, sondern neue Rechtssätze schafft.

III. Die Verletzung der gesetzlich geregelten Persönlichkeitsrechte

Nun hat der Gesetzgeber seit etwa 100 Jahren persönlichkeitsrechtliche Tatbestände gesetzlicher Fassung zugeführt, wie etwa das Urheberpersönlichkeitsrecht (§§ 11 ff. UrhG), das Namensrecht (§ 12 BGB), die Rechte an personenbezogenen Daten (§§ 4, 5 Bundesdatenschutzgesetz) und das sogenannte Recht am eigenen Bild (§§ 22 ff. KUG). Zum Teil werden auch die in § 823 I BGB aufgeführten Rechtsgüter, Leben, Körper, Gesundheit und Freiheit zu den besonderen Persönlichkeitsrechten gezählt(5).

----

1. s. u. a. § 240 StGB

2. LARENZ, Methodenlehre, 393

3. so löst sich der bei ERMAN-WEITNAUER, Anh. zu § 12 Rz. 4 und 9 gefundene Widerspruch: Es sei der Rechtsprechung offensichtlich gelungen, dem allgemeinen Persönlichkeitsrecht die erforderliche Abgrenzung zu geben - Die Indizwirkung des allgemeinen Persönlichkeitsrechts sei je nach Abgrenbarkeit des betroffenen Persönlichkeitsgutes verschieden

4. Schuldrecht, Bd. 2 TB 2, 139

5. LARENZ, BGB AT 111; STAUDINGER-COING/HABERMANN, Vorbem. zu § 1 Rz. 28

Diesen Rechten wird allgemein zugestanden, eng begrenzte Tatbestände aufzuweisen(1). Ihre Existenz scheint daher den Nachweis einer der Gesetzesform zugänglichen Konkretisierbarkeit persönlichkeitsrechtlicher Teilbereiche zu erbringen.

Dabei sind insbesondere das Urheber- und das Namensrecht in der Weise ausgestaltet worden, daß im Sinne der ursprünglichen Auffassung vom subjektiven Recht Schutzgut dieser Rechte die besondere Beziehung des Betroffenen zu einem außerhalb seiner selbst liegenden selbständigen Rechtsobjekt ist, die die dem Rechtssubjekt zugewiesenen Befugnisse und Einzelrechte begründet(2).

Das Namensrecht wird so als Recht auf den ausschließlichen Besitz dieses Kennzeichens(3) interpretiert und das Urheberpersönlichkeitsrecht als Schutz aller geistigen und persönlichen Beziehungen des Urhebers zu seinem Werk(4).

Die eindeutige Zuweisung der Einzelrechte und Befugnisse aufgrund der ebenso eindeutigen Beziehung zwischen Rechtssubjekt- und -objekt, die damit verbundene Zuerkennung von Monopolbereichen(5) vermittelt jeglicher Beeinträchtigung dieser Rechte die Qualifikation einer rechtswidrigen Verletzungshandlung. Die Schärfe der Abgegrenztheit dieser Rechte ist eine Folge offensichtlicher Rangordnung der widerstreitenden Interessen. Wer sonst als der Namensinhaber sollte berechtigt sein, dieses Kennzeichen zum Identitätsnachweis zu führen, und wer außer dem Urheber sollte in seinem Interesse am Bestand und der Unversehrtheit seines Werkes sowie in der Entscheidungsfreiheit über die Veröffentlichung geschützt sein können. Auch ob eine Körperverletzung, Gesundheitsbeeinträchtigung oder eine Verletzung des Rechts auf Leben vorliegt, dürfte selten zweifelhaft sein(6).

---

1. LARENZ, BGB AT, 114; STAUDINGER-COING/HABERMANN, Vorbem. zu § 1 Rz. 28; HUBMANN, Das Persönlichkeitsrecht, 172 ff.; ERMAN-WEITNAUER, Anh. zu § 12 Rz. 9; SCHWERDTNER, Das Persönlichkeitsrecht, 99; besondere Persönlichkeitsrechte sind Güter des Rechtsverkehrs und inhaltlich exakt konkretisiert
2. ähnlich das nicht gesetzlich geregelte Erfinderpersönlichkeitsrecht, s. BENKARD-BRUCHHAUSEN, Patentgesetz, Gebrauchsmustergesetz, 7. Aufl. 1981, § 6 Rz. 16
3. BGH NJW 1959, 525 "Gedenktafel"
4. § 11 UrhG; V.GAMM, Urheberrechtsgesetze, 293 Rz. 5; inwieweit die Besonderheit der persönlichen Verbindung zum Werk der Einordnung dieses urheberrechtlichen Verhältnisses unter die Persönlichkeitsrechte entgegenstehen könnte, S. KRÜGER-NIELAND, Festschrift für F. Hauß 1978, 215/219 ff.
5. zu dieser Deutung des subjektiven Rechts HUBMANN, Das Persönlichkeitsrecht, 130
6. LARENZ, BGB AT, 114

Dieses offensichtliche Rangverhältnis der Interessen und die Schärfe der angesprochenen Rechtsgüter befähigte, wie es Nipperdey(1) ausdrückte, im Unrechtstatbestand die Umschreibung des rechtswidrigen Verhaltens vollständig und umfassend vorzunehmen.

Bei den gesetzlich geregelten Persönlichkeitsrechten stellt sich deshalb überwiegend die tatsächliche Rechtsverletzung entweder als Verstoß gegen die im Tatbestand niedergelegte Verhaltensnorm, als Erfüllung der tatbestandlich umschriebenen Verletzungshandlung oder als Beeinträchtigung der gesetzlich eingeräumten Befugnisse dar.

Aufgrund der Existenz der §§ 22 ff. KUG wird auch das sogenannte "Recht am eigenen Bild" zu den besonderen Persönlichkeitsrechten gerechnet(2) und damit zu den bezüglich der Eindeutigkeit und Indizwirkung der Verletzungstatbestände für die Rechtswidrigkeit des in ihnen beschriebenen Verhaltens unproblematischen Erscheinungsformen des Persönlichkeitsrechts(3). Den Tatbeständen der §§ 22 ff. KUG als Ausdruck eines speziellen Persönlichkeitsrechts wird deshalb zum Teil Modellcharakter für die Anwendung der Generalklausel des allgemeinen Persönlichkeitsrechts zugesprochen, soweit die Interessenlage der beim Bildnisschutz ähnlich sei(4).

Wie in der Einleitung bereits dargelegt, bestehen an der Eindeutigkeit der Ablesbarkeit derjenigen Handlungen aus dem Gesetz, die als Rechtsverletzungen der Abgebildeten zu werden sind, jedoch erhebliche Zweifel.

----

1. NJW 1967, 1985/1988

2. BGHZ 26, 349/355 "Herrenreiter"; V.GAMM, Urheberrechtsgesetz, Einf. Rz. 102; HUBMANN, Das Persönlichkeitsrecht, 296 m. w. Nachw.; SCHWERDTNER, Münchener Kommentar § 12 Anhang Rz. 158 u. v. a.

3. s. 1. Teil III Fn. 1 Seite

4. HUBMANN, Das Persönlichkeitsrecht, 173; V. GAMM, Urheberrechtsgesetz, Einf. Rz. 93, 99

2. Teil

DIE AM KONFLIKT UM DIE BILDNISVERÖFFENTLICHUNG BETEILIGTEN RECHTSGÜTER UND INTERESSEN

Diese insbesondere aus der Unschärfe der tatsächlich gehandhabten Anwendung und Auslegung der §§ 22, 23 I Nr. 1, 23 II KUG resultierenden Zweifel daran, ob die gesetzliche Regelung gelungen ist, bzw. überhaupt gelingen konnte, bilden den Anlaß, den dem Recht am eigenen Bild zugrundeliegenden Konflikt unter mehreren Aspekten von Grund auf herauszuarbeiten und darzustellen.

I. Das Rechtsgut und die Interessen der Abgebildeten im Bildnisschutz

Zunächst ist dabei zu prüfen, ob diesem Persönlichkeitsrecht überhaupt ein so eindeutiges Rechtsgut, wie zum Beispiel dem Namens-oder Urheberpersönlichkeitsrecht zugrunde liegt; ob also faktisch oder de jure eine Beziehung zwischen dem Abgebildeten und seinem Bildnis besteht, die ihm Rechte am Abbild seiner Person einräumt.
Erster Prüfungspunkt ist so die Frage, ob eine rechtliche Zuordnungsmöglichkeit des Bildes zum Abgebildeten hergestellt werden kann; sowie etwa jedem Menschen ein Privatbereich gebührt, der einen verstärkten Schutz vor Eingriffen rechtfertigt.
Da es sich bei einem Bildnis um ein außerhalb der Person liegendes selbständig existierendes Objekt handelt, käme eine Zuordnung nur über eine Subjekt-Objekt-Beziehung im klassischen Sinne des subjektiven Rechts in Betracht(1). Wenn und soweit die Zuordnung eines aus dem Verhältnis des Abgebildeten zum Bildnis abgeleiteten, im Vergleich zum übrigen Persönlichkeitsschutz besonderen Schutzbereichs nicht gelingen sollte, wird es notwendig werden, einen Schritt weiter zu gehen:
Unter der Prämisse, daß Gesetze Konfliktsregelungen sind, soweit sie nicht bloße Organisationsformen und Verfahrensregeln beinhalten, müßten von der tatsächlichen, dem Tatbestand des § 23 I Nr. 1 KUG zugrundeliegenden Situation zwischen den Beteiligten ausgehend, die jeweils geschützten Interessen und Belange auf beiden Seiten ermittelt werden(2). Denn die Kollision dieser Interessen ist es letztlich, die das Regelungsbedürfnis schuf und die durch die §§ 22, 23 I Nr. 1, 23 II KUG entschieden werden sollte. Die Darstellung des Konflikts als der Unvereinbarkeit der von den §§ 22 ff. KUG erfaßten und geschützten miteinander kollidierenden Interessen erlaubt erst die Überprüfung der Sinnhaftigkeit der gesetzlichen Regelungen(3) und eine Erklärung der aufgetretenen Divergenz zwischen Gesetz und Gesetzeshandhabung. Erst auf dieser Basis kann auch nach möglichen anderen sinnvollen Regelungen gesucht werden, die an die Stelle der §§ 22, 23 I Nr. 1, 23 II KUG treten können.

---

1. s. dazu u. a. SCHLECHTRIEM, DRiZ 1975, 65/68
2. s. dazu STAUDINGER-COING Einl. 114
3. so ähnlich PH.HECK, AcP 112 (1914), 1,96

Die im zweiten Teil vorgenommene Ermittlung der den Konflikt tatsächlich prägenden Interessen, die laut Gesetz, Gesetzesmotiven und Rechtsprechung im Rahmen des §§ 23 I Nr. 1 KUG und des § 23 II KUG berücksichtigt werden dürfen und zum Ausgleich gebracht werden sollen, bietet sich auch deshalb an, weil nach vorherrschender bundesverfassungs- und zivilgerichtlicher Rechtsprechung zum Bildnisschutz diese Interessen in jedem Einzelfall gegeneinander abgewogen werden müssen, um eine mögliche Rechtsverletzung der Abgebildeten zu ermitteln.

Eine Abwägung auf diese Weise vornehmen zu können, setzt jedoch voraus, daß man sich Gewißheit darüber verschafft, welche Belange überhaupt in die Abwägung einzogen werden müssen.

Soweit es letztlich an einem eigenständigen Rechtsgut aus der Beziehung des Abgebildeten zu seinem Abbild fehlen sollte, müßten diese von den §§ 22 ff. KUG tatsächlich erfaßten und damit geschützten Interessen als Rechtsgüter der an dem Konflikt um die Veröffentlichungsfähigkeit Beteiligten angesehen werden.

A. Die Bestimmung des Rechtsguts anhand des Gesetzes

Es wurde bereits dargelegt(1), daß die genaue Umschreibung des Rechtsguts bzw. der geschützten Interessen notwendige Voraussetzung der Bestimmung der Tatbestände ist, bei deren Erfüllung das Rechtsgut als verletzt angesehen werden kann. Nun enthält zwar zumindest § 22 KUG einen präzisen Tatbestand, der der einwilligungslosen Verbreitung und Schaustellung des Bildnisses das Merkmal des Unrechts verleiht. Im gleichen Zusammenhang wurde aber erörtert, daß umgekehrt allein von einem exakt gefaßten Tatbestand kein Schluß auf eine Rechtsverletzung möglich ist, soweit nicht dem Tatbestand ein konkretes Rechtsgut zugeordnet werden kann. Auch der Veröffentlichung des Bildnisses ohne Einwilligung kommt im Rahmen des § 22 KUG nur dann die Eigenschaft einer Verletzungshandlung zu, wenn das Einwilligungserfordernis ein ansonsten als rechtswidrig beeinträchtigt anzusehendes Rechtsgut schützt. Die Autorität des Gesetzes bestimmt zwar primär und mit Bindungswirkung für die rechtsprechende Gewalt die Grenze zwischen Recht und Unrecht, aber auch sie bedarf ihrer inneren Rechtfertigung; insbesondere hier im Hinblick auf die sich gegenüberstehenden jeweils verfassungsrechtlich durch die Art. 1, 2 und 5 GG geschützten Rechtspositionen.

Es ist daher trotz gesetzlicher Festlegung eines Unrechtstatbestandes in § 22 KUG nicht müßig, nach dem diesem Tatbestand und auch dem des § 23 II KUG zugrunde liegenden Rechtsgut zu fragen.

1. Der Gesetzeswortlaut

Das Vorhandensein einer gesetzlichen Fassung, die Bezeichnung "Recht am eigenen Bild" und die Einordnung unter die besonderen Persönlichkeitsrechte lassen auf den ersten Blick die Beantwortung dieser Frage als nicht sonderlich schwierig erscheinen.

----

1. oben 1. Teil II A

Jedoch schon die Betrachtung der gesetzlichen Ausgestaltung dieses Rechts zeigt, daß weder § 22 noch § 23 KUG durch ihren Wortlaut das von ihnen geschützte Rechtsgut offenbaren. § 22 KUG als primärer Ausdruck der Befugnisse der Abgebildeten schafft zwar mit der Einwilligungsabhängigkeit eine rechtliche Beziehung des Abgebildeten zu der ihn erkennbar wiedergebenden bildlichen Darstellung in Bezug auf bestimmte Verwendungsformen des Bildnisses. Diese durch die Einwilligungsabhängigkeit bestimmte Beziehung kann aber nicht selbständiges Rechtsgut sein. Denn Einwilligungen sind, obwohl rechtsgeschäftliche Willenserklärungen, ihrer Natur nach nur abstrakte Rechtsgeschäfte; das heißt, sie schließen als bloßes Hilfsgeschäft den Rechtsgrund nicht mit ein(1). Es wäre daher falsch, das Zustimmungserfordernis, bzw. § 22 KUG selbst mit dem Recht am eigenen Bild synonym zu gebrauchen.

Auch § 23 II KUG setzt schutzwürdige persönliche Rechtsgüter im Tatbestandsmerkmal der "berechtigten Interessen" nur voraus, ohne sie inhaltlich zu benennen.

Die Einschränkungen des § 23 I KUG lassen u. a., da sie überwiegend aus dem Blickwinkel der Gegenrechte und -interessen geschaffen worden sind, jedenfalls keinen Schluß auf das den Abgebildeten zugestandene Rechtsgut zu. Die Bestimmung des Rechtsguts muß deshalb aus außerhalb des Wortlauts der Norm liegenden Umständen in Angriff genommen werden.

2. Der Standort des Rechts am eigenen Bild
   im KUG und die gesetzgeberischen Motive

Der Standort der §§ 22 ff. im KUG, einem Vorläufer des heutigen Urheberrechtsgesetzes vom 9.9.1965(2), könnte auf eine urheberrechtliche, bzw. urheberrechtsähnliche Rechtsstellung der Abgebildeten schließen lassen. Die Motive(3) und die Entstehungsgeschichte(4) erklären die Einbindung des Rechts am eigenen Bild in eine urheberrechtliche Kodifikation jedoch aus seiner Funktion als Einschränkung des Urheberrechts der Bildschöpfer zugunsten der Abgebildeten aufgrund persönlichkeitsrechtlicher Notwendigkeiten(5).
Dieses Regelungsbedürfnis wurde von den Motiven(6) einzig mit der "Achtung,

---

1. PALANDT-HEINRICHS, Einf. v. § 182 Anm. 2; LARENZ, BGB AT, 448

2. BGBl I., 1273

3. Bericht der X. Kommission, 4684

4. dazu ALLFELD, Das Recht 1902, 417, 419: "Insofern ließe sich ja gegen die gleichzeitige Behandlung des Rechts am eigenen Bild mit dem Urheberrecht nichts weiter einwenden, als daß es prinzipiell unrichtig ist und die Übersichtlichkeit der Gesetzgebung keineswegs erhöht, wenn eine Materie nicht da behandelt wird, wo sie ihren Sitz hat..."

5. s. auch V.GAMM, Urheberrechtsgesetz, Einf. Rz. 101; BGHZ 20, 345/347 f. "P.Dahlke"

6. Drucksachen des Reichstags, 1540

welche die Persönlichkeit beanspruchen darf", begründet; eine Umschreibung, die das allgemeine Persönlichkeitsrecht zumindest als Ordnungsgesichtspunkt, als rechtspolitischen Hintergrund der Fassung dieses speziellen Rechts anerkannte. Die der heutigen Generalklausel entsprechende Weite dieser Formulierung verhindert naturgemäß die Gleichsetzung des Rechtsguts eines besonderen Persönlichkeitsrechts mit dem allgemeinen Achtungsanspruch(1).

3. Der der gesetzlichen Fassung vorangegangene Meinungsstreit um ein Recht am eigenen Bild

Falls der Gesetzgeber, aus der Norm selbst oder deren Systematisierung erkennbar, eine der vor der Kodifikation des KUG vorherrschenden Theorien zu einem Recht am eigenen Bild übernommen und in Gesetzesform gebracht hätte, ließe sich aus der Begründung dieser Theorie eventuell das gesuchte Rechtsgut ableiten. Nun hat aber der Gesetzesverfasser offensichtlich die tragenden Gesichtspunkte mehrerer dominierender Auffassungen übernommen, obwohl diese Auffassungen in ihren wesentlichen Grundzügen nicht zu vereinbaren waren.

H. Keyßner propagierte in seiner grundlegenden Schrift, die auch dem Recht am eigenen Bild den Namen gab, ein von wenigen geringfügigen Ausnahmen(2) abgesehen grundsätzliches Herrschaftsrecht des Abgebildeten in der Form der alleinigen Verfügungsmacht des Dargestellten über sein Bildnis(3). Auf diese Weise kehrte er die tatsächlichen Herrschaftsverhältnisse völlig um. Ähnlich dem Eigentumsrecht hätte danach das Rechtsgut in einer ausschließlichen Verfügungsbefugnis des Betroffenen über das Bild gelegen. Die gleiche Auffassung könnte nun u. U. dem § 22 KUG mit der grundsätzlichen Unzulässigkeit der Veröffentlichung gegen den Willen des Dargestellten zugrunde liegen.

J. Kohler, der ein eigenständiges absolutes und subjektives Herrschaftsrecht am Bildnis mit Vehemenz ablehnte, wollte Rechtsschutz nur über das damals noch nicht anerkannte allgemeine Persönlichkeitsrecht gewähren. Eine Verletzung dieses allgemeinen Persönlichkeitsrechts war für ihn nicht gegeben, wenn es sich dabei um Bildnisse handelte, an deren Verbreitung ein allgemeines Interesse und Bedürfnis bestand(4). Dieses Bedürfnis sah er bei Personen des öffentlichen Lebens als gerechtfertigt an, soweit die Veröffentlichung nicht Umstände des Privatlebens zum Inhalt hatte oder sonst eine Rechtsverletzung bedeutete.

----

1. zum Begriff des Achtungsanspruchs s. SCHWERDTNER, Das Persönlichkeitsrecht, 94 ff.; 175 ff.
2. Das Recht am eigenen Bilde, 35 ff.
3. a.a.O., 23, 31 f.
4. Das Eigenbild im Recht, 10; GRUR 1900, 196 f. und zusammengefaßt bei A. OSTERRIETH GRUR 1902, 361/369 f.

Diese Gedanken Kohlers lassen sich in den Motiven zu den §§ 23 I Nr. 1 KUG wiederfinden(1). Sie sind aber nicht mit einem absoluten Herrschaftsrecht der Abgebildeten vereinbar, so daß aufgrund der gleichzeitigen Verwertung zweier sich bekämpfender konträrer Standpunkte in ein- und demselben Gesetz nicht angenommen werden kann, daß der Gesetzgeber sich die Ansicht Keyßners zu eigen gemacht hätte und ein Herrschaftsrecht über das Bildnis begründen wollte.

Die dritte bedeutsame Meinung zu einem Recht am eigenen Bild aus der Zeit vor Schaffung des KUG wollte Rechtsschutz grundsätzlich nur bei Vorliegen "berechtigter Interessen" gewähren(2), die inhaltlich jedoch nicht näher bestimmt wurden. Diese Auffassung mag sich zwar in § 23 II KUG niedergeschlagen haben; die Übernahme eines besonderen Rechtsguts läßt sich daraus aber ebenfalls nicht ableiten.

So ist auch diesem Bestimmungsversuch kein Erfolg beschieden.
Er führt vielmehr zu dem Ergebnis, daß der Gesetzgeber kein eigenständiges Rechtsgut der Betroffenen im Auge gehabt haben kann, als er die §§ 22 ff. KUG schuf. Der Gesetzestext wurde durch die Vermengung mehrerer voneinander verschiedener Auffassungen in Bezug auf seine Aussagekraft, was denn nun eigentlich das geschützte Persönlichkeitsrecht sei, so unbestimmt, daß jede Ansicht für sich beanspruchen konnte, eigentlicher Urheber der Gesetzesfassung zu sein. Selbst von diesen drei im wesentlichen vertretenen Auffassungen abweichende Meinungen ließen sich als denkbare Grundlage der §§ 22 ff. KUG begreifen.

So sah A. Osterrieth das Bild eines Menschen als Gemeingut an. Rechtsschutz wollte er nur gewähren, soweit jemand gegen seinen Willen durch die Bildnisverbreitung an die Öffentlichkeit gezogen würde(3). Das von ihm zugrunde gelegte Rechtsgut war demnach das Recht auf Selbstdarstellung in der Öffentlichkeit, bzw. eine persönliche Verfügungsbefugnis über das eigene öffentliche Erscheinen.
Auch er sah sich im Jahre 1904 durch die im Entwurf bereits vorliegenden §§ 22 ff. KUG bestätigt(4).

----
1. Drucksachen des Rechtstages, 1540 = GRUR 1906, 11/25
2. S. RIETSCHEL, AcP 94, 142/183; TH. OLSHAUSEN, Gruchot's Beiträge Bd. 46 (1902), 492/506; Thesen des 27. DJT in Verh. d. 27. DJT 1904, Bd. IV, 87
3. GRUR 1902, 361/373
4. GRUR 1904, 245/255

B. Die Beschreibung des Rechtsguts
   in Rechtsprechung und Literatur

Zu prüfen bliebe zuletzt, ob die heute vorherrschende Rechtsprechung und Lehre ein bestimmtes Rechtsgut der Abgebildeten ihrer Beurteilung einer Rechtsverletzung zugrunde legt und ob sich ein solches Rechtsgut tatsächlich verifizieren läßt.

Die Bezeichnung "Recht am eigenen Bild " läßt auf eine dem Namensrecht, Urheber- und Erfinderpersönlichkeitsrecht ähnliche Grundlage der §§ 22 ff. KUG schließen: auf ein absolutes subjektives Herrschaftsrecht des Abgebildeten über sein Bildnis. § 22 KUG wird denn auch überwiegend als Ausdruck eines solchen per se existierenden Herrschaftsrechts gesehen: "Jedermann ist seines Bildes Herr", darauf stützte H. Keyßner 1896 in der ersten Abhandlung über das Recht am eigenen Bild(1) die Rechtsmacht der Abgebildeten, über Herstellung und Verwendung des Bildnisses frei bestimmen zu können.
An dieser Sicht hat sich bis heute nur insoweit etwas geändert, als die Herstellung des Personenbildes von § 22 KUG nicht erfaßt wird(2).

Der Bundesgerichtshof sieht das Rechtsgut ebenfalls offensichtlich darin, "daß der Einzelne allein zur Verfügung über die Verwendung des Bildnisses... berechtigt sei"(3). Er ausschließlich habe darüber zu entscheiden, "ob, wann und unter welchen Umständen sein Bildnis der Öffentlichkeit zugänglich gemacht werden darf"(4). Sollte dies ernst gemeint sein, so würde das nicht nur bedeuten, daß das Recht am eigenen Bild dem Eigentum am Bildnis und dem Urheberrecht daran gleich käme, sondern daß es diese Dritten zustehenden Rechte prinzipiell ausschließen würde.

Diese Sicht der dem § 22 KUG zugrunde liegenden Verfügungsbefugnis stimmt jedoch weder mit der faktischen Situation noch mit der Rechtslage am Bildnis überein.

Im Normalfall sieht dem Abgebildeten nicht einmal die tatsächliche Verfügungs g e w a l t zur Seite, denn er befindet sich regelmäßig nicht im Besitz des Bildnisses.

----

1. Das Recht am eigenen Bilde, 31

2. zu diesem Problemkreis SCHWERDTNER, Münchener Kommentar § 12 Anhang Rz. 161; HUBMANN, Das Persönlichkeitsrecht, 172 f., 29, V.GAMM, Urheberrechtsgesetz, Einf. Rz. 105

3. NJW 1974, 1947/1948

4. BGHZ 20, 345/347 "P.Dahlke"; s. auch BGHZ 26, 349/355 "Herrenreiter"; BGH Warn.Rspr. 1979(39), 120/121; HUBMANN, Das Persönlichkeitsrecht, 299: "Selbstbestimmungsrecht des Einzelnen über sein Bildnis"; V.GAMM, Urheberrechtsgesetz Einf. Rz. 103: das Bildnis als geschütztes Rechtsgut, Recht aufgrund eigener Entschließung, über dieses Gut zu verfügen; E. WOLF, AT BGB 137: absolutes Recht auf ausschließliche Entscheidung über den Gebrauch des eigenen Bildnisses

Niemand ist seines Bildes Herr. Aus der Natur der Sache entsteht ein Bild immer beim Wahrnehmenden, bzw. demjenigen, der das visuell wahrnehmbare Bild mit technischen Mitteln fixiert(1).
Der fehlenden tatsächlichen Verfügungsgewalt korrespondiert die fehlende rechtliche Verfügungsbefugnis. An der körperlichen oder auch unkörperlichen Wiedergabe der Erscheinung entsteht das Urheberrecht des Herstellers, soweit ihr Werkcharakter(2) zukommt, das das Recht zur Verbreitung(3) und zur Ausstellung(4), sowie jeder öffentlichen Wiedergabe(5) ausschließlich dem Urheber(6) zuweist. Außerdem bestehen am Bildnisträger Eigentumsrechte, die ebenfalls einer Verfügungsbefugnis des Abgebildeten entzogen sind, sich allerdings im Hinblick auf die Befugnisse des § 15 UrhG dem Urheberrecht unterzuordnen haben.

Ob eine eventuell fehlende Befugnis zur Herstellung des Bildes grundsätzlich ein Verfügungsrecht des Abgebildeten begründen kann, könnte nur dann bejaht werden, wenn die §§ 22 ff. KUG stillschweigend voraussetzen würden, daß niemand das Recht habe, von einem anderen ein Bildnis zu fertigen. Die Motive berühren diese Frage nicht. Auch Rechtsprechung und Lehre begründen die Verfügungsbefugnis des Abgebildeten nicht mit einem fehlenden Herstellungsrecht des Urhebers.
Der Schutz vor ungewollter Anfertigung des Bildnisses wird vielmehr dem Bereich des allgemeinen Persönlichkeitsrechts zugewiesen, ohne daß damit zugleich eine Entscheidung über die Zulässigkeit der Herstellung des Bildes an sich verbunden würde(7).

Eine grundsätzliche Verfügungsbefugnis des Abgebildeten über das Bildnis in der Form des subjektiven Rechts läßt sich nicht halten.

§ 22 KUG gibt denn auch nur das Recht, die positive Ausübung einzelner in § 15 UrhG genannten urheberrechtlichen Verwertungsrechte von der Genehmigung des Abgebildeten abhängig zu machen, ohne daß ihm diese Rechte selbst zustünden. Mehr als eine Beschränkung urheberrechtlicher Macht sollte durch

---

1. s. auch BLUME, Das Recht 1903, 113/114: "Das Bild meiner Erscheinung, aber habe ich nicht. Das hat der Spiegel, die photographische Platte, das Auge, das mich betrachtet"; s. auch A. OSTERRIETH, GRUR 1902, 361/373

2. § 2 II UrhG, ansonsten Leistungsschutzrechte, § 72 UrhG

3. § 17 UrhG

4. § 19 UrhG

5. §§ 19 - 22 UrhG

6. § 15 UrhG

7. s. SCHWERDTNER, Münchener Kommentar, § 12 Anhang Rz. 161 m. w. Nachw.; V. GAMM, Urheberrechtsgesetz, Einf. Rz. 95, 101; BGHZ 24, 200/208/209 "Spätheimkehrer"

das Gesetz nicht erreicht werden(1). Die §§ 22 ff. KUG sind also weder Ausdruck einer bestehenden Herrschaft über das Bildnis, noch begründen sie diese. Die Rechtsgutverletzung kann daher nicht in der rechtswidrigen Beeinträchtigung eines Verfügungsrechts der dargestellten Person liegen, denn ein Recht "am" eigenen Bild im Sinne eines Herrschaftsrechts existiert nicht.

Man forscht daher insgesamt vergeblich nach einem einheitlichen Rechtsgut der Abgebildeten, das durch Verbreitung und Schaustellung ihres Bildnisses verletzt werden könnte.

C. Die von den §§ 22, 23 II KUG tatsächlich erfaßten Rechtsgüter und Interessen

Da keine der bisher untersuchten Quellen einen Schluß auf ein Schutzgut erlaubt, bleibt als Erkenntnismöglichkeit nur noch, nach den objektiv von § 22 und § 23 II KUG erfaßten Interessen der Abgebildeten zu suchen, die, soweit sie von diesen Normen geschützt werden, mangels eines einheitlichen und umfassenden besonderen Rechtsguts als Schutzgüter des Rechts am eigenen Bild anzusehen wären.

Dabei sollen im zweiten Teil I allein die Interessen der Abgebildeten an der Nichtveröffentlichung in dem Umfang herausgearbeitet werden, wie sie nach dem Gesetzeswortlaut, nach Rechtsprechung und Lehre im Rahmen des § 23 I und des § 23 II KUG den Interessen Dritter an der Verbreitung und Schaustellung gegenübergestellt werden können.

1. Die der Interessenlage zugrundeliegende faktische Situation

Man kommt der Ermittlung der objektiv geschützten Interessen näher, wenn man sich die Bedeutung des Bildnisses für den Dargestellten und die Rückwirkung der Veröffentlichung auf seine Person veranschaulicht.

a) Das Bildnis als Spiegel der Persönlichkeit

Die Ursache der Interessen der Beteiligten an der Verbreitung von Personenbildnissen hat schon A. Schopenhauer in seiner Abhandlung "Zur Physiognomik"(2) treffend beschrieben:

> "Daß das Äußere das Innere darstellend wiedergebe und das Antlitz das ganze Wesen des Menschen ausspreche und offenbare, ist eine Voraussetzung, deren Apriorität und mithin Sicherheit sich kundgibt in der bei jeder Gelegenheit hervortretenden allgemeinen Begier, einen Menschen, der sich durch irgend etwas im guten oder schlimmen hervorgetan oder auch ein außerordentliches Werk geliefert hat, zu s e h n oder, falls dieses versagt bleibt, wenigstens von andern zu erfahren, w i e e r a u s s i e h t;

---

1. Drucksachen des Reichstags, 1541 = GRUR 1906, 11/25 und Bericht der X. Kommission, 4684
2. Sämtliche Werke Bd. V Kap. 29 S. 744, Wissenschaftliche Buchgesellschaft Darmstadt 1976

daher dann einerseits der Zudrang zu den Orten, wo man seine
Anwesenheit vermutet, und anderseits die Bemühungen der Tageblätter, zumal der englischen, ihn minutiös und treffend zu beschreiben, bis bald darauf Maler und Kupferstecher ihn uns anschaulich darstellen und endlich D a g u e r r e s Erfindung, eben deswegen so hoch geschätzt, diesem Bedürfnis auf das vollkommenste entspricht. Ebenfalls prüft im gemeinen Leben jeder jeden, der ihm vorkommt, physiognomisch und sucht im stillen sein moralisches und intellektuelles Wesen aus seinen Gesichtszügen im voraus zu erkennen. Dem allen nun könnte nicht so sein, wenn, wie einige Toren wähnen, das Aussehen des Menschen nichts zu bedeuten hätte, indem ja die Seele eines und der Leib das andere wäre, zu jener sich verhaltend wie zu ihm selbst sein Rock."

Schon Schopenhauer setzte also die Wirkung des persönlichen Erscheinens mit der Wirkung des Personenbildnisses auf den Wahrnehmenden gleich. Beide Erscheinungsweisen, die persönliche und die bildliche, geben den Ausdruck der Persönlichkeit des Wahrgenommenen wieder, nicht nur dessen Äußeres(1); das Bild ist deshalb "symbolische Stellvertretung des lebenden Menschen selbst"(2), das dem anderen in gleicher Weise gegenübertritt, wie der Abgebildete.

Daß der äußeren Erscheinungsweise daneben aufgrund der Individualität der Persönlichkeit Identifizierungswirkung in außerordentlich hohem Maße zukommt und daß deshalb ein Personenbild zum Zwecke der Identifizierung eingesetzt werden kann, ist Bestandteil der Definition des Bildnisbegriffes geworden: eine Darstellung der äußeren Erscheinung in einer dem Durchschnittsbetrachter erkennbaren Wiedergabe der sie identifizierenden Eigenheiten(3).

Jedoch gibt es kein Bildnis des Menschen, das sich inhaltlich auf dessen äußere Erscheinung und auf seine zur Identifizierbarkeit notwendigen Eigenheiten reduzieren ließe. Die seins- und damit situationsbedingte ununterbrochene Zeit- und Raumabhängigkeit des Menschen hat zur Folge, daß der Bildnisinhalt als Darstellung dieses Menschen ebenfalls raum- und zeitabhängig ist und daher inhaltlich die jeweilige Situation, jedenfalls woweit sie sich im Auftreten des Abgebildeten selbst wiederspiegelt, mehr oder weniger wiedergeben muß.

Die Bestimmung des eigenen Erscheinungsbildes ist gleichzeitig Ausdruck und Entscheidung darüber, wie man anderen Personen gegenübertreten will, welchen Eindruck man erwecken möchte. Die Zielrichtung dieser Selbstdar-

----

1. REINHARDT, JZ 1959, 41/42 f.

2. A. OSTERRIETH, GRUR 1902, 361/373

3. V. GAMM, Urheberrechtsgesetz, Einf. Rz. 104;
   RGZ 103, 319/320 WRausch", KG JW 1928, 363/364
   "Piscator"

stellung ist dabei hinsichtlich der oder den Personen, denen man sich zeigt und den jeweiligen Umständen durchaus verschieden; so tritt man im Familien- und Freundeskreis anders auf als im Büro oder im Theater. Es gibt deshalb kein neutrales Bild des Menschen. Selbst wenn eine Willenssteuerung nicht vorhanden ist, läßt das Bild einer solchen Situation Rückschlüsse auf die Persönlichkeit des Abgebildeten zu.
Darin liegt ein wesentlicher Unterschied z. B. zur bloßen Namenswiedergabe, die über die Identifizierung hinaus allein nicht geeignet ist, weitere Aussagen über den Träger des Namens zu machen. In dem Umstand, daß jedes Bild also ausnahmslos auch etwas über die Persönlichkeit des Abgebildeten aussagt, liegt eine Gefahr erhöhter Verletzbarkeit des Betroffenen durch öffentliche Bildverbreitung.
Unter Berücksichtigung dieser Besonderheiten können die Tathandlungen des § 22 KUG, das Verbreiten und Schaustellen des Bildnisses, erhebliche Folgen mit sich bringen.

b) Auswirkungen der Verbreitung und Schaustellung

Die Schaustellung des Bildnisses muß bereits kraft Gesetzes auf öffentliche Vornahme gerichtet sein. Dem Verbreitungsbegriff des § 22 KUG ist dagegen das Öffentlichkeitsmerkmal nicht immanent(1), sein sachlicher Schutzumfang geht über die Öffentlichkeit nach der Definition des § 17 I UrhG hinaus.

Gleich wie man den Begriff der Öffentlichkeit auch faßt, zeichnen sich die Tathandlungen des § 22 KUG durch zwei Wirkungen aus, die jeder Veröffentlichung eigen sind: Sie schaffen zum einen die Möglichkeit der Wahrnehmung der Person durch eine im Vergleich zur Situation des tatsächlichen Erscheinens zumindest anderen Menge von Wahrnehmenden und vergrößern damit notwendigerweise deren ursprüngliche Zahl. Eine eventuell selbst gewählte Begrenzung der Öffentlichkeit des eigenen Verhaltens wird dadurch hinfällig. Die Zahl der Wahrnehmenden allein ist jedoch noch von geringerer Bedeutung. Jeder begegnet tagtäglich einer unbestimmten Zahl von Personen, ohne daß er dadurch in die Öffentlichkeit rücken würde und seinen Status als Privatperson verlöre(2). Bedeutsamer ist deshalb die zweite Wirkung, daß jede Verbreitung und Schaustellung darauf gerichtet ist, den Blickwinkel der Wahrnehmenden, die Zielrichtung des allgemeinen Interesses auf diese Person zu lenken. Erst dieses im Brennpunkt öffentlichen Interesses Stehen hebt den Betroffenen aus der Menge der unbekannten Einzelpersonen heraus. Das Ver-

----

1. s. V. GAMM, Urheberrechtsgesetz, Einf. Rz. 105; Drucksachen des Reichstags, 1540 = GRUR 1906, 11/25; insoweit widersprüchlich V. GAMM, Urheberrechtsgesetz, Einf. Rz. 105 und § 17 Rz. 6, 7, wenn er unter Verzicht auf das Erfordernis der "Öffentlichkeit" für den Verbreitungsbegriff auf § 17 I UrhG zurückgreifen will, dessen Tatbestandsmerkmale "anbieten" und "in den Verkehr bringen" allesamt nicht ohne die Zielrichtung "Öffentlichkeit" auskommen

2. SCHWERDTNER, Das Persönlichkeitsrecht, 211 f.

breiten und Schaustellen bewirkt daher, daß entweder öffentliches Interesse an einem Individuum geweckt, oder daß diesem Interesse die Möglichkeit der Befriedigung durch Wahrnehmbarkeit verschafft wird.

Unabhängig davon, daß bereits die tatsachengetreue öffentliche Wiedergabe wegen des Inhalts des dargestellten Persönlichkeitsrechts verletzend sein kann, verändert die Verbreitung und Schaustellung neben dem Maß der Öffentlichkeit und des öffentlichen Interesses regelmäßig auch die Situation und die Umstände, unter denen sich der Abgebildete selbst in Person zu erkennen gegeben hat.

Selbst wenn das Bildnis das Ergebnis eines primär technischen Vorgangs der Wiedergabe der tatsächlichen Situation und damit von dieser inhaltlich abhängig ist, so kann doch - z. B. durch die Begrenzung der Wiedergabe auf einen bestimmten Ausschnitt, der wesentliche Elemente ausschließt - eine subjektive Veränderung der Schwerpunkte des Inhalts des Bildes vorgenommen werden, dessen Aussage daraufhin mit dem tatsächlichen Geschehen nicht mehr viel gemeinsam haben muß. Daneben können technische Einwirkungen auf die Bildentstehung bei der Aufnahme und bei der Entwicklung den Aussagegehalt des Bildes in hohem Maße verändern.

Den Normalfall bildet jedoch nicht die isolierte Bildnisveröffentlichung, sondern die Veröffentlichung in einem Zusammenhang von Bild und Text, eventuell mit Namensangabe des Betroffenen, wobei entweder ein gewollter Zusammenhang zwischen diesen Darstellungselementen besteht oder doch zumindest bei oberflächlicher Betrachtung hergestellt werden kann(1). Die Zusammenstellung der verwendeten Darstellungsmittel bewirkt den Gesamteindruck beim Betrachter, nicht das Bildnis für sich(2). Denkbar ist, daß dem Bildnis im Rahmen der einheitlichen Darstellung allein die Funktion zukommt, aufgrund seiner Identifizierungswirkung das Bezugsobjekt des Gesamteindrucks kenntlich zu machen.

Da dieser Gesamteindruck naturgemäß nicht von der tatsächlichen Situation geprägt werden kann, sondern nur von der mit dem Anspruch der Objektivität versehenen, tatsächlich aber mehr oder weniger subjektiven Darstellung eines auf den Abgebildeten bezogenen Sachverhalts, dessen Ausgestaltung inhaltlich keine Grenzen gesetzt sind, sind der Divergenz zwischen tatsächlichem Geschehen und dem bezweckten Eindruck ebenfalls keine Grenzen

---

1. BGH NJW 1962, 1004 "Doppelmörder"; BGH NJW 1965, 1374 "Wie uns die anderen sehen"

2. s. das Beispiel bei G. ARZT, Der strafrechtliche Schutz der Intimsphäre, 48, bei dem Bildnisinhalt ein auf einem Baumstamm ruhender Mann war und die Kommentierung dazu lautete: "ruht sich nach einem Zechgelage aus". Hier bestimmt eindeutig die Bildunterschrift den Eindruck des Lesers über den Abgebildeten

gesteckt. Soweit der tatsächliche Sachverhalt vom Dargestellten willensgetragen selbst gestaltet ist, sind auch für den denkbaren Unterschied zwischen Selbstdarstellung und Fremddarstellung keine aus der Natur der Sache folgenden Beschränkungen feststellbar.

Faktisch besteht kein Hindernis, z. B. dem Bild eines Politikers, der sich auf einer Wahlkampfveranstaltung freudig strahlend von einer enthusiastischen Anhängerin küssen läßt, den Sachverhalt eines außerehelichen Liebesverhältnisses im Begleittext beizufügen, solange die tatsächlichen Umstände dem Bildausschnitt nicht ausreichend entnommen werden können. Die Veröffentlichung kann daher das Interesse auf eine Wiedergabe lenken, die nicht oder selten der selbst gewählten entspricht.

Über das Ob der Veröffentlichung des Bildnisses als Teil und Mittel der Fremddarstellung, sowie über ihren Inhalt und damit mittelbar über den bezweckten Eindruck beim Veröffentlichungsadressaten entscheidet nicht der Dargestellte, sondern der Darsteller. Der Dargestellte verliert auf diese Weise seine ansonsten gegebene Entschließungsfreiheit, ob überhaupt und unter welchen Umständen, mit welcher Aussage er sich welcher Öffentlichkeit offenbart. Seine Person wird zum Objekt des Handelns Dritter, auf das er keinen Einfluß hat.

Die gefährlichste Begleiterscheinung ist dabei, daß er meist erst durch die Veröffentlichung davon erfahren wird. Er kann also allenfalls noch mit Folgenbeseitigungs- und eventuellen Entschädigungsansprüchen reagieren, seltener mit der Zielrichtung der Verhinderung agieren. Denn mit der Verbreitung und Schaustellung sind die Tathandlungen des § 22 KUG zugleich beendet; der entstandene Eindruck ist kaum noch aus der Welt zu schaffen. Er kann allenfalls der Vergeßlichkeit anheim gegeben werden.

c) Die Bildniswiedergabe im Vergleich zu anderen Darstellungsformen

Wie bereits aus der regelmäßigen Verbindung mehrerer Darstellungsmittel folgt, ist die Möglichkeit der Schilderung der Persönlichkeit durch andere nun keine immanente Eigenschaft allein der Bildnisveröffentlichung, sondern jeglicher Darstellungsart; sei es durch Wort(1), Schauspiel(2), Film(3) etc. Immer handelt es sich darum, daß sich jemand der Persönlichkeit eines anderen bemächtigt, um ihn aus seiner subjektiven Sicht heraus der Allgemeinheit vorzustellen; eine seit Jahrhunderten bekannte Erscheinung. Das Bild ist nur eine Form der Darstellung unter mehreren, und daher nur ein Mittel zu dem mit dem Darstellungsinhalt selbst verbundenen Zweck.

----

1. BGHZ 50, 133 "Mephisto"
2. KG JW 1928, 363 "Piscator"
3. KG Schulze KGZ 31 "Ein Lied geht um die Welt"

Bisher beinhalten die §§ 22 ff. KUG aber die einzige gesetzliche Regelung im Bereich der Personendarstellung, so daß man sich veranlaßt sieht, nach einer Besonderheit dieses Mediums zu fragen.
Ausgelöst wurde die Fassung des § 22 ff. KUG durch den Fortschritt, den die Entwicklung der Fotographie in der Mitte des letzten Jahrhunderts machte, und durch das zugleich auftretende indiskrete und zum Teil rücksichtslose Verhalten der durch die kurzen Belichtungszeiten begünstigten Fotographen(1). Mit dem Fortschritt der Fotographie verbanden sich, wie mit dem Aufkommen jeder neuen Technologie sowohl übertriebene, als auch durch die zukünftige Entwicklung bestätigte Befürchtungen. So sah Gareis eine in den kurzen Belichtungszeiten begründete Zerlegung natürlicher Bewegungsabläufe des Menschen in lächerlich und trottelhaft wirkende Einzelzerrbilder voraus(2). Dagegen sah S. Rietschel(3) die Besonderheit der Fotographie realistischer in der "scheinbar unwiderleglichen Fixierung eines Vorgangs, der gegenüber alle Ausflüchte vergeblich sind".

Die neben der Bildveröffentlichung existierenden Darstellungsformen verbergen alle nicht, daß es sich bei ihnen um eine Fremddarstellung handelt; die Mittlerfunktion des Autors, Regisseurs, ect. ist unübersehbar. Dagegen erweckt ein Bild den Eindruck der strengen Objektivität des technischen Aufnahmevorgangs und begründet dadurch einen vorgeblich höheren Beweiswert auch für den übrigen Darstellungsinhalt. Der Bildveröffentlicher läßt aufgrund dieses Eindrucks der angeblichen Objektivität den Abgebildeten sich selbst darstellen(4).

----

1. s. die Darstellung dieses Zustands bereits bei BLUME, Das Recht, 1903, 113

2. Verhandlungen d. 26. DJT 1902 Bd. 1, 10. Schlimmer noch, so trug er es dem 26. Deutschen Juristentag (a.a.O., 10) vor, wäre es "denkbar, daß die photographische Aufnahme noch weitere Fortschritte macht und damit ihre Bilder noch schrecklicher gestaltet als jetzt die alle Bewegungen zerlegenden zeigen. Man brauchte nur anzunehmen, daß es in irgendeiner Weise gelingt, Bilder des Menschen herzustellen, wie die mit Röntgenstrahlen gewonnenen Skelettbilder, und wir können dann erleben, daß wir lebende Menschen einen Holbein'schen Totentanz aufführend, dargestellt werden, vielleicht sogar unter Festhaltung ihrer Gesichtszüge bis zur Portraitähnlichkeit".

3. AcP 94, 142/145

4. A. OSTERRIETH GRUR 1902, 361/373; "Wer das Portrait des Menschen unbefugt veröffentlicht, der läßt den Portraitierten sich gegen seinen Willen in der Öffentlichkeit betätigen".

Eine weitere Besonderheit des Bildnisses, die an die Beweisfunktion anknüpft, begründet sich im Vergleich zu anderen Darstellungsformen in dessen aus der Kombinationsmöglichkeit von Bild und Text rührenden Fähigkeit, in unübersehbare fast beliebige Zusammenhänge gestellt zu werden(1). Auch ohne auf den "Bildzauber"(2) und andere magische Beziehungen zwischen Bildbesitzer und Abgebildetem zurückzugreifen, verleiht die Verfügungsgewalt über das Bildnis eine gewisse, unkontrollierbare Herrschaft über den Dargestellten(3), da der durch den gewählten Zusammenhang verfolgte Zweck und bewirkte Eindruck auf den Abgebildeten zurückfällt. Sein in der Öffentlichkeit und in seinem Lebenskreis bestehendes "Bild" kann enorme Auswirkungen auf die berufliche Laufbahn, das gesellschaftliche Ansehen, auf jegliches Fortkommen haben. Der Macht des Darstellers korrespondiert gerade bei der heutigen Medienkonzentration und Verbreitungsmöglichkeit keine gleich wirksame faktische Entgegnungsmöglichkeit.

Ein gravierender Fall findet sich in der unter dem Stichwort "Spätheimkehrer" bekanntgewordenen Entscheidung des Bundesgerichtshofs(4): Eine Vermieterin weigerte sich, an einen aus Kriegsgefangenschaft zurückkehrenden Mann zu vermieten, worauf Pressefotografen heimlich ein Bild von ihr in ihrem Gewerbebetrieb aufnahmen und in einem Artikel die Bevölkerung zu einem Boykott des Geschäfts aufrufen wollten.

Die höhere Identifizierbarkeit einer Person anhand eines Bildes übt zudem eine Verstärkerfunktion der Rückbeziehung der textlichen Aussage auf den Betroffenen aus. Der Verlust der Anonymität ist erheblich größer, als bei bloßer Namensnennung.

2. Die allein durch die Tatsache der Veröffentlichung berührten Interessen

Die regelmäßigen Auswirkungen der Verbreitung und Schaustellung bestimmen nun jede für sich bestimmte grundsätzliche Interessen der Angebildeten, die in ihrer Zielrichtung auf Nichtvornahme der Tathandlungen des § 22 KUG gerichtet sind.

---

1. s. das Beispiel bei HUBMANN, JZ 1957, 521/525 von der heimlich gewonnenen Aufnahme eines Mädchens, die vom Fotografen mit der Bemerkung herumgezeigt wird, es handele sich bei der Abgebildeten um seine Freundin; weitere Beispiele BGH GRUR 1962, 211 = Schulze BGH 90 "Hochzeitsbild"; BGH NJW 1965, 1374 "Wie uns die anderen sehen"; BGHZ 26, 349 "Herrenreiter"

2. J. KOHLER, Das Eigenbild im Recht, 9; G. ARZT, der strafrechtliche Schutz der Intimsphäre, 48; HUBMANN, Das Persönlichkeitsrecht, 299

3. s. a. HUBMANN, Das Persönlichkeitsrecht, 299

4. BGHZ 24, 200 "Spätheimkehrer"

a) Das Anonymitätsinteresse

Da jede Lenkung des öffentlichen Interesses auf eine Person und eines mit ihr verbundenen Vorgangs zur Bekanntheit dieser Umstände führt und jeder mehr oder weniger sein Verhalten davon abhängig macht, wem es zur Kenntnis gelangt, besteht ein Bedürfnis, nicht zur Wahrnehmung durch die Allgemeinheit bestimmte Verhaltensweisen dem Blickpunkt des öffentlichen Interesses zu entziehen.
Dieses Bedürfnis wird mit dem Begriff "Anonymitätsinteresse" bezeichnet, und da das Einwilligungserfordernis des § 22 KUG den ungewollten Verlust der Anonymität verhindert, durch diese Vorschrift als geschützt angesehen(1).

Anonymität kann im Gegensatz zur Privatsphäre auch bei bereits bestehender Öffentlichkeit, z. B. gegenüber einer anderen, umfassenderen, durch Rundfunk und Fernsehen erst noch herzustellenden Öffentlichkeit gegeben sein; so wenn ein lokal bereits bekanntes und publiziertes Ereignis bundesweit verbreitet wird(2). Auch insoweit besteht noch ein über § 22 KUG erfaßtes Anonymitätsinteresse.

Die Grenze seiner Schutzbedürftigkeit findet das Anonymitätsinteresse auf jeden Fall da, wo der Betroffene es auf Veröffentlichung anlegt, bzw. mit ihr einverstanden ist, indem er das allgemeine Interesse bewußt auf sich zu lenken versucht oder diesem zumindest nicht ausweicht; ein Verhalten, das sowohl auf bloßer, weitverbreiteter publicity-Sucht beruhen kann, andererseits für bestimmte gesellschaftliche Gruppen, wie bei Politikern und Künstlerin existenznotwendig zu sein scheint. In diesem Bereich kann von einer zumindest konkludenten Einwilligungserklärung ausgegangen werden, soweit sich die gegenüberstehenden Interessen an der Veröffentlichung decken. Probleme stellen sich allenfalls dann ein, wenn nach einem längeren Zeitabschnitt derjenige, der zuvor das öffentliche Interesse mit allen Mitteln auf sich zu lenken suchte, nach geglücktem Aufstieg die weitere Verbreitung seiner anfänglichen Bemühungen um Pblicity verhindern möchte. Verlust der Anonymität und auch ehemals erklärte Einwilligungen sind wohl ebenfalls zeitabhängige Größen und damit nur von kurzfristigem Bestand, so daß auch die Wiederholung öffentlicher Darstellungen das Anonymitätsinteresse beeinträchtigen kann.

Über § 23 I KUG regelungsbedürftige Kollisionsbereiche ergeben sich erst da, wo allgemeines Interesse an Informationen über einen vom Betroffenen geheim gehaltenen Vorgang besteht; sei dies aus Neugier, Sensationslust oder aus berechtigten Gründen wie der Aufdeckung eines sozialschädlichen, mit der Gemeinschaftsordnung nicht zu vereinbarenden Verhaltens des Abgebildeten.

---

1. NEUMANN-DUESBERG, Juristenjahrbuch Bd. 7 (1966/67), 138 ff.; ders. JZ 1973, 261 ff.; SCHWERDTNER, Münchener Kommentar, § 12 Anhang Rz. 169; FRANKE, NJW 1981, 2033/2034
2. s. a. HUBMANN, JZ 1957, 521/526 f.

b) Schutz der Privat- und Geheimsphäre

Im Gegensatz zum Anonymitätsinteresse beschränkt sich das Interesse am Schutz der Privat- und Intimsphäre darauf, daß Vorgänge aus diesem Bereich nicht verbreitet werden, und richtet sich dabei u. U. bereits gegen die Ermöglichung der ungehinderten Wahrnehmbarkeit durch Dritte. Die angesprochenen Persönlichkeitsbereiche sind deshalb im Vergleich zum Anonymitätsinteresse grundsätzlich öffentlichkeitsempfindlicher. Schon die Möglichkeit der ungehindert zugänglichen Kenntnisnahme beseitigt regelmäßig einen bis dahin bestehenden intimen oder familiären Charakter des persönlichen Verhaltens. Ein bisher privater oder familiärer Vorgang wird zum öffentlichen.

Es wird denn auch vorwiegend davon gesprochen, das Recht am eigenen Bild schütze die Privat- und Intimsphäre vor dem Zugriff der Öffentlichkeit(1). Um einen übergeordneteren, abstrakteren Begriff zu verwenden, könnte man auch sagen, § 22 KUG gewährleiste den Indiskretionsschutz gegen eine Beeinträchtigung durch bildliche Darstellung(2).

Unhaltbar erscheinen in diesem Zusammenhang die Versuche, das Bildnis selbst als grundsätzlich einem bestimmten Bereich persönlicher Entfaltung zugehörig zu betrachten, der dann durch jede Verbreitung und Zur-Schau-Stellung ausnahmslos beeinträchtigt würde.
Auf diese Weise aber versuchte Hubmann(3) die Zugehörigkeit des Erscheinungsbildes zur Privat- anstatt zur Geheimsphäre damit zu erklären, daß es ohnehin jedem, z. B. auf der Straße, zugänglich wäre. Auch die Rechtsprechung des Bundesgerichtshofs nimmt zur Begründung einer ausschließlichen Verfügungsbefugnis über das Bildnis dessen Zugehörigkeit zum höchstpersönlichen Lebensbereich des Abgebildeten an(4), während es z. B. Kohler(5) und Osterrieth(6) für Gemeingut hielten.

---

1. SCHWERDTNER, Münchener Kommentar, § 12 Anhang Rz. 173; HUBMANN, Das Persönlichkeitsrecht, 298 und Ufita 26 (1958), 19 ff.; NEUMANN-DUESBERG, JZ 1960, 114/115; G. ARZT, Der strafrechtliche Schutz der Intimsphäre, 27; BUSSMANN, Verh. d. 42. DJT 1957 Bd. 1, 39; WEHRHAHN, Ufita 37 (1962), 22/29 f.; FRANKE, NJW 1981, 2033/2034

2. zum Indiskretionsschutz HUBMANN, Das Persönlichkeitsrecht, 157, 269

3. JZ 1957, 521/525

4. BGHZ 26, 349/355 "Herrenreiter"; BGH GRUR 1962, 211/213 "Hochzeitsbild"

5. Archiv f. bürgerliches Recht Bd. 10 (1895), 241/274 und GRUR 1900, 196

6. GRUR 1902, 361/373

Das Bildnis als solches ist der ausschließlichen Einreihung unter eine bestimmte Individualsphäre nicht zugänglich. Die Fehlerhaftigkeit dieser Zuordnungsversuche beruht auf einer faktisch unmöglichen Herauslösung des konkreten Bildnisses aus der jeweiligen Situation, der es entweder entnommen oder in die es hineingestellt wurde. Nicht das Bildnis, sondern diese Situation erst kann der Privatsphäre, der Geheimsphäre oder der Öffentlichkeit angehören. Es wäre z. B. unsinnig, ein Bild, das den Bundeskanzler bei der Vereidigung vor dem versammelten Bundestag zeigt, zu dessen Privatbereich zu rechnen, während andererseits die Wiedergabe des ehemaligen Reichspräsidenten Ebert in der Badehose am Strand(1) selbstverständlich darunter fiel.

Die Grenze des Schutzes der Geheim-, Privat- und Familiensphäre vor öffentlicher Darstellung als über § 22 KUG geschütztes Interesse ist dort zu ziehen, wo die Öffentlichkeit des eigenen Verhaltens beginnt(2).
Diese Grenze ist schwer zu bestimmen. Im Blickpunkt stehende "öffentliche Personen" haben z. B. im Vergleich zu den Privatpersonen eine eingeschränktere Privatsphäre(3), so daß Ereignisse, die beim unbekannten Bürger vor öffentlicher Darstellung geschützt sind, bei ihnen nicht mehr zu diesem Lebensbereich zählen. Man braucht nur an die Diskussion und Darstellung der zeitweiligen Kinderlosigkeit des ehemaligen persischen Kaiserhauses zu denken(4) oder an die Aufmerksamkeit, die die Öffentlichkeit den Urlaubsgestaltungen hochrangiger Politiker schenkt. Privaten Liebesaffären der Mitglieder des englischen Königshauses wird über die ganze Welt nachgespürt und beliebte Schauspieler müssen sich verkleiden, wollen sie einmal unbemerkt einen Einkaufsbummel unternehmen, ohne sich in den nächsten Tagen in den einschlägigen Gazetten wiederzufinden.
Aber auch in dem an sich von den Begriffen Privat- und Intimsphäre erfaßten Bereichen sind Kollisionen mit Rechten Dritter denkbar, denen nicht automatisch die Qualifikation einer Rechtsverletzung zukommt(5). So wird sich niemand der Berichterstattung über seine Person im Zusammenhang einer von ihm vorgenommenen Kindesmißhandlung mit dem Argument entziehen können, der Sachverhalt beträfe sein Familienleben und sei daher öffentlicher Erörterung nicht zugänglich.
Nich jede öffentliche Wiedergabe von Fakten aus diesen Bereichen ist deshalb schon allein aus dem Grund rechtswidrig, weil damit Teilbereiche des Privat- oder Intimlebens offenbart würden.

----

1. Schöffengericht Ahrensböck DJZ 1920, 596 = Schulze SchöffG 1, m. Kritik von ALLFELD, DJZ 1920, 702
2. SCHWERDTNER, Münchener Kommentar, § 12 Anhang Rz. 168; HUBMANN, Das Persönlichkeitsrecht, 157 und JZ 1957, 521/526; A. OSTERRIETH, GRUR 1902, 361/373; OLG Stuttgart, JZ 1960, 126/128
3. OLG München Ufita 41 (1964), 322/324=Schulze OLGZ 58, 3/4 "Spitzenkandidat"
4. vgl. RILLING Ufita 40 (1963), 68
5. dazu ebenfalls OLG München Ufita 41 (1964), 322/324 "Spitzenkandidat"

c) Die Verfügungsbefugnis über die Darstellung

Zur Begründung eines (nicht existenten) Herrschaftsrechts am eigenen Bild wird mehrfach auf ein Recht zur Selbstbestimmung, zur freien Betätigung der Persönlichkeit zurückgegriffen(1); auf ein Recht, nicht nur Objekt fremder Handlungen zu sein(2). Damit wird eine Entscheidungsfreiheit der Abgebildeten als von § 22 KUG geschützt anerkannt.

Diese Entscheidungsfreiheit, von ihren möglichen Einschränkungen durch Gegenrechte einmal abgesehen, hat nun, je nach betroffenem Interesse, verschiedene Bezugspunkte.

So beseitigt die Veröffentlichung nicht nur die Anonymität, sondern auch die Entschließungsmöglichkeit, in ihr verbleiben zu wollen. Ebenso verliert der Abgebildete die Möglichkeit, den dargestellten Sachverhalt dem öffentlichen Interesse zu entziehen und damit dessen privaten oder gar intimen Charakter zu erhalten. Das Einwilligungserfordernis schützt daher auch das "Selbstbestimmungsrecht des Einzelnen darüber, ob er (durch sein Bildnis) in die Öffentlichkeit treten wolle oder nicht"(3).

Wesentlicher und von größerer Bedeutung für den Abgebildeten ist das Interesse, auch über Inhalt und Umstände der Gesamtdarstellung entscheiden zu können, um auf diese Weise den öffentlichen Eindruck von der eigenen Person mitzugestalten. Mit Hilfe einer auf den konkreten Fall ausgerichteten Einwilligung, deren Erteilung von differenzierten Bedingungen abhängig gemacht werden kann, wäre dies erreichbar(4).

Durch die bundesverfassungsgerichtliche Rechtsprechung haben diese als "Verfügungsrecht über die Darstellung der eigenen Person"(5) bezeichneten und nicht auf den Bildnisschutz beschränkten Interessen folgende inhaltliche Ausgestaltung erfahren: "Jedermann darf grundsätzlich selbst und allein bestimmen, ob und inwieweit andere sein Lebensbild im ganzen oder bestimmte Vorgänge aus seinem Leben öffentlich darstellen dürfen"(6).

----

1. BGHZ 26, 349/355 "Herrenreiter"; BGH NJW 1974, 1947/1948 "Nacktbild"; BGH Warn. Rspr. 1979 (39), 120/121; BGH GRUR 1962, 211/213 "Hochzeitsbild"

2. BUSSMANN, Verh. d. 42. DJT 1957 Bd. 1, 7

3. HUBMANN, Das Persönlichkeitsrecht, 298; s. a. BGH NJW 1965, 685 "Soraya" bzgl. eines erdichteten Interviews; weiterhin BGH DB 1980, 89 f.; LG Hamburg Ufita 34 (1961), 363/367; BGHZ 20, 345/347

4. s. z. B. OLG München Ufita 41 (1964), 322 = Schulze OLGZ 58 "Spitzenkandidat": Antrag des Klägers, dem Beklagten zu verbieten, sein Bildnis zusammen mit dem von Frau S. und der Unterschrift "SIE und ER" in dem Wochen-Magazin ... zu verbreiten; s. a. SCHWERDTNER, Münchener Kommentar, § 12 Anhang Rz. 164

5. BVerfG NJW 1980/2070/2071 "Eppler"

6. BVerfGE 35, 202/220 = NJW 1973, 1226/1227 "Lebach"

Bei einer solchen Verfügungsbefugnis über die Darstellung der eigenen Person handelt es sich um etwas begrifflich anderes als bei einer Verfügungsbefugnis über das Bildnis als reinem Darstellungsmittel, selbst wenn ein Personenbildnis regelmäßig eine Personendarstellung beinhaltet. Das Verfügungsrecht über die Darstellung schafft weder Rechte an der körperlichen oder unkörperlichen Sache "Bild", noch Rechte am Werk des Urhebers, der eventuell im Bild enthaltenen geistigen Schöpfung. Es begrenzt die urheberrechtliche Stellung aber insofern, als die aus diesem Recht folgenden Befugnisse dazu benützt werden können, die Darstellung fremder Personen ungehindert zu betreiben. Eine Aussage des § 22 KUG ist also, daß das Urheberrecht nicht das Recht auf bildliche Darstellung der Abgebildeten einschließt, die einen anderen Rechtfertigungsgrund(1) benötigt.

Diese Rechtfertigung findet sich heute in Art. 5 GG, der die dargestellte Verfügungsbefugnis relativiert. Würde man in der bundesverfassungsgerichtlichen Definition mehr als eine bloße Beschreibung einer der beiden sich gegenüberstehenden Ausgangspositionen - hier Persönlichkeitsrecht, dort Meinungsfreiheit - sehen, die beide bei Ausklammerung der Kollisionslage aufgrund der Geltung der Art. 2 und 5 GG im vollen Umfang verfassungsrechtlichen Schutz genießen, so käme ihr in der vorliegenden Form eine Ausschlußwirkung, die Schaffung eines Monopolbereichs zu. Wörtlich übernommen bedeutete dies die Annahme eines absoluten subjektiven Rechts, das dem Inhaber die Möglichkeit verleihen würde, allein das Handeln der Publizisten im Hinblick auf die Darstellung seiner eigenen Persönlichkeit zu bestimmen. In den Medien wäre dann nur noch das zu finden, was die Dargestellten selbst von sich halten.

Ein solcher Zustand wäre unerträglich.

Die Einräumung einer solchen Rechtsmacht ist denn auch nicht gemeint und entspricht so nicht der bundesverfassungsgerichtlichen Handhabung. Im Lebach-Urteil konnte der strafentlassene Tatbeteiligte die Ausstrahlung eines Dokumentationsfilms über den Soldatenmord nur deshalb verhindern, weil im konkreten Fall sein Resozialisierungsinteresse höher zu bewerten war, als das Interesse an der Fernsehsendung; nicht aber deshalb, weil ihm ein uneingeschränktes Recht zur Seite gestanden hätte, über seine Darstellung im Film allein zu bestimmen(2).

Der Verfügungsbefugnis des Einzelnen wird in gleich umfassender Weise die Meinungsfreiheit gegenübergestellt, die vorab ebenfalls keinen immanenten Einschränkungen in Bezug auf den Darstellungsinhalt unterworfen ist. Sobald eine Kollision dieser Grundpositionen vorliegt, beschränkt ein Recht das andere, so daß es sich letztlich nur darum handelt, die Bereiche nach dem Inhalt der Darstellung voneinander zu trennen, in denen die Fremddarstellung vom Willen des Dargestellten abhängig bzw. unabhängig sein soll.

----

1. z. B. aus Art. 5 GG
2. s. BVerfGE 35, 202 = NJW 1973, 1226 "Lebach"

Gerade das aber ist die Aufgabe des § 23 I KUG.

Die Trennung der Bereiche wäre daher mit der Entscheidung über die Frage identisch, wann das oder die Rechtsgüter des § 22 KUG durch einwilligungslose Verbreitung und Schaustellung verletzt werden und wann nicht. Die Reichweite der Verfügungsbefugnisse bestimmte sich daher nach der Reichweite des Schutzes der engeren Persönlichkeitssphäre, des Schutzes des Anonymitätsinteresses, bzw. eines anderen von § 22 KUG erfaßten Interesses.

Wenn aber die Grenzen des Schutzes des eigentlichen betroffenen Rechtsgutes die Abgrenzung der Verfügungsbefugnis über die Darstellung mitfestlegen, ist mit dem Selbstbestimmungsrecht als notwendigem Korrelat des tatsächlich geschützten Interesses kein eigenständiges Rechtsgut gewonnen. Die Verfügungsbefugnis ist vielmehr nur eine Rechtsfolge des Schutzes der in Bezug auf die bildliche Darstellung betroffenen Persönlichkeitswerte, ohne daß daraus eigenständige Folgerungen abgeleitet werden können.
Eine Verfügungsbefugnis des Betroffenen über Form und Inhalt der Darstellung hat somit keine selbständige Bedeutung.
Sie besteht auch nicht in Bezug auf die Vorbereitungshandlung der Veröffentlichung, nämlich der Herstellung des Bildes. Bei der Anfertigung des Bildes ist die Konfliktslage nur geringfügig verschoben. Auf Seiten des Abgebildeten bestehen entweder die gleichen oder auf die Verhinderung der bloßen Herstellung und des Besitzes durch Dritte bezogene persönlichkeitsrechtliche Interessen, während sich der Hersteller, sollte er nicht auf eine Veröffentlichung abzielen, zumindest auf die allgemeine Handlungsfreiheit berufen kann. Dieser Grundrechtskonflikt ist auf die gleiche Weise auszutragen, wie der zwischen Persönlichkeitsrecht und Meinungsfreiheit. Einer Verfügungsbefugnis kommt in diesem Rahmen ebenfalls keine selbständige Bedeutung zu.

3. Zusammenhang und Inhalt der Darstellung als Ursachen von Interessenbeeinträchtigungen

Die bisher behandelten Interessen werden bereits allein durch die Tatsache der Verbreitung und öffentlichen Schaustellung tangiert.
Die Beeinträchtigungshandlung ist jedoch nicht mit der einwilligungslosen Veröffentlichung des Bildnisses ausreichend beschrieben. Schwerwiegendere Rechts- und Interessenverletzungen resultieren regelmäßig aus dem Umstand, daß der Bildbesitzer in der Lage ist, das Bildnis in beliebige Zusammenhänge zu stellen(1).
Die Bedeutsamkeit dieses Gesichtspunkts wird klar angesichts der Tatsache, daß Bildnisse nicht isoliert veröffentlicht zu werden pflegen, sondern

----

1. so auch HUBMANN, JZ 1957, 521/525; FRANKE, NJW 1981, 2033/2036, G. ARZT, Der strafrechtliche Schutz der Intimsphäre, 48; WEHRHAHN, Ufita 37 (1962), 22/33; Drucksachen des Reichstages 1541 = GRUR 1906, 11/25; auch J. KOHLER, GRUR 1900, 196, der darin die eigentliche, aber auch ausreichende Schutzbedürftigkeit zugunsten der Abgebildeten sah

regelmäßig in einem Zusammenhang von Text und u. U. einer Namensnennung stehen. An einer isolierten Bildnisveröffentlichung ist niemanden gelegen, dem Betrachter nicht und damit auch nicht dem Veröffentlicher.

Jeder einzelne Umstand der Veröffentlichung bestimmt die Aussage der Gesamtdarstellung und den hervorgerufenen Eindruck mit.
So ist bereits der Ort der Wiedergabe geeignet, nachteilige Auswirkungen für den Abgebildeten zu haben, da dem Betrachter normalerweise die mangelnde Kenntnis und fehlende Einwilligung des Abgebildeten verborgen bleiben wird. Der Mißbrauch der Gestattung der Veröffentlichung von Bildern einer Tänzerin im Cancan-Kostüm im Rahmen einer Tanzaufführung für das Fernsehen durch Weitergabe dieser Bilder an Sexmagazine berührte sicherlich die Ehre und die sittliche Würde der Tänzerin(1), die ihre Einwilligung nicht zu diesem Zweck gab(2). Vom Ort der Wiedergabe betroffen fühlen sich auch diejenigen, die ihr Abbild unverhofft in einer Werbeanzeige für ein mehr oder weniger schmeichelhaftes Produkt Reklame treiben sehen(3).
Eine zufällige Verbindung mehrerer Umstände, ein falscher Sachzusammenhang, der nicht ohne weiteres erkennbar ist, kann ebenfalls von erheblichem Verletzungsgehalt sein. So gestand der Bundesgerichtshof(4) einem Seemann, der sich den kubanischen Truppen angeschlossen hatte, allein aus dem Grund Schmerzensgeld wegen Verletzung des Rechts am eigenen Bild zu, weil sein Bild in einer Wochenschau neben einem Zeitungsartikel über die Verurteilung eines Doppelmörders gezeigt worden war und für den Betrachter der Eindruck entstehen mußte, bei dem Seemann handele es sich um diesen Doppelmörder(5).

Erst recht wird die bezweckte Verbindung eines Bildnisses mit einem verletzenden Darstellungsgehalt berechtigte Interessen des Dargestellten auf

---

1. zur "sittlichen Würde" als Rechtsgut des § 22 KUG s. FRANKE, NJW 1981, 2033

2. KG Schulze KGZ 49; gleiches gilt für die Verwendung von Szenenbildern eines Films, eine unbekleidete Frau zeigend, zur Illustration einer "Aufklärungsserie" in einer Massenillustrierten, s. KG Schulze KGZ 51, "Kolle/ Das Wunder der Liebe"

3. BGHZ 26, 349 "Herrenreiter"; BGHZ 20, 345 "Paul Dahlke"; BGH GRUR 1962, 211 "Hochzeitsbild"; OLG Freiburg, Schulze OLGZ 90 = GRUR 1953, 404 "Croupier"

4. NJW 1962, 1004 "Doppelmörder"

5. In einem ähnlichen Fall war der Text neben einem Bildnis geeignet, den Anschein zu erwecken, der Abgebildete sei ein ehemaliger SS-General, BGH NJW 1965, 1374 "Wie uns die anderen sehen"

Nichtveröffentlichung begründen. Das zeigt sich am Beispiel der Berichterstattung über den ehemaligen Spitzenkandidaten der SPD, der sich nicht gegen seine bildliche Darstellung an sich wehrte, die ihm im Bundestagswahlkampf höchst gelegen sein mußte, sondern nur gegen die Veröffentlichung in Verbindung mit dem Bildnis einer Frau, mit der er vor längerer Zeit ehewidrige Beziehungen gehabt hatte(1).

Die Durchsicht der in einem Jahrhundert angefallenen Entscheidungen zum Recht am eigenen Bild zeigt deutlich, daß die Betroffenen sich nur mittelbar durch die Veröffentlichung ihres Bildnisses betroffen fühlten, primär jedoch durch die Art und Weise, wie ihre Person der öffentlichen Neugier preisgegeben wurde. Bereits die verfassungsrechtliche Einordnung des in § 23 I Nr. 1 KUG zutage tretenden Konflikts als einer Kollision des Persönlichkeitsrechts mit der Meinungsfreiheit des Art. 5 I GG zeigt deutlich, daß es nicht um die bildliche Darstellung als solche gehen kann, sondern im wesentlichen um die Meinungsäußerung mit Hilfe des Bildes, die jedoch in den seltensten Fällen mit der Wiedergabe des Personenbildnisses allein auskommen wird.

Bildinhalt, Zusammenhang der Darstellung sowie deren Inhalt, bieten nun Ansatzpunkte für die Verletzung einer unbegrenzten Vielzahl möglicher Interessen, die sich in ähnlicher Weise und mit dem gleichen Erfolg wie beim allgemeinen Persönlichkeitsrecht ohne Anspruch auf Vollständigkeit in unzählige Fallgruppen zusammenfassen ließen:

Die Intimsphäre wird durch den Darstellungsgehalt verletzt, wenn die Presse über das sexuell außergewöhnliche Verhalten eines Verlegers und zweier Frauen in Wort und unter Abbildung der betroffenen Personen berichtet(2). Das Privat- und Familienleben wird durch eine Bildreportage über den Rauschgifttod eines Jungen und dessen familiäre Verhältnisse(3) berührt, genauso wie durch eine Berichterstattung über die gegen den Willen der Eltern erfolgte heimliche Trauung in Gretna Green(4).

Die Ehre und das Ansehen werden durch diffamierende, unwahre und herabsetzende oder nicht dem gesellschaftlichen Stand entsprechende Darstellungen von Verhaltensweisen meist zusammen mit dem Interesse an der Nichtverletzung des Lebens- und Charakterbildes(5) beeinträchtigt.

In Betracht kommt außerdem eine Verletzung des beruflichen und geschäftlichen Ansehens(6).

----

1. OLG München Ufita 41 (1964), 322 = Schulze OLGZ 58 "Spitzenkandidat"

2. BGH NJW 1965, 2148 "Spielgefährtin I"; BGH Schulze BGHZ 156 "Spielgefährtin II"

3. BGH Schulze BGHZ 211 "Rauschgifttod"

4. BGH JZ 1965, 411

5. BGHZ 26, 52 "Sherlock Holmes"; BGH NJW 1962, 1004 "Doppelmörder"; BGH GRUR 1962, 211 "Hochzeitsbild"; KG Schulze KGZ 31 "Ein Lied geht um die Welt"; KG Schulze KGZ 49 "Sexmagazin"; OLG München Schulze OLGZ 58 "Spitzenkandidat"

6. OLG München Schulze OLGZ 54 "Lebensmittelskandal"; KG Schulze KGZ 46 "Bordellspion"

Das verletzte Interesse kann weiterhin aus der religiösen Überzeugung und Glaubensbetätigung stammen(1), es kann sich als Resozialisierungsinteresse erweisen(2), politisch motiviert sein(3), sogar den eingerichteten und ausgeübten Gewerbebetrieb(4) betreffen. Damit sind nur einige wenige Beispiele genannt.

Eine Veröffentlichung kann dabei gleich mehrere Belange berühren(5). Die einzige Gemeinsamkeit aller Interessen besteht darin, daß die veröffentlichte Personendarstellung negative Auswirkungen für den Abgebildeten hatte oder haben konnte.

4. Beeinträchtigung von Interessen aus außerhalb der Veröffentlichung liegenden Umständen

Die Quellen möglicher Interessen an der Nichtveröffentlichung sind mit der Verbreitung und Schaustellung, des Darstellungsortes, -zusammenhangs und -inhalts noch nicht abschließend erfaßt.
Sie können auch aus Gegebenheiten folgen, die die konkrete Veröffentlichung selbst nicht ausweist. So widersprach z. B. eine Frau nach ihrer Scheidung der Fortführung der ursprünglich genehmigten Verwendung ihres Bildes zu Werbezwecken durch die Werbeagentur ihres ehemaligen Mannes(6). Der Grund war die persönliche Beziehung zwischen Abgebildeter und Veröffentlicher; nicht so sehr, daß dieses Bild sie in Unterwäsche zeigte.

a) Interessen wirtschaftlicher Art

Bei einem Großteil des Entscheidungsmaterials sind die vorgefundenen Interessen jedoch nicht nur persönlichkeitsrechtlicher Natur, sondern vorwiegend vom Marktwert des eigenen Bildes und der Selbstausnutzung des Wertes bestimmt(7).

----

1. AG München JW 1928, 376 "Th. v. Konnersreuth"
2. BVerfGE 35, 202 = NJW 1973, 1226 "Lebach"; NEUMANN-DUESBERG JZ 1973, 261
3. KG JW 1928, 363 "Piscator"; OLG München, Ufita 41 (1964), 322 "Spitzenkandidat"
4. BGHZ 24, 200 "Spätheimkehrer"
5. so z. B. OLG München Ufita 41 (1964), 322 = Schulze OLGZ 58 "Spitzenkandidat": Familien- und Eheleben, Ehre, Wahlkampfchancen
6. OLG München Schulze OLGZ 69
7. Beispiele: RGZ 125, 80 "Tull Harder"; BGHZ 49, 288 "Sammelalben"; BGH Warn. Rspr. 1979 (39), 120; OLG Frankfurt NJW 1966, 254 "Ein Engel in der Leitung"

Da überwiegend nur Bilder bereits bekannter Persönlichkeiten einen Marktwert aufzuweisen haben(1), die nach der Rechtsprechung zu den Personen der Zeitgeschichte im Sinne des § 23 I Nr. 1 KUG zu zählen sind, ist die wirtschaftliche Eigenverwertung mit zu einem Musterbeispiel eines "berechtigten Interesses" des § 23 II KUG geworden.
Graf Zeppelin z. B. stützte seine Klage auf Unterlassung der Verwendung seines Bildnisses als Warenzeichen u. a. darauf, das anderen Gewerbebetreibenden bereits eingeräumte Recht, sein Bild als Warenzeichen zu gebrauchen, würde nutzlos, wenn die Verwendung nicht von seiner Genehmigung abhinge(2).

Die Schutzwürdigkeit des Wunsches nach Selbstausnutzung des individuellen Marktwertes über die §§ 22, 23 II KUG bejaht der Bundesgerichtshof(3) mit der Begründung, daß die Bekanntheit des Betroffenen letztlich auf eigener Leistung beruhe und es daher nicht unangemessen sei, ihn an der Verwertung zu beteiligen. Dabei nimmt der Bundesgerichtshof keine Trennung von persönlichen und wirtschaftlichen Interessen vor, sondern zieht letztere vielmehr zur "Beurteilung von Inhalt und Reichweite (des) Persönlichkeitsschutzes" heran(4). Er bestreitet lediglich die vorrangige Berechtigung der Selbstausnutzung des Marktwertes des Bildnisses im Vergleich zu dem über § 23 I Nr. 1 KUG geschützten Informationsbedürfnis der Allgemeinheit (5). Hubmann(6) dagegen wertet die Berücksichtigung einer Entgeltsbeteiligung nicht als berechtigtes Interesse des § 23 II KUG, da ansonsten die Ausnahmebestimmungen des § 23 I KUG ihren Zweck verfehlen würden.
Selbst wenn § 23 II KUG nur von der "Berechtigung" des Interesses spricht, werden wirtschaftliche Interessen deshalb nicht von den §§ 22, 23 II KUG erfaßt, weil der Zweck dieser Normen auf den Schutz der Persönlichkeit begrenzt ist, wie Entstehungsgeschichte(7) und Motive(8) eindeutig auswei-

----

1. Obwohl auch Unbekannte schon Gegenstand wirtschaftlicher Interessen anderer geworden sind: RGSt 33, 295; Blätter für Rechtspflege im Bezirk des Kammergerichts Bd. 13 (1902), 90; RG, II. Strafsenat, Urteil auszugsweise abgedruckt bei J. KOHLER, Das Eigenbild im Recht, 32 f. "Ostseebad Cranz"

2. RGZ 74, 308/309

3. BGHZ 49, 288/294 = NJW 1968, 1091/1092 "Sammelalben"

4. s. auch BREHMER/VOEGELI, JA 1978, 374 ff., wo die These aufgestellt wird, daß die Persönlichkeit dort am effektivsten geschützt werde, wo sie verwertbar zur Ware geworden sei

5. BGH Warn. Rspr. 1979 (39), 120/126

6. Das Persönlichkeitsrecht, 302 m. w. Nachw.

7. bei A. OSTERRIETH GRUR 1902, 361/367 ff.

8. Drucksachen des Reichstags, 1540 f. = GRUR 1906, 11, 25

sen(1). Vermögenswerte mögen zwar mit persönlichkeitsrechtlichen Gütern verknüpft sein, zur engeren Persönlichkeitssphäre(2) rechnen sie dennoch nicht. Der Schutzzweck der Norm der §§ 22, 23 KUG verweist daher die Auseinandersetzung wirtschaftlicher Interessen mit den über Art. 5 GG geschützten Rechten auf außerhalb des Persönlichkeitsrechts liegenden Anspruchsgrundlagen(3).

Unzweifelhaft persönlichkeitsrechtlicher Natur ist dagegen der Wunsch, die eigene Person anderen nicht wider Willen zu deren wirtschaftlichen Vorteil überlassen zu müssen(4). "Denn es entspricht gewiß nicht dem Geschmack eines jeden, sein Bildnis auf den Waren eines beliebigen Händlers prangen zu sehen"(5). Personen der Zeitgeschichte sind daher auch bei Nichtberückscihtigung ihrer eigenen wirtschaftlichen Belange durch § 23 II KUG nicht schutzlos, da dieses persönlichkeitsrechtliche Interesse regelmäßig mitbeeinträchtigt wird.

Ein nicht aus der Veröffentlichung selbst ersichtliches wirtschaftliches Interesse kann sich zuletzt daraus ergeben, daß die negative Wirkung der Veröffentlichung das berufliche und gewerbliche Fortkommen und damit die finanzielle Situation des Abgebildeten erheblich verschlechtern kann(6). Diese Nachteile sind ebenfalls dann berücksichtigungsfähig, wenn sie als Folgeerscheinung der eigentlichen Persönlichkeitsverletzung zu werten sind.

----

1. selbst wenn KEYßNER ein Recht am eigenen Bild auch mit dem Gedanken des Schutzes von Geldaufwendungen begründete, s. Das Recht am eigenen Bilde, 24, 26
2. BVerfG NJW 1980, 2070 "Eppler"
3. s. auch NEUMANN-DUESBERG, Anm. zu BGH Schulze BGHZ 150, 16 ff.; a.A. KG, Rechtsprechung der Oberlandesgerichte Bd. 30 (1915), 302 "Caruso"
4. RGZ 125, 80 "Tull Harder"; BGHZ 20, 345 "Paul Dahlke"; BGH NJW 1961, 558 "Familie Schölermann"; OLG München Ufita 38 (1962), 186 "Plattentasche"
5. RGZ 74, 308/311, 313 "Graf Zeppelin"; dagegen RGZ 125, 80/84 "Tull Harder", wonach geschäftliche Kundenwerbung "nicht in Bausch und Bogen als Tätigkeit niederen Ranges betrachtet werden kann"
6. Fälle dazu: KG Schulze KGZ 46 = NJW 1968, 1969 "Bordellspion"; OLG Freiburg Schulze OLGZ 90 "Croupier", BGH Schulze BGHZ 187 = NJW 1971, 698/700 "Pariser Liebestropfen"

b) Interessen hoheitlicher Art

Seit einiger Zeit herrscht im Rahmen der Bildberichterstattung über Polizeieinsätze in Urteilen(1) die Tendenz vor, das Verbot der Veröffentlichung von Bildnissen, auf denen Polizeibeamte mitabgebildet sind, auch auf hoheitliche Interessen zu stützen; so z. B. auf die Wahrung der Funktionsfähigkeit staatlicher Einrichtungen(2). So wurde ein Fotojournalist wegen Verletzung des Rechts am eigenen Bild eines diensttuenden Polizeibeamten nach § 33 KUG u. a. mit der Begründung strafrechtlich verurteilt, er habe mit seiner Reportage das "erhebliche Interesse der Allgemeinheit an der Aufrechterhaltung von Recht und Ordnung durch die Arbeit der Kriminalpolizei" in ungerechtfertigter Weise beeinträchtigt(3) und könne sich auch deswegen nicht auf die Abbildungsfreiheit nach § 23 I Nr. 1 KUG berufen. Als Art. 5 GG einschränkendes allgemeines Gesetz bezog sich das Oberlandesgericht Karlsruhe dabei auf die Vorschriften der §§ 22, 23 KUG.

Ein Schutz dem öffentlichen Recht angehöriger Interessen ist aber über die Zivilrechtsnorm des § 22 KUG nicht möglich. Zum anderen wäre der abgebildete Beamte weder aktiv noch passiv legitimiert, auf keinen Fall zum Schutz seines Persönlichkeitsrechts, diese allein dem Staat zustehenden Interessen berechtigterweise warhzunehmen, die kein subjektives Recht des Beamten selbst begründen(4). Die Funktionsfähigkeit staatlicher Einrichtungen ist nur über die polizeiliche Generalklausel als Ermächtigungsgrundlage geeignet, die Pressefreiheit aus Art. 5 GG einzuschränken, nicht über das Recht am eigenen Bild.

D. Bestimmung des Umfangs und Eingrenzung der
   Interessen an der Nichtveröffentlichung

Der Menge der mit der Veröffentlichung des Bildnisses verbundenen möglichen Ursachen für eine Beeinträchtigung der Persönlichkeit des Abgebildeten korrespondiert eine hier nur andeutungsweise beschriebene Vielfalt von Interessen an der Nichtveröffentlichung des Bildnisses. Insbesondere die Tatsache, daß als wesentlichste Quelle negativer Auswirkungen der Inhalt der Darstellung von Bedeutung ist, rechtfertigt die Feststellung, daß der Vielzahl im Einzelfall beeinträchtigter Belange keine Grenzen gesetzt sind. Der personenbezogenen Darstellungen zugängliche Inhalt läßt sich genauso wenig fassen, wie die Natur des Menschen selbst. Das im Einzelfall betroffene Interesse wird sich daher immer in der Form bilden, die eigene Person

---

1. z. B. OLG Karlsruhe NJW 1980, 1701/1702

2. s. den Beitrag von KRÜGER, NJW 1982, 89/90

3. OLG Karlsruhe NJW 1980, 1701/1702

4. s. meinen Beitrag in NJW 1982, 863; s. a. R. JARASS, JZ 1983, 280/282 f., der einräumt, daß bei der hier angesprochenen Frage die öffentlich-rechtlichen Interessen im Vordergrund stehen; letztlich aber m. E. zu Unrecht wegen einer im öffentlichen Recht angeblich fehlenden Ermächtigungsnorm wieder auf die §§ 22 ff KUG zurückgreifen will

nicht mit einem ganz konkreten Inhalt verbunden dargestellt zu sehen, so daß als relevante Beeinträchtigungshandlung nicht so sehr die Veröffentlichung an sich, sondern in erster Linie der nicht vorhersehbare und damit nicht erfaßbare Gehalt der konkreten Darstellung in Betracht kommt. Ein Vergleich zur Problematik der Konkretisierung der Generalklausel des allgemeinen Persönlichkeitsrechts drängt sich unmittelbar auf.
Zum Rechtsgut, bzw. zu den Rechtsgütern der §§ 22 ff. KUG wird diese Interessenvielfalt jedoch erst, wenn sie in gleichem Umfang objektiv von diesen Normen erfaßt und auch geschützt wird. Es muß also eine Abgrenzung der geschützten von den nicht geschützten Belangen versucht werden.

Nicht weiter hilft dabei der Gedanke, daß die Interessen sich auf die Verhinderung der Veröffentlichung gerade des Bildnisses richten müssen. Soweit dem Bild als Teil der Gesamtdarstellung ein Informationsgehalt zukommt, ist es nur ein Darstellungsmittel neben anderen, so daß sich kein Unterschied in der Art der Interessen ergibt, die sich auf die Nichtveröffentlichung des Bildes und denen, sich auf die Nichtveröffentlichung der Darstellung insgesamt beziehen. Weist das Bildnis einen eigenen Darstellungsgehalt auf, der sich nicht in der Wortberichterstattung wiederspiegelt, mag sich zwar im Einzelfall der Wunsch nach Nichtveröffentlichung auf das Bild beschränken, ohne daß sich aber daraus ein spezifisch bildbezogenes Interesse ableiten ließe.

Soweit die Abbildung der Person nur den Zweck ihrer Identifizierbarkeit verfolgt, kann zwar eine Beeinträchtigung des Anonymitätsinteresses mit der Nichtabbildung entfallen. Das Anonymitätsinteresse wird jedoch auch durch Namensnennung oder durch Schilderung bekannter Details im Text berührt, die sichere Rückschlüsse auf die Identität des Betroffenen erlauben.

Dem Bildnis als Bezugsobjekt des Schutzes des § 22 KUG kommt daher keine Ursächlichkeit eines rein auf die Abbildung bezogenen Interesses zu. Jedes Interesse an der Nichtveröffentlichung des Bildnisses kann seiner Art nach genauso bezüglich der Unterbindung der übrigen Darstellungsmittel bestehen.

1. Begrenzung auf Interessen persönlichkeitsrechtlicher Natur

Die einzig mögliche Einschränkung der Interessenvielfalt muß, da § 22 KUG den Rechtsgrund der Regelung selbst nicht nennt und die Rechtsfolge zum Teil von der Ausfüllung einer Leerformel, wie den "berechtigten Interessen"(1) abhängt, im Schutzzweck der Norm gefunden werden, also mit Hilfe der "Achtung, welche die Persönlichkeit beanspruchen darf"(2). Andere als persönlichkeitsrechtliche Interessen scheiden also als Rechtsgut aus, insbesondere wirtschaftliche und hoheitliche.
Die §§ 22 ff. KUG sollten weder dem Abgebildeten die eigene wirtschaftliche Ausnutzung seines persönlichen Marktwertes garantieren, noch als Vehikel dienen, über den Umweg des Persönlichkeitsrechts Interessen des Staates schützen zu können.

----

1. § 23 II KUG
2. Drucksachen des Reichstags, 1540 = GRUR 1906, 11/25

Das Recht am eigenen Bild, das eine Entscheidung unter gewissen Bedingungen von einer durch die Leerformel ausgelösten einzelfallbezogenen Güter- und Interessenabwägung abhängig macht, zeigt deutlich die Gefahr, daß über diese Leerformel jedwedes Interesse, unabhängig von seiner Art, zum Beurteilungsgegenstand der richterlichen Entscheidung werden kann. Die §§ 22, 23 KUG werden auf diese Weise zu einer Generalklausel des Zivil-, öffentlichen und Strafrechts, wobei ihnen nur noch die Funktion des Ansatzpunktes der Abwägung all jener Güter zugestanden wird, die durch die Verbreitung und Schaustellung von Bildnissen überhaupt berührt werden können.

2. Umfang der Rechtsgüter der §§ 22, 23 II KUG

Mit dem Schutzzweck der Norm als einzigem Instrument der Eingrenzung müssen alle objektiv erfaßten Belange der Abgebildeten, soweit sie persönlichkeitsrechtlichen Charakter haben, als Rechtsgüter der §§ 22, 23 II KUG aufgefaßt werden.

Es läßt sich unter der Vielfalt kein derart dominierendes, regelmäßig durch die Bildnisverbreitung und Zurschaustellung beeinträchtigtes oder gar verletztes Interesse nachweisen, von dem man sagen könnte, alle anderen seien ihm untergeordnet. Die durch die Veröffentlichungstatsache selbst berührten Belange, das Anonymitätsinteresse, die Privatsphäre und die Verfügungsbefugnis über die Darstellung der eigenen Person sind für sich gesehen von keiner Fallrelevanz. Es lassen sich keine Entscheidungen finden, bei denen das ausschlaggebende Moment die Verletzung gerade und ausschließlich dieser Interessen gewesen wäre. Regelmäßig ginge das Interesse darüber hinaus und gründete sich in den Besonderheiten der Darstellung im Einzelfall.

Diese einzelfallbestimmten Interessen lassen sich in die üblichen Fallgruppen des allgemeinen Persönlichkeitsrechts einordnen, soweit diese den Achtungsanspruch zu konkretisieren versuchen. Der Wert dieser Fallgruppenbildung ist dabei der gleiche, wie im allgemeinen Persönlichkeitsrecht, da der Umstand, daß es sich um bildliche Darstellungen handelt, für die Abgrenzbarkeit der Gruppen nichts hergibt. So resultiert z. B. die Schutzwürdigkeit der Privatsphäre primär aus der Öffentlichkeitsempfindlichkeit des jeweiligen Sachverhalts und nicht aus der Tatsache, daß die Beeinträchtigung durch Bildnisveröffentlichung erfolgt.

Eine weitergehende Konkretisierung der Rechtsgüter als bei der Generalklausel des allgemeinen Persönlichkeitsrechts ist daher beim Recht am eigenen Bild ebenfalls nicht möglich.

E. Die Besonderheit eines gesetzlichen Bildnisschutzes

Die Frage nach einer Besonderheit des Bildnisschutzes, die über die Tatsache der gesetzlichen Regelung hinaus ginge, stellt sich daher nicht nur von der faktischen Situation der Bildnisveröffentlichung, sondern auch aus dem Vergleich der Rechtsgüter des allgemeinen Persönlichkeitsrechts mit denen der §§ 22, 23 II KUG. Vorab lassen sich nur Gemeinsamkeiten feststellen.

1. Die Würdigung der Gesamtumstände

Eine Gemeinsamkeit bildet die vom Richter zu erfassende Entscheidungsgrundlage für die Zulässigkeit der Veröffentlichung.

Die Tatsache, daß der durch die Gesamtheit der Darstellung bewirkte Eindruck die Beeinträchtigung bzw. Verletzung widerspiegelt, muß zwangsläufig zur Folge haben, daß für eine Zulässigkeit der Bildnisverbreitung die Berücksichtigung der Gesamtumstände maßgebend sein muß.
Nach einhelliger Auffassung in Rechtsprechung und Literatur ist deshalb aufgrund der Unlösbarkeit der einzelnen Elemente der Veröffentlichung aus dem Zusammenhang der Darstellung die Bildveröffentlichung in ihrer Gesamtheit nicht unabhängig vom Begleittext zu würdigen(1).

Aus dem gleichen Grund ist auch die Zulässigkeit einer Wortberichterstattung nach der Würdigung der Gesamtumstände zu beurteilen, zu denen das mitveröffentlichte Bild gehört.

Dieser Nichttrennbarkeit einzelner Darstellungsmittel und -elemente für die Beurteilung der Zulässigkeit der Bildnisveröffentlichung, soweit sie räumlich und inhaltlich zusammenhängen, war man sich im Gesetzgebungsverfahren durchaus bewußt(2).

2. Die Ursache der Rechtsverletzung bei Bild- und sonstiger Darstellung

Des weiteren folgt aus dem Gesichtspunkt, daß sich das Interesse an der Nichtveröffentlichung des Bildnisses mit dem Interesse an der Nichtveröffentlichung jeglicher Art und Weise der Fremddarstellung aufgrund der vorrangigen Verletzungsfunktion des Inhalts deckt, eine Übereinstimmung der Prüfungsgesichtspunkte für die Zulässigkeit der jeweiligen Darstellung und auch eine notwendige Übereinstimmung des Ergebnisses dieser Prüfung. Den Abgebildeten wäre wegen der Gleichheit der Interessen nicht mit dem Wegfall eines Verletzungselementes gedient, soweit die Verletzung nicht allein auf diesem Element beruht. Dem Spitzenkandidaten der SPD hätte es nicht viel genützt, nur den Abdruck seines Bildes, das zu seiner Identifizierung wahrlich nicht notwendig war, zu verhindern. Die Persönlichkeitsrechtsverletzung, die in der Berichterstattung über sein Privatleben lag, war damit nicht beseitigt(3).

----

1. BGHZ 20, 345/350 "P. Dahlke"; BGHZ 24, 200/209 "Spätheimkehrer" BGHZ Schulze BGHZ 120, 6 "Wie uns die anderen sehen"; BGH GRUR 1962, 211/212 "Hochzeitsbild"; BGH Warn. Rspr. 1979 (39), 120/124; OLG Stuttgart JZ 1960, 126/131; OLG München Schulze OLGZ 58, 3 "Spitzenkandidat"; NEUMANN-DUESBERG, Juristenjahrbuch Bd. 7 (1966, 67), 138/158 f.; WEHRHAHN, Ufita 37 (1962), 22/35 m. w. Nachw.

2. s. Bericht der X. Kommission, 4685

3. weitere Fälle, bei denen die Rechtsverletzung nicht in der Wiedergabe des Bildes, sondern vielmehr im beigefügten Text lag: KG JW 1928, 363 "Piscator"; BGH GRUR 1966, 102 und GRUR 1969, 301 "Spielgefährtin I, II"; OLG Hamburg Schulze OLGZ 87 "Spionin"; weitere Beispiele und Behandlung dieses Fragenkomplexes bei G. ARZT, Der strafrechtliche Schutz der Intimsphäre 47-49

G. Arzt will wegen der häufigen Abhängigkeit der Zulässigkeit der Bildberichterstattung von der Zulässigkeit der Berichterstattung überhaupt die Rechtmäßigkeit auch einer Bildveröffentlichung erst prüfen, nachdem festgestellt ist, daß zumindest die Berichterstattung als solche keine Rechte des Betroffenen verletzt(1).

Mit G. Arzt muß es als gekünstelt angesehen werden, wenn allein Ansprüche auf Unterlassung der Bildveröffentlichung nach den §§ 22, 23 II KUG gewährt werden, ohne daß die übrige Darstellung miteinbezogen würde.

Die Übereinstimmung in der Prüfung der Zulässigkeit der Bildnisveröffentlichung im Vergleich zu anderen Darstellungsformen muß also auf jeden Fall auch zu einer einheitlichen, die Gesamtdarstellung betreffenden Rechtsfolge führen.

3. Das Recht am eigenen Bild als besonderes Persönlichkeitsrecht?

Welche Auswirkungen die gesonderte Regelung des Bildnisschutzes im Bereich der Personendarstellung haben kann, zeigt augenfällig der üblicherweise mit dem Begriff "Spielgefährtin" bezeichnete Fall(2), der das intime Sexualleben eines Verlegers und zweier Frauen zum Gegenstand hatte. Der Reportage in einer Illustrierten waren Bilder der Beteiligten beigefügt, die für sich gesehen nicht nachteilig waren. Die Betroffenen klagten wegen Verletzung des Rechts am eigenen Bild mit dem Antrag, die weitere Verbreitung der Fotographien unter Strafandrohung zu verbieten. Die öffentliche Schilderung intimer Vorgänge war nur soweit Gegenstand der Entscheidung, ob sich daraus die Eigenschaft der Betroffenen als Person der Zeitgeschichte im Sinne des § 23 I Nr. 1 KUG ableiten ließe. Es ist auffällig, daß sich, sobald eine Darstellung mit einem Bildnis versehen ist, die Angriffsrichtung des Vorgehens auf die Bildverbreitung beschränkt und Entscheidungsgrundlage allein die §§ 22 ff. KUG bilden. Eine (vom Gesetzestext nicht gedeckte) Ausweitung der Rechtsfolge auf den Text oder die Namensnennung wird dabei nicht vorgenommen(3). Es wird allerdings mehrfach die analoge Anwendung der Grundsätze der besonderen Persönlichkeitsrechte zur Auslegung der Generalklausel vorgeschlagen(4), ohne daß dies in der Praxis von Bedeutung geworden wäre. Wenn die Interessenlage und die Rechtsgüter des Rechts am eigenen Bild mit denen des allgemeinen Persönlichkeitsrechts weitgehend identisch sind, kommt auch eher eine Anwendung der Auslegung der Generalklausel im Rahmen der §§ 22 ff. KUG in Betracht, als umgekehrt.

----

1. Der strafrechtliche Schutz der Intimsphäre, 47 f.

2. BGH NJW 1965, 2148

3. die von SCHWERDTNER, Münchener Kommentar, § 12 Anhang Rz. 175 und Das Persönlichkeitsrecht, 218 ff. aufgeführten Beispiele dafür, daß die §§ 22 ff. KUG auch auf die Lebens- und Charakterbilddarstellung in erweiternder Auslegung angewandt würden, gehen insoweit fehl, als in allen Fällen die Darstellung in bildlicher Form erfolgte

4. SCHWERDTNER, Münchener Kommentar § 12 Anhang Rz. 176 mit unzutreffenden Belegen; V.GAMM, Urheberrechtsgesetz, Einf. Rz. 93, 99; BGHZ 13, 334/339 "Leserbrief"; BGHZ 24, 72/78 "Krankenpapiere"

Wie gezwungen die Herausarbeitung von Unterschieden anmuten kann, belegt Schwerdtner, wenn er die Zulässigkeit der Lebens- und Charakterbilddarstellung nicht nach den §§ 22, 23 KUG beurteilen, sondern aus einer Abwägung zwischen dem allgemeinen Persönlichkeitsrecht und den Informationsinteressen der Allgemeinheit gewinnen will, da es sich dabei um ein aliud im Vergleich zum Recht am eigenen Bild handele(1). Gleichzeitig macht er aber an anderer Stelle die Zulässigkeit der Bildberichterstattung ebenfalls von einer Abwägung des Schutzes des Persönlichkeitsrechts des Abgebildeten (2) mit diesem Informationsinteresse abhängig.

Gleichermaßen verfehlt erscheint es, wenn G. Arzt(3) aus dem "Klammern an die §§ 22, 23 KUG auch dort, wo der Bildnisschutz nur am Rande berührt worden ist" ein Indiz für ein Bedürfnis nach gesetzlicher Regelung weiterer Persönlichkeitsrechte ausmacht. Die Besonderheit eines speziellen Persönlichkeitsrechts muß bereits im geschützten Rechtsgut zum Ausdruck kommen, soll sie praktische Auswirkungen haben und als Konkretisierung gelten können. Eine Schaffung besonderer Rechte, die inhaltlich wie das Recht am eigenen Bild, weite Bereiche dem allgemeinen Persönlichkeitsrecht zugehöriger Rechtsgüter umfassen, wäre daher nicht hilfreich. Da sich keine Darstellungsform auf die Beeinträchtigung ganz konkreter Güter beschränkt, müßten diese Rechte die gleiche Spannungsbreite von Interessen schützen, wie es die §§ 22 ff. KUG tun.

4. Die besondere Schutzbedürftigkeit vor bildlicher Darstellung

Trotz der hinsichtlich des Rechtsguts fehlenden Konkretisierung des Rechts am eigenen Bild und der weitgehenden Interessenidentität bei Bild- und Wortberichterstattung geht der Bundesgerichtshof(4) davon aus, daß "im Gegensatz zu der Veröffentlichung von Abbildungen einer Person, die in der Regel ohne deren Einwilligung nicht erlaubt ist", "die öffentliche Erwähnung einer Person oder die öffentliche Aussage über sie grundsätzlich gestattet"(5) sei. Da sich sowohl die Bildberichterstattung, als auch die textliche Darstellung auf Art. 5 GG berufen können, muß es letztlich doch einen Gesichtspunkt geben, der diese unterschiedliche Behandlung rechtfertigen kann.

Und damit stößt man auf die eigentliche Besonderheit des sog. Rechts am eigenen Bild: der größeren Verletzbarkeit der geschützten Interessen und dem daraus resultierenden größeren Schutzbedürfnis. Nach dem Bundesgerichtshof(6) läßt sich aus der Zulässigkeit der Wortberichterstattung nicht zu-

----
1. Münchener Kommentar, § 12 Anhang Rz. 180
2. Münchener Kommentar, § 12 Anhang Rz. 173
3. Der strafrechtliche Schutz der Intimsphäre, 49
4. BGHZ 30, 7/12 "Caterina Valente"
5. wegen Art. 5 GG
6. NJW 1966, 2353/2354 = GRUR 1967, 205 "Vor unserer eigenen Tür"

gleich die Zulässigkeit der bildlichen Darstellung folgern, da letztere einen ungleich stärkeren Eingriff in die persönliche Sphäre bedeute. Die wesentlich größere Aussagekraft eines Bildes(1), die leichtere Erfaßbarkeit für den Beobachter, die es als Blickfang geeignet macht(2), führt zu einer stärkeren Gefährdung des Betroffenen, so daß sich die durch Verbreitung und Schaustellung des Bildes verursachte Rechtsverletzung zwar nicht in ihrer Qualität von der durch textliche Darstellung ausgelösten unterscheidet, wohl aber in der möglichen Intensität. Entscheidend ist weiterhin nicht so sehr die eventuell in der Bildnisveröffentlichung selbst liegende (geringere) Persönlichkeitsbeeinträchtigung, als vielmehr die Gefahr zusätzlicher Rechtsverletzungen, die mit der Herrschaft über das Bild verbunden ist(3).

§ 22 KUG gewährt mit dem grundsätzlichen Einwilligungserfordernis präventiven Schutz vor einer potentiellen Gefährdung der Persönlichkeit und enthebt(4) den Abgebildeten wegen dieser abstrakten Gefährlichkeit der Notwendigkeit, eine konkrete Gefahr für seine Person darlegen und beweisen zu müssen. Ob sich jedoch mit dieser Begründung eine in der Existenz der §§ 22 ff. KUG im Vergleich zu anderen Darstellungsformen begründete Sonderstellung des Rechts am eigenen Bild halten läßt, ob also die im Fall "Caterina Valente"(5) aufgestellte Regel des Bundesgerichtshofs insbesondere im Hinblick auf Art. 5 I GG(6) tragfähig erscheint, wird sich erst nach Prüfung der Gegeninteressen beantworten lassen.

5. Das Verhältnis von § 22 KUG zu § 23 II KUG in Bezug auf die von ihnen geschützten Güter und Interessen

Fehlerhaft ist es, wie vielfach versucht wird, § 22 KUG als den Standort des eigentlichen Rechts am eigenen Bild auszumachen und § 23 II KUG die Funktion der Berücksichtigung einzelfallbedingter persönlichkeitsrechtlicher Umstände zuzuweisen(7).

Genauso unzutreffend ist es, über § 22 KUG die durch die Tatsache der Veröffentlichung bereits berührten Interessen als geschützt anzusehen, während § 23 II KUG andere Persönlichkeitsrechte erfasse. So bezeichnet z. B. Franke(8) das Rechtsgut des § 22 KUG einmal mit dem Recht am eigenen Bild,

---

1. BIELENBERG, Anm. zu BGH GRUR 1967, 205 "Vor unserer eigenen Tür" in GRUR 1967, 209
2. SCHWERDTNER, Das Persönlichkeitsrecht, 212 m. w. Nachw.; OLG München Ufita 41 (1964), 322 "Spitzenkandidat"
3. zu letzteren HUBMANN JZ 1957, 521/525; ders. Das Persönlichkeitsrecht, 299
4. von § 23 II KUG vorerst abgesehen
5. BGHZ 30, 7/12
6. s. dazu A. ARNDT, NJW 1967, 1845; a. A. BGH NJW 1966, 2353/2354
7. s. z. B. HUBMANN, Das Persönlichkeitsrecht, 301
8. NJW 1981, 2033 ff.

dann mit dem Anonymitätsinteresse und schließlich mit dem ausschließlichen Bestimmungsrecht über den Privatbereich, während er über § 23 II KUG "Persönlichkeitsrechte", u. a. die Ehre geschützt wissen will(1).

Eine dritte Funktionsaufteilung nimmt Neumann-Duesberg vor, wenn er sagte, § 22 KUG schütze das eigentliche Anonymitätsinteresse des Abgebildeten, während im Rahmen des § 23 II KUG ausschlaggebend sei, ob die Art und Weise der Bildwiedergabe gegen die berechtigten Interessen dieser Person verstoße(2).

Alle diese Unterteilungen finden im Gesetz keine Stütze.

§ 23 I KUG trennt nicht verschiedene persönlichkeitsrechtliche Güter und Interessen des § 22 KUG und des § 23 II KUG voneinander. Seine Funtkion beschränkt sich allein auf die Ermöglichung der Berücksichtigung der dem Persönlichkeitsrecht entgegenstehenden Interessen an der Veröffentlichung, ohne daß beim Vorliegen eines "Bildnisses aus dem Bereiche der Zeitgeschichte" etwa bestimmte Belange des Abgebildeten im Rahmen des § 23 II KUG nicht mehr als "berechtigt" angesehen werden könnten. Auch eine Person der Zeitgeschichte hat Anspruch auf Schutz ihrer Privatsphäre, wie andererseits jeder Abgebildete sich gegen eine verletzende Art und Weise der Darstellung wehren kann.

Aus dem Wortlaut der §§ 22 KUG und 23 II KUG läßt sich ebenfalls keine bestimmte Aufteilung der Interessen in der Weise, daß einige nur über § 22 KUG berücksichtigt werden könnten und die übrigen nur über § 23 II KUG, ablesen.

Also lassen sich auch aus der Gesetzessystematik nicht ein oder mehrere bestimmte Rechtsgüter des "Rechts am eigenen Bild" als Folge ihrer andere Interessen ausschließenden Zuweisung in den Schutzbereich des § 22 KUG herleiten.

F. Ergebnis

Anstelle eines einheitlichen Rechtsguts eines Rechts am eigenen Bild findet sich so eine uneingrenzbare Vielzahl geschützter Einzelinteressen an der Nichtveröffentlichung, wobei diese Vielzahl im wesentlichen auf der Verursachung des ganz konkreten Interesses durch den jeweiligen Darstellungsinhalt beruht.

Jedes dieser möglichen fallbedingten Interessen kann den konkreten Konflikt um die Veröffentlichungsfähigkeit seinen charakteristischen Stempel aufdrücken, da es die Position des Abgebildeten, der sich gerade nicht in der vorgesehenen Art und Weise dargestellt wissen will, beim Ausgleich der widerstreitenden Belange beschreibt.

Wegen des notwendigen Rückgriffs auf diese den Einzelfall bestimmenden In-

---

1. ähnlich SCHWERDTNER, Münchener Kommentar § 12 Anhang Rz. 169, 173; HUBMANN, Das Persönlichkeitsrecht, 301 f.; V. GAMM, Urheberrechtsgesetz, Einf. Rz. 103, 113; BUSSMANN, Verh. d. 42. DJT 1957 Bd. 1, 26, mit teilweise anderen Aufteilungen
2. Juristenjahrbuch Bd. 7 (1966/67), 138/158 ff. und JZ 1973, 261/263

teressen nehmen die §§ 22 ff. KUG keine Konkretisierung der Generalklausel des allgemeinen Persönlichkeitsrechts hinsichtlich der Rechtsgüter vor, die gegen eine Verletzung durch Verbreitung und Schaustellung des Bildnisses geschützt werden. Das Gesetz hat kein besonderes Persönlichkeitsrecht am eigenen Bild geschaffen, sondern nur einen gesetzlichen Schutz des allgemeinen Achtungsanspruchs der Person gegen Beeinträchtigungen und Verletzungen durch öffentliche Darstellung mit Hilfe ihres Bildnisses.

Die unbegrenzte und nicht eingrenzbare Vielfalt der in den konkreten Fällen zutage tretenden und von den §§ 22 und 23 II KUG geschützten unterschiedlichen Rechtsgüter läßt bereits die durch § 22 KUG erfolgende generelle und prinzipielle Charakterisierung der Tatsache der Bildnisveröffentlichung ohne Einwilligung des Betroffenen als Rechtsverletzung fraglich erscheinen und damit auch das Regel- Ausnahmeverhältnis zwischen § 22 KUG und § 23 KUG. Es stellt sich daher im folgenden das Problem, inwieweit die besondere Ausgestaltung des Schutzes der Abgebildeten der Durchsetzung der Gegenrechte standzuhalten vermag.

II. Die Rechte auf Veröffentlichung

A. Der dem Gesetz zugrundegelegte Interessenkonflikt

Nach der in § 23 I Nr. 1 KUG zum Ausdruck kommenden Entscheidung des Gesetzgebers bedeutet jede Verbreitung und Schaustellung des Bildnisses ohne Einwilligung eine Verletzung des Achtungsanspruchs der Persönlichkeit[1], soweit es sich nicht um die Veröffentlichung eines "Bildnisses aus dem Bereich der Zeitgeschichte" handelt[2].

Nach den Motiven sollte mit § 23 I Nr. 1 KUG "den natürlichen Bedingungen sozialen und geschichtlichen Lebens" Rechnung getragen und der "Allgemeinheit ein gewisses publizistisches Anrecht an der freien Darstellung" "von Person, die dem öffentlichen Leben angehören" eingeräumt werden; so im wesentlichen die kurze Begründung zu § 23 I Nr. 1 KUG[3].

Der Gesetzgeber griff damit ein Hauptargument J. Kohlers gegen ein uneingeschränktes Recht am eigenen Bild im Sinne Keyßners auf, wonach derjenige, der in der Öffentlichkeit lebt, es sich gefallen lassen muß, "daß die Welt das Bedürfnis empfindet, sein Bild zu kennen, und daß sie diesem Verlangen entspricht"[4].

Nicht erwähnt wurden in den Motiven die Interessen und Rechte der Veröf-

----

1. so die Drucksachen des Reichstags, 1540 = GRUR 1906, 11/25
2. oder eine der anderen Ausnahmen des § 23 I KUG, die jedoch vernachlässigt werden können und hier nicht behandelt werden
3. Drucksachen des Reichstags, 1540 = GRUR 1906, 11/25
4. GRUR 1900, 196; ders., Das Eigenbild im Recht, 10

fentlicher selbst(1), obwohl § 23 I Nr. 1 KUG notwendigerweise ihnen die Befugnis zur Verbreitung und Schaustellung einräumt. Offentsichtlich wollte der Gesetzgeber durch die Berücksichtigung des allgemeinen Informationsbedürfnisses als Rechtfertigung zur Einschränkung des Persönlichkeitsrechts zum Ausdruck bringen, daß die über § 23 I Nr. 1 KUG eingeräumte Rechtsstellung der Publizisten nicht um ihrer selbst willen bestehen sollte, sondern um des beschriebenen "gewissen publizistischen Anrechts der Allgemeinheit" wegen.

Bis heute kennzeichnet sich der Interessenkonflikt, der zum Ausgleich gebracht wird, in Rechtsprechung(2) und Literatur(3) fast ausnahmslos durch die Gegenüberstellung der Positionen: Recht am eigenen Bild - Informationsinteresse der Allgemeinheit. Diese Sicht stellt dabei keine Besonderheit der §§ 22 ff. KUG dar; sie läßt sich ebenso wiederfinden, wenn es sich um andere Formen der Darstellung handelt(4).

Die Analyse dieser Interessen der Allgemeinheit und der Rechte der Veröffentlicher, deren Durchsetzung die Beeinträchtigung oder gar Verletzung des Persönlichkeitsrechts ausmachen kann, ist, da jedes Gesetz das Ergebnis einer gesetzgeberischen Interessenabwägung ist(5), und auch die in § 23 II KUG aufgeführten Interessen der Abgebildeten einer Gegenüberstellung mit den Gegenrechten bedürfen, sowohl für die Überprüfung der in § 23 I Nr. 1 KUG zum Ausdruck kommenden Entscheidung des Gesetzgebers als auch für die Anwendung des § 23 II KUG von Bedeutung.

----
1. die jedoch offensichtlich mit dem Gesetz zufrieden waren, s. Bericht der X. Kommission, 4684
2. RGZ 125, 80/81 f. "Tull Harder"; BVerfGE 35, 202/231 f. = NJW 1973, 1226/1230 f. "Lebach"; BGHZ 20, 345 "P. Dahlke"; BGHZ 24, 200/208 "Spätheimkehrer"; BGH GRUR 1962, 211 "Hochzeitsbild"; BGH NJW 1964, 1471; BGH NJW 1965, 2148/2150 "Spielgefährtin"; BGH Warn. Rspr. 1979 (39), 120/122; OLG Stuttgart JZ 1960, 126 ff.; OLG München Schulze OLGZ 91; OLG Frankfurt Schulze OLGZ 55, 4 "Verbrecherbraut"; KG Schulze KGZ 14, 6 "Früherer Strafrichter" u. v. a.
3. HUBMANN, Das Persönlichkeitsrecht, 299; SCHWERDTNER, Münchener Kommentar § 12 Anhang Rz. 168 ff.; ders. Das Persönlichkeitsrecht 215; V.GAMM, Urheberrechtsgesetz, Einf. Rz. 115; NEUMANN-DUESBERG, JZ 1960, 114 ff.; ders. JZ 1971, 305/306; ders. JZ 1973, 261/262; FRANKE, NJW 1981, 2033 ff. u. a.
4. BVerfGE 21, 239, 244; BGHZ 31, 308 "Alte Herren"; Bundestags-Drucksache 1237/59 63. Teil, 18; LÖFFLER, Presserecht 2. Aufl. Bd. I, 489 Rz. 94; H. KOHL, Medienwirkung und Medienverantwortung, 60; KOEBEL, MDR 1972, 8/9
5. BGHZ 17, 266/276

Im folgenden soll deshalb, wie im 2. Teil I für die persönlichkeitsrechtlichen Belange ebenfalls nur eine Bestimmung und Herausarbeitung derjenigen Rechte und Interessen vorgenommen werden, die geeignet sind, das Persönlichkeitsrecht der Abgebildeten zu beeinträchtigen. Die damit allein verfolgte Absicht ist die, mit der Behandlung auch der Gegenpositionen den zugrunde liegenden Konflikt im ganzen Umfang aufzuzeigen, um auf diese Weise eine Beurteilungsgrundlage für die im 3. Teil behandelten Lösungsmöglichkeiten zu gewinnen.

Eine Eingrenzung aller tatsächlich am Konflikt beteiligten Belange auf diejenigen, die entweder über § 23 I Nr. 1 KUG unmittelbar, bzw. mittelbar über höherrangiges Recht, wie dem Recht der Meinungsfreiheit aus Art. 5 GG geschützt werden, erfolgt dabei in Anlehnung an die ganz einheilige Rechtsprechung und Lehre, die etwa wirtschaftliche Beweggründe der Publikation bewußt aus der rechtlichen Beurteilung heraushält und die deshalb auch nicht zum Nachteil des Abgebildeten ausschlagen dürfen.

B. Die Rechte aus Art. 5 I GG

Die fast ausschließliche Berücksichtigung von Interessen der Allgemeinheit läßt auf den ersten Blick vermissen, daß sich der konkrete Konflikt und die tatsächliche Auseinandersetzung zwischen dem Abgebildeten und denjenigen abspielt, die die in den §§ 22, 23 I KUG beschriebenen Handlungen des Verbreitens und Schaustellens vornehmen, und die sich dabei auf das in Art. 5 I GG geschützte Recht auf Meinungsfreiheit berufen können. Allein die Existenz der durch Art. 5 I GG verliehenen subjektiven Rechte zwingt jedoch zur Beachtung der Rechte und Interessen der Veröffentlicher an der bildlichen Personendarstellung.

Der Begriff der Meinungsfreiheit umfaßt alle Freiheiten des Art. 5 I GG, so das Recht, seine Meinung in Wort, Schrift und Bild frei zu äußern und verbreiten zu können, als auch die Informationsfreiheit, die Pressefreiheit und die Freiheit der Berichterstattung durch Rundfunk und Film. Durch die Gewährleistung der besonderen Freiheitsrechte des Art. 5 I GG wird die ihnen allen als materieller Inhalt zugrundeliegende Freiheit der Meinungsäußerung garantiert(1).

Nach vorherrschender Ansicht wird zur Meinungsäußerung auch die Tatsachenmitteilung gerechnet, soweit diese Grundlage der Meinungsbildung sein kann (2), bzw. soweit in der Art der Wiedergabe und der getroffenen Auswahl eine Meinung enthalten ist(3), so daß auch die Berichterstattung im wesentlichen vom Schutz des Art. 5 I GG erfaßt wird.

----

1. HESSE, Grundzüge des Verfassungsrechts, 151 Rz. 386; W.SCHMITT GLAESER, AöR 97 (1972),60/77; SCHMIDT-BLEIBTREU/KLEIN, Art. 5 Rz. 1, 3; u. a.

2. HESSE, Grundzüge des Verfassungsrechts, 152 Rz. 391

3. MAUNZ/ZIPPELIUS, Deutsches Staatsrecht, 179 f.; SCHMIDT-BLEIBTREU/KLEIN, Art. 5 Rz. 3

4. vgl. auch HERZOG in MAUNZ-DÜRIG, Art. 5 Rz. 50 ff., wo eine Abgrenzung zwischen Nachricht und Meinung für objektiv unmöglich gehalten wird

Einen verfassungsrechtlichen Schutz genießt die Bildnisverbreitung nur dann, wenn sie als Meinungsäußerung im obigen Sinne aufgefaßt werden kann. Die naheliegende Einschätzung des Bildes als objektive Wiedergabe eines tatsächlichen Vorgangs läßt zunächst auf eine Unmöglichkeit der Meinungsäußerung in Form des Bildes schließen, obwohl Art. 5 I S. 1 GG dieses Darstellungsmittel ausdrücklich nennt. Der vorgebliche Widerspruch löst sich bereits, wenn man an die ebenfalls von § 22 KUG erfaßte Karikatur denkt(1). Fernsehen und Film würden ihrer Existenzgrundlage beraubt, könnte dem Bild nicht der Charakter einer Meinungsäußerung zukommen. Denn dann entfiele für diesen Medienbereich wegen des grundrechtlichen Schutzes des Persönlichkeitsrechts ein gleichwertiges Gegenrecht, so daß jede bildliche Darstellung einer Person ohne deren Einwilligung grundsätzlich rechtswidrig wäre. Das Bundesverfassungsgericht, das danach unterscheidet, ob im Bild "ein Werturteil, eine Ansicht oder Anschauung bestimmter Art" zum Ausdruck kommt(2), bezieht die Meinungsäußerung außerdem aus dem Darstellungszusammenhang, wenn es z. B. die in FKK- und Nudistenschriften erscheinenden Bilder unter den Schutz des Art. 5 GG stellt, weil die FKK-Magazine (!) werbenden Charakter für die von ihnen vertretene Bewegung hätten(3).

1. Die ideellen Interessen an der Meinungsäußerung

Die Freiheit der Meinungsäußerung wird von Art. 5 I GG gerade hinsichtlich ihrer Zweckbestimmung, Zielrichtung und Wirkung auf den erwünschten oder erreichten Adressaten geschützt, da es ihr Sinn sei, "geistige Wirkung auf die Umwelt ausgehen zu lassen, meinungsbildend und überzeugend auf die Gesamtheit zu wirken"(4).

Das Interesse an der Ausübung der Rechte aus Art. 5 I GG besteht daher im Idealfall in der Teilnahmemöglichkeit am Prozeß der Bildung privater und öffentlicher Meinung(5), in dem Wunsch, andere von der eigenen Ansicht überzeugen zu können und ihr damit in der geistigen Auseinandersetzung zur Durchsetzung zu verhelfen. Es kann aber ebenso gut an der Durchsetzung nur mittelbar eigener Gruppen- Verbands- oder Vereinsinteressen bestehen. Wenn nach der Auffassung des Bundesverfassungsgerichts(6) und der überwiegenden Auslegung dieses Grundrechts(7) die ständige geistige Auseinander-

---

1. V. GAMM, Urheberrechtsgesetz, Einf. Rz. 104

2. BVerfGE 30, 335/352

3. a. a. O.

4. BVerfGE 7, 198/210 "Lüth" unter Hinweis auf HÄNTZSCHEL, Handbuch des deutschen Staatsrechts 1932, Bd. II, 655; SCHMIDT-BLEIBTREU/KLEIN, Art. 5 Rz. 3; SCHMITT GLAESER, AöR 97 (1972), 60/93; BVerwGE 7, 125/130 f.; DÜRIG, DÖV 1958, 194/197

5. zur öffentlichen Meinung, SCHMITT GLAESER, AöR 97 (1972) 60/95 f.

6. E 5, 85/135, 205 "KPD-Urteil"; E 7, 198/208 "Lüth"; E 12, 113/125 "Schmid-Spiegel"; E 20, 56/97 f.

7. SCHMIDT-BLEIBTREU/KLEIN, Art.5 Rz. 1; HESSE, Grundzüge des Verfassungsrechts, 151 Rz.387; MAUNZ/ZIPPELIUS, Deutsches Staatsrecht, 179 f.

setzung, der Meinungskampf die Grundlage der Freiheit überhaupt ist, Freiheit aber ein grundlegendes Bedürfnis des Einzelnen darstellt(1), so ist die Teilnahme am geistigen Kampf als Realisierung der Freiheit ein unmittelbar eigenes Interesse jedes Einzelnen und nicht nur ein mittelbar eigenes, publizistisch in der Öffentlichkeit zum allgemeinen Besten zu wirken, wie Rehbinder(2) meint.

Bestandteil der Meinungsäußerung ist notwendig die eigene Stellungnahme des Äußernden, der damit ein Stück Selbstdarstellung und Selbstverwirklichung seiner Persönlichkeit einbringt. Es nimmt daher nicht wunder, wenn das Recht auf freie Meinungsäußerung als ein unter § 823 I BGB fallendes Persönlichkeitsrecht gezählt wird(3). Lebensfremd wäre es daher, Meinungsäußerung auch und gerade in den Medien als altruisitsches Verhalten zu kennzeichnen, das rein im Interesse der Allgemeinheit, der Öffentlichkeit oder gar der freiheitlich-demokratischen Staatsordnung vorgenommen würde. Wenn im bereits angeführten Fall des Spitzenkandidaten Willy Brandt (4) von einer der CDU nahestehenden Illustrierten in der heißen Phase des Bundestagswahlkampfes dessen frühere außereheliche Beziehungen aufgerührt wurden, so geschah dies weder mit der Zielrichtung der Erfüllung einer öffentlichen Aufgabe(5) oder in Wahrnehmung berechtigter Interessen der Allgemeinheit, sondern offensichtlich in der Absicht, die Wahlkampfchancen der betroffenen Partei zu Gunsten anderer zu schmälern und damit gleichzeitig der eigenen politischen Überzeugung zum Durchbruch zu verhelfen.

2. Wirtschaftliche und gewerbliche Interessen

Soweit man neben der Bezugnahme auf die Interessen der Allgemeinheit überhaupt auf die Erwähnung von Eigeninteressen stößt, so ist nicht die ideelle Seite der Meinungsfreiheit angesprochen, sondern es wird das materielle, gewerbliche und wirtschaftliche Interesse behandelt; meist im Zusammenhang mit der Presse(6).

----

1. R. SMEND, Das Recht der freien Meinungsäußerung, VVDStRL 4 (1928) 50: "ein Stück sittlich notwendiger Lebensluft", zit. nach HESSE, Grundzüge des Verfassungsrechts, 151 Rz. 388
2. Die öffentliche Aufgabe, 126
3. so HUBMANN, Das Persönlichkeitsrecht, 204 ff.; s. auch ADOMEIT, JZ 1970, 495/497, der von einer Identität der auf beiden Seiten beteiligten Interessen spricht
4. OLG München Ufita 41 (1964), 322 = Schulze OLGZ 58
5. zur öffentlichen Aufgabe z. B. BVerfGE 20, 162/175
6. z. B. REHBINDER, Die öffentliche Aufgabe, 123 ff.; H. KOHL, Medienwirkung und Medienverantwortung, 59; s. a. J. HABERMAS, Strukturwandel der Öffentlichkeit 1962, 200 ff./203: "Entwicklung von der Gesinnungs- zur Geschäftspresse"; Anklänge schon bei O. MARCUS, GRUR 1904, 240/241

Es ist unbezweifelbar, daß in der heutigen Medienlandschaft mit ihrer Informations- und Meinungsüberflutung sowohl die Pressefreiheit als auch die Freiheit der Berichterstattung durch Rundfunk und Film zu ihrer wirksamen, d. h. beachteten Ausübung einer wirtschaftlich ausgerichteten Organisation, eines Unternehmens, bedürfen und nur noch derjenige auch im Meinungskampf konkurrenzfähig sein kann, der es in der wirtschaftlichen Auseinandersetzung ist.

Der Wunsch, erfolgreich auch oder vor allem gewerblich tätig zu sein, ist also bei einer Verbreitung und Veröffentlichung von Meinungen in den meisten Fällen beteiligt(1), wobei gerade dem Bild als hervorstechendem sofort einprägsamen Blickfang eine eigene Bedeutung zukommt.

Gewerbliches Vorteilstreben wird jedoch unter Hinweis auf den Schutzzweck des § 23 I Nr. 1 KUG, der sich auf die Information beschränken soll, aus der Abwägung herausgehalten. Obwohl die Herstellung des Dokumentarspiels "Der Soldatenmord von Lebach"(2) über eine Million DM gekostet hatte, wurde vom Bundesverfassungsgericht die Nutzlosigkeit dieser Aufwendungen bei einem Verbot der Sendung kein einziges Mal in die Entscheidungsgrundlagen erkennbar miteinbezogen(3).

Vorherrschend ist die Rechtsprechung, daß die gleichzeitige Verfolgung wirtschaftlicher Interessen weder das Informationsinteresse mindere, noch ihm die Schutzwürdigkeit nehme(4).

Sobald jedoch der Erwerbszweck zum erkennbar einzigen Motiv der Veröffentlichung gerät, wird ihm jeglicher Schutz über § 23 I Nr. 1 KUG und indirekt auch über Art. 5 GG versagt. Die Persönlichkeitsbeschränkung zum Mittel des eigenen Gewinnstrebens zu machen, dürfte mit der Bedeutung, die Art. 1 GG der Menschenwürde zuordnet, unvereinbar sein(5). Interessenkonflikte werden so, soweit sich die Eingriffshandlung nicht auf Art. 5 GG, sondern allenfalls auf Art. 12 GG stützen könnte, immer zu Gunsten des Persönlichkeitsrechts entschieden.

Die Verfolgung wirtschaftlicher Interessen ist also zwar unschädlich, aber im Ausgleich des Konflikts nicht berücksichtigungsfähig(6).

Rechtsprechung und Lehre nehmen also eine vorweggenommene grundsätzliche Abwägung in der Weise vor, daß das gewerbliche Interesse der Medien unter keinem Aspekt dazu legitimiert, das Persönlichkeitsrecht des Abgebildeten

---

1. s. a. NEUMANN-DUESBERG, Anm. zu BGH Schulze BGHZ 150 (S. 15 f); E.WENZEL, Das Recht der Wort- und Bildberichterstattung, 172; BGH GRUR 1967, 113; BGH Warn. Rspr. 1979 (39), 120/124

2. BVerfGE 35, 202 = NJW 1973, 1226

3. H. KOHL, Medienwirkung und Medienverantwortung, 74

4. BGH Warn. Rspr. 1979 (39), 120/124; vgl. auch die obigen Fußnoten

5. so ähnlich BGH Warn. Rspr. 1979 (39), 120/125

6. entgegen REHBINDER, Die öffentliche Aufgabe, 123, der eine Abwägung primär zwischen den Interessen der Presse an ihrem Gewerbe und dem Persönlichkeitsrecht vorschlägt

zu beeinträchtigen und daß es deshalb aus der Einzelfallabwägung völlig herauszuhalten ist. Trotz der faktischen Bedeutsamkeit dieser wirtschaftlichen Belange erfahren diese also in der Kollision mit dem Persönlichkeitsrecht keinen rechtlichen Schutz und dürfen nicht zu dessen Lasten in die Waagschale geworfen werden.

Die Medien sind zu Recht deshalb darauf beschränkt, ihre wirtschaftlichen Interessen in dem Freiraum, den ihnen Art. 5 GG im Verhältnis zu den Rechten der Dargestellten einräumt, durchzusetzen.

C. Die Gemeinschaftsinteressen

Zu prüfen bleibt aber, ob nicht auch im Unterschied zur herrschenden Lehre und ständigen Rechtsprechung zu § 23 I Nr. 1 KUG eine weitere antezipierte grundsätzliche Abwägung erfolgen muß, die das regelmäßig in's Feld geführte Interesse der Allgemeinheit als rechtlich nicht beteiligt aus der Beurteilung herausnimmt und durch das durchgehend unterschlagene eigene ideelle Interesse der Publizisten an der Meinungsäußerung ersetzt.

Den Rechten aus Art. 5 I GG wird ein Doppelcharakter[1] zugesprochen: eine individuelle Seite[2], die sich in der Verleihung subjektiver Rechte ausdrückt, und eine demokratische[3], die üblicherweise, der Formulierung im Lüth-Urteil[4] folgend, in der "schlechthin konstituierenden Wirkung" der freien Meinungsäußerung für die freiheitlich-demokratische Staatsordnung ihre Beschreibung findet und die allen Einzelrechten des Art. 5 GG zukommt[5]. Für diese Form der Staatsordnung ist die Existenz der sog. "öffentlichen Meinung" lebensnotwendig, ohne die eine staatlich unabhängige Vorformung des politischen Willens in der Öffentlichkeit, die wiederum zur Entscheidungsgrundlage staatlichen Handelns wird, nicht denkbar ist[6]. "Öffentliche Meinung" darf dabei nicht im Sinne der Einheitlichkeit publik gemachter Auffassungen oder der Ansicht der jeweiligen Mehrheit[7] verstanden werden, sondern als die "summarische Gesamtheit der öffentlich vertretenen Meinungen"[8]. Ziel ist also die Pluralität der Meinungen oder wie

----

1. HESSE, Grundzüge des Verfassungsrechts, 151 Rz. 387

2. SCHMITT GLAESER, AöR 97 (1972), 60/75

3. SCHMITT GLAESER, AöR 97 (1972), 60/75, 77 ff.

4. BVerfGE 7, 198/208

5. SCHMITT GLAESER, AöR 97 (1972), 60/96, 112

6. vgl. HESSE, Grundzüge des Verfassungsrechts, 151 Rz. 387; BVerfGE 7, 198/208 "Lüth"; E 12, 113/125 "Schmid - Spiegel"; E 20, 56/98; s. a. HERZOG in MAUNZ-DÜRIG, Art. 5 Rz. 2 - 14

7. vgl. zum Begriff der Öffentlichkeit in diesem Zusammenhang REHBINDER, Die öffentliche Aufgabe, 43 ff.; COING, Ehrenschutz und Presserecht, 13 ff.

8. SCHMITT GLAESER, AöR 97 (1972), 60/111

Hesse es ausdrückt, die Publizität des politischen Lebens(1) als Grundvoraussetzung politischen Handelns und der Verantwortlichkeit des Einzelnen.

Seltener wird daneben zum Ausdruck gebracht, daß sich die Bedeutung und damit der Schutzzweck des Art. 5 GG nicht allein auf den politischen Bereich beschränkt, sondern daß sich seine Funktion(2) als Garantie geistiger Äußerungsfreiheit auf alle Gebiete des sozialen Lebens erstreckt, die der Meinungsbildung und Berichterstattung zugänglich sind. Jede Äußerung, sei sie aus dem kulturellen, wissenschaftlichen, gesellschaftlichen, weltanschaulichen oder religiösen Bereich etc. kann sich deshalb zunächst auf den Schutz des Art. 5 GG berufen(3).

Die mit der unendlichen Zahl tatsächlicher Ausübungen dieses Grundrechts verbundene "soziologische Breitenwirkung"(4) macht letztlich als automatische Folge die konstituierende Wirkung der Meinungsfreiheit für die demokratische Ordnung und das Zusammenleben in der Gemeinschaft aus. Wenn nun der Einzelne oder die Medien ein Interesse an der konkreten Inanspruchnahme des Grundrechts als Individualrecht haben, so bestimmen sich die Interessen der Allgemeinheit an der mit der Vielzahl dieser Inanspruchnahmen verknüpften Entstehung "öffentlicher Meinung" mit ihren Grundvoraussetzungen der freien Information(5) und ungestörter Kommunikation im Gemeinwesen(6). Bezugspunkt des öffentlichen Interesses ist also die ungehinderte Existenz der geistigen Auseinandersetzung und die Pluralität der öffentlich geäußerten Ansichten. Es bedeutet daher bereits eine Verkürzung dieses Allgemeinheitsinteresses, wollte man es auf die bloße Berichterstattung und Information der Öffentlichkeit beschränken, wie es regelmäßig im Rahmen der §§ 23 I Nr. 1 und 23 II KUG(7) und auch bei anderen Darstellungsformen geschieht(8). Das Interesse der Öffentlichkeit besteht ebenso an der Existenz(9) der individuell geäußerten Meinung.

----
1. Grundzüge des Verfassungsrechts, 151 Rz. 387
2. gerade im Hinblick als notwendige Ergänzung der Gewissensfreiheit, vgl. HERZOG in MAUNZ-DÜRIG, Art. 5 Rz. 8 und HESSE, Grundzüge des Verfassungsrechts, 151 Rz. 388
3. BVerfGE 35, 202/223 = NJW 1973, 1226/1228 "Lebach" m. w. Nachw.
4. HERZOG in MAUNZ-DÜRIG, Art. 5 Rz. 13
5. zur Bedeutung der Information s. BVerfGE 27, 71/81 f.
6. vgl. HERZOG in MAUNZ-DÜRIG, Art. 5 Rz. 4; SCHMITT-GLAESER AöR 97 (1972), 60/85, 95 ff.; BVerfGE 20, 56/98
7. BVerfGE 35, 302 = NJW 1973, 1226 "Lebach"; BGHZ 20, 345 "P. Dahlke"; BGH GRUR 1962, 211 "Hochzeitsbild"; BGH Warn. Rspr. 1979 (39), 120/122 ff.; FRANKE, NJW 1981, 2033 m. w. Nachw.; SCHWERDTNER, Münchener Kommentar § 12 Anhang Rz. 169, 173; SCHLECHTRIEM, DRiZ 1975, 65/57 u. v. a.
8. z. B. BGHZ 31, 308 "Alte Herren"
9. nicht unbedingt ihrem Inhalt!

1. Die Beteiligung der Gemeinschaftsinteressen am Konflikt um die Bildnisveröffentlichung

Zwangsläufig kollidiert ein solchermaßen umschriebenes Gemeinschaftsinteresse mit dem Persönlichkeitsrecht, sobald sich die Ausübung der Meinungsfreiheit als Personendarstellung manifestiert. Die Öffentlichkeit ist bei einer Verbreitung und Schaustellung von Bildnissen, wie bei jeder anderen Publikation notwendig beteiligt, da gerade ihre Aufmerksamkeit auf die Veröffentlichung gelenkt werden soll.

Demgegenüber will Rehbinder(1) die Interessen der Öffentlichkeit nicht an der Kollision beteiligt sehen.

Es muß hier wieder klar unterschieden werden, welche Art der Beteiligung gemeint ist; eine bloß tatsächliche oder darüber hinaus auch eine rechtliche. Wie die Ausführungen zum gewerblichen Interesse der Publizisten bereits ergeben haben, bedeutet die faktische Existenz bestimmter Interessen an der Veröffentlichung nicht, daß damit auch ein rechtlicher Schutz verbunden sein muß.

Selbst wenn man also von einem tatsächlichen Beteiligtsein ausgeht, ist damit noch keine Aussage verbunden, welche rechtliche Stellung dem Allgemeinheitsinteresse zukommt. Die Art und die Bedeutung der Beteiligung der Öffentlichkeit ist deshalb im folgenden noch zu untersuchen.

Dabei stellt sich die Beurteilung als nicht ganz so einfach heraus, da das Öffentlichkeitsinteresse deswegen eine Sonderstellung einnimmt, als es zwar an sich verfassungsrechtlichen Schutz genießt, ohne daß sich ihm in der Kollision mit dem Persönlichkeitsrecht ohne weiteres ein aktiv- oder passivlegitimierter Rechtsträger zuordnen ließe. Dazu ist der Begriff "Öffentlichkeit" zu umfassend und zu sehr von den einzelnen Individuen abgehoben. Es fehlt an der sonst typischen Verbindung von Rechtssubjekt und diesem zustehenden Befugnissen. Die Öffentlichkeit als solche kann keinen Anspruch durchsetzen, daß ein bestimmtes Personenbildnis veröffentlicht werde; sie kann auch nicht dafür in Anspruch genommen werden, daß dies nicht geschieht.

Die Verbindung der Rechte aus Art. 5 I GG mit dem demokratischen Prinzip(2) und den damit verbundenen Gemeinschaftsinteressen, verleiht letzteren ebenfalls Verfassungsrang, der bei der Anwendung und Auslegung dieses Grundrechts zu beachten ist(3). Außer den subjektiven Grundrechten und garantierten Instituten der Presse- und Berichterstattungsfreiheit durch Rundfunk und Film ist also ein weiterer verfassungsrechtlich geschützter Wert an dem durch die öffentliche Personendarstellung bestimmten Konflikt beteiligt(4). Neben dem Spannungsverhältnis einzelner subjektiver Grundrechte zueinander ist ein verfassungsrechtlich gekennzeichneter Konflikt, in

---

1. Die öffentliche Aufgabe, 123
2. HERZOG in MAUNZ-DÜRIG, Art.5 Rz.2; SCHMITT-GLAESER, AöR 97 (1972), 60/75, 77 ff.
3. HERZOG in MAUNZ-DÜRIG, Art. 5 Rz. 9
4. s. zur Kollision mit Gemeinschaftsinteressen LEPA, Der Inhalt der Grundrechte, 23 f. und DVBL 1972, 161 ff.

dem einzelne Grundrechte einem grundsetzlich garantierten Institut(1) oder einem Gemeinschaftsinteresse von Verfassungsrang(2) gegenüberstehen, nichts Ungewöhnliches.

2. Die Wahrnehmung berechtiger Interessen der Allgemeinheit

Problematisch ist bei der Kollision mit einem Gemeinschaftsinteresse nicht so sehr die Methode der Lösung des Konflikts, die sich nicht von der anderer Verfassungskonflikte unterscheidet(3), als vielmehr die Frage, wer dieses Gemeinschaftsinteresse geltend machen kann. An der tatsächlichen Auseinandersetzung sowohl außerhalb als auch im Prozeß kann die Allgemeinheit notwendigerweise nicht beteiligt sein, so daß derjenige, der sich auf ein Gemeinschaftsinteresse als nicht eigenem beruft, zu dessen Geltendmachung einer Legitimation bedürfte.

An diesem Zusammenhang wird primär der Presse(4) zugestanden, sie sei im Rahmen ihrer "öffentlichen Aufgabe" zur Wahrnehmung berechtigter Interessen der Allgemeinheit befugt(5).

Die Wahrnehmung berechtigter Interessen, ursprünglich dem § 193 StGB entnommen, wird dabei über ihren ursprünglichen Anwendungsbereich als Rechtfertigung unwahrer oder ehrenrühriger Behauptungen hinaus als auch im Zivilrecht geltender übergeordneter Rechtsgedanke bei jedem Eingriff in das Persönlichkeitsrecht herangezogen(6).

Dieser Rechtsgedanke hat Eingang gefunden in mehrere Landespressegesetze (7) und sollte im "Entwurf eines Gesetzes zur Neuordnung des zivilrecht-

----

1. BVerfGE 20, 162/175 f.: Institut der Pressefreiheit contra subjektives Recht auf Pressefreiheit
2. z. B. BVerfGE 20, 45/49; E 21, 239/243 f.; E 28, 243/261
3. Güter- und Interessenabwägung im Einzelfall, vgl. LEPA, Der Inhalt der Grundrechte, 24
4. vereinzelt jedem, der von der Meinungsfreiheit Gebrauch macht, s. HUBMANN, Das Persönlichkeitsrecht, 161 Fn. 28 m. w. Nachw.
5. BVerfGE 12, 113/125 f. "Schmid-Spiegel"; BGHZ 31, 308/312 f. "Alte Herren"; OLG Celle NJW 1953, 1764; OLG Frankfurt NJW 1971, 47 "XY-ungelöst"; LENCKNER in SCHÖNKE-SCHRÖDER, Strafgesetzbuch, § 193 Rz. 13 ff.; HUBMANN, Das Persönlichkeitsrecht, 160 f. m. w. Nachw.; REHBINDER, Die öffentliche Aufgabe; SCHWERDTNER, Münchener Kommentar, § 12 Anhang Rz. 228 f.; WEITNAUER, DB 1976, 1413/1415; ADOMEIT JZ 1970, 495 ff.
6. ERMAN-WEITNAUER, Anhang zu § 12 Rz. 8; ADOMEIT, JZ 1970, 495 f.; HUBMANN, Das Persönlichkeitsrecht, 160; OLG Frankfurt, NJW 1971, 47/48 "XY - ungelöst"
7. § 3 III bay. Gesetz über die Presse; § 3 III Berliner Pressegesetz

lichen Persönlichkeits- und Ehrenschutzes"(1) auch für das BGB festgeschrieben werden.

a) Die "öffentliche Aufgabe" der Medien

Die Legitimation zur Wahrnehmung der Interessen der Allgemeinheit wird aus der Bedeutung insbesondere der Presse für das demokratische Prinzip gewonnen, indem die Funktion der Presse, zu unterrichten und Kritik zu üben, in eine "öffentliche Aufgabe" gleichen Inhalts umgedeutet wird(2); ein an sich unschädlicher Vorgang, soweit nicht aus der begrifflichen Veränderung rechtliche Konsequenzen gezogen würden, die ansonsten nicht möglich wären(3).

Aus einer Aufgabe zur Bildung öffentlicher Meinung werden jedoch sowohl besondere Privilegien(4), u. a. die Berechtigung zur Wahrnehmung öffentlicher Interessen, als auch Pflichten abgeleitet(5). Die Presse gerät dabei unversehens wegen ihrer Tätigkeit im Interesse öffentlicher Meinungsbildung über die "öffentliche" zur "öffentlich-rechtlichen"(6) Aufgabe in die Stellung einer vierten Staatsgewalt(7).

Die Auferlegung von Pflichten(8) bedingt aber eine Überwachungsmöglichkeit bezüglich ihrer Einhaltung und kann deshalb eventuell staatliche Eingriffsbefugnisse nach sich ziehen, die einem Freiheitsrecht inadäquat sind(9).

----

1. Bundestags-Drucksache 1237/59, 63. Teil, § 14 II S. 2:"Presse, Rundfunk und Film nehmen ein öffentliches Interesse wahr, wenn sie im Rahmen ihrer öffentlichen Aufgabe die Öffentlichkeit unterrichten oder Kritik üben"
2. vgl. dazu BGHZ 31, 308/312 "Alte Herren"; BVerfGE 20, 162/175 "Spiegel"; BVerfGE 12, 113/128
3. FORSTHOFF, DÖV 1963, 633/635; HERZOG in MAUNZ-DÜRIG, Art. 5 Rz. 120, wo von einem begriffsjuristischen Kunststück gesprochen wird
4. BVerfGE 10, 118/121; BVerfGE 20, 162/175 f.; vgl. die Aufzählungen bei HERZOG in MAUNZ-DÜRIG, Art. 5 Rz. 122 und SCHMITT GLAESER, AöR 97 (1972), 60/113 f.
5. BVerfGE 12, 113/130; sowie die jeweiligen §§ 3 der Landespressegesetze von Baden-Württemberg, Bayern, Berlin, Bremen, Hamburg, Niedersachsen, Nordrhein-Westfalen, Rheinland-Pfalz, Saarland und Schleswig-Holstein; vgl. § 3 II des bayerischen Gesetzes über die Presse: "Sie hat in Erfüllung dieser Aufgabe die Pflicht ..."
6. OLG Stuttgart JZ 1960, 126/127
7. LÖFFLER, Presserecht Bd. 1, 1969, 17 ff.; s. d. Kritik an der "öffentlichen Aufgabe" bei EB.SCHMIDT, Justiz und Publizistik, 24. Anm. 47; REHBINDER, Die öffentliche Aufgabe 39 ff.; HERZOG in MAUNZ-DÜRIG, Art. 5 Rz. 118 ff.; FORSTHOFF, DÖV 1963, 633 ff.; SCHNUR, VVDStRL 22, 101/114 ff.; SCHMITT GLAESER, AöR 97 (1972), 60/85 ff.
8. in die die Presse mehr oder weniger hineingelobt worden ist. Vgl. SCHMITT GLAESER, AöR 97 (1972), 60/62
9. SCHNUR, VVDStRL 22, 101/114 ff.

Forsthoff(1) hat dargelegt, daß ebenso eine Privilegierung der Bildung öffentlicher Meinung in einem notwendig staatlich unbeeinflußten Freiraum ein Ende bereiten würde. Im übrigen liegt fast jede sozialbezogene Tätigkeit im öffentlichen Interesse, ohne daß daraus Sonderstellungen zu folgern wären(2).
Die Annahme einer öffentlichen Aufgabe mit der Ableitung besonderer Rechte und Pflichten, die sich Art. 5 GG selbst nicht entnehmen lassen, ist also eher geeignet, der Pressefreiheit und der Meinungsfreiheit überhaupt Schaden zuzufügen, als ihr zu nützen(3).

b) Die Gemeinschaftsinteressen als konstitutionelle
   Komponente der Meinungsfreiheit

Die in Art. 5 GG hineininterpretierte Aufgabenstellung versperrt denn auch im Bereich der Personendarstellung mit der nicht haltbaren Folge der Wahrnehmung der Interessen der Allgemeinheit als Vertretung fremder Angelegenheiten - praktisch als Verfassungsauftrag - die richtige Sicht des Verhältnisses des Gemeinschaftsinteresses zu diesem Grundrecht:

Jedes Grundrecht der Verfassung besteht nicht allein der Einräumung subjektiver Rechte wegen. Das ließe sich nur annehmen, würde man den Rechten der Einzelnen jegliche Relevanz und Auswirkung auf die Staats- und Gesellschaftsordnung absprechen können. Es ist aber nicht zu bezweifeln, daß auch andere Freiheitsrechte, aus Art. 2 GG z. B.(4) oder die Gewerbefreiheit, die Eigentums- und Erbrechtsgarantie, die Freiheit der Kunst und der Wissenschaft, die Gewissens- und Religionsfreiheit etc. im öffentlichen oder von allgemeinem Interesse sind, weshalb man von den Grundrechten als "funktioneller Grundlage" der Demokratie(5) oder von ihrer objektiv-rechtlichen Bedeutung als Elemente der Gesamtrechtsordnung des Gemeinwesens(6) spricht. Es entspricht nicht der Anlage des Grundgesetzes, daß Gemeinnutz vor Eigennutz gehe, sondern daß sich vielmehr der Gemeinnutz als Folge, als beabsichtigte Wirkung der Begründung und Förderung subjektiver Rechte und Freiheitssphären des Einzelnen ergibt.

----

1. DÖV 1963, 633/635

2. HERZOG in MAUNZ-DÜRIG, Art. 5 Rz. 124, der das Beispiel der Lebensmittelproduktion nennt; s. a. REHBINDER, Die öffentliche Aufgabe, 125

3. SCHNUR, VVDStRL 22, 116 Anm. 32; REHBINDER, Die öffentliche Aufgabe, 39 f., der auf die Auswirkungen der Festschreibung einer öffentlichen Aufgabe im Schriftleitergesetz der Nazizeit hinweist; s. a. EB.SCHMIDT, Justiz und Publizistik, 24 Anm. 47; SCHWERDTNER, Das Persönlichkeitsrecht, 270

4. also auch das Persönlichkeitsrecht, REHBINDER, die öffentliche Aufgabe, 123

5. SCHMITT GLAESER, AöR 97 (1972), 60/77 f.,94, 97 m. w. Nachw.

6. HESSE, Grundzüge des Verfassungsrechts, 112 Rz. 279, 118 ff.

Die demokratische Staatsordnung ist nicht ohne die Meinungs- und Pressefreiheit, Wahlfreiheit, Versammlungs- und Vereinigungsfreiheit; die Privatrechtsordnung nicht ohne die Rechte aus Art. 6, 12 und 14 GG denkbar(1). Die Ausübung und Existenz dieser Rechte ist also im öffentlichen Interesse; jedem Grundrecht liegen bestimmte Gemeinschaftsinteressen zugrunde. Bezogen auf Art. 5 GG ist in den Worten Schmitt Glaesers die demokratische, konstituierende Funktion der Meinungsäußerung im Freiheitsgrundrecht bereits angelegt und mitgeliefert(2), damit auch die Qualifikation des Tätigwerdens der Medien oder der Meinungsäußerung des Individuums als "im öffentlichen Interesse". Sie bedürfen daher keines Rechtfertigungsgrundes oder einer Legitimation über eine öffentliche Aufgabe, um daraus eine Berechtigung zur Behandlung allgemein interessierender Themen abzuleiten, auch insoweit diese zwangsläufig in fremde Rechte eingreifen. Die Befugnis dazu rührt bereits aus eigenen geschützten Rechten und Interessen.

Die Inkonsequenz einer Notwendigkeit zur Berechtigung der Wahrnehmung der Interessen der Allgemeinheit kann nicht deutlicher ausgedrückt werden, als es z. B. Lenckner(3) tut: "Demgegenüber dürfen berechtigte Interessen der Allgemeinheit, weil sie jeden angehen(also eigene sind!) in der Regel auch von jedermann wahrgenommen werden". Die gleiche Überflüssigkeit und Fehlerhaftigkeit der Inanspruchnahme des Rechtsgedankens aus § 193 StGB tut sich auf, wenn Dagtoglou(4) nachzuweisen versucht, daß es aus verfassungsrechtlicher Sicht im Unterschied zur strafrechtlichen Behandlung bei der Wahrnehmung allgemeiner Interessen nicht darauf ankommen dürfe, daß der Wahrnehmende auch die subjektive Absicht der Wahrnehmung gehabt habe; es müsse vielmehr ausreichen, daß die konkrete Erörterung eines Sachverhalts im öffentlichen Interesse sei.

c) Die Fehlerhaftigkeit und negative Wirkung einer
   Wahrnehmung der Interessen der Allgemeinheit

Genauso wenig, wie die Presse und andere Meinungsäußernde also einer Legitimation zur Behandlung allgemein interessierender Sachverhalte, zur Information oder Kritik bedürfen, bedürfen die Belange der Allgemeinheit einer besonderen Wahrnehmung als fremde Interessen. Die öffentlichen Belange werden automatisch mitgewahrt, indem die Ausübung der subjektiven Rechte aus Art. 5 I GG geschützt werden. Das Problem, daß bei fehlender Wahrnehmungslegitimation fremde Interessen bei der Konfliktslösung unberücksichtigt bleiben müssen, wie das bei dem hoheitlichen Interesse an der Funktionsfähigkeit staatlichen Handelns im Rahmen des Persönlichkeitsrechts der Fall ist(5), kann hier nicht entstehen, da die demokratische, bzw. objektiv-rechtliche Ordnungsfunktion von der subjektiv-rechtlichen Seite der Meinungsfreiheit nicht getrennt werden kann.

----

1. HESSE, Grundzüge des Verfassungsrechts, 118 ff.

2. AöR 97 (1972), 60/94, 97

3. SCHÖNKE-SCHRÖDER, Strafgesetzbuch, § 193 Rz. 13

4. DÖV 1963, 636 ff.

5. vgl. oben 2. Teil I C 4 b und meinen Beitrag in NJW 1982, 863

Das bedeutet gleichzeitig, daß in die Beurteilung der Interessen und der Ausübung der Rechte aus Art. 5 I GG die Bedeutung einfließen muß, die die Verfassung diesen Grundrechten im Interesse der öffentlichen Meinungsbildung beimißt; mit anderen Worten der Rang und der Wert des subjektiven Rechts für die demokratische Grundordnung. Im Rahmen der Wertung und der Rangbestimmung der Interessen der Rechtsausübenden erfolgt also die Berücksichtigung der Interessen der Allgemeinheit.
Geht man neben dieser Bewertung von einer Sachwalterstellung fremder Interessen durch die Veröffentlicher aus, die letztlich auch deren eigene sind, so hat dies die vordergründige Wirkung zumindest eines Vorrangeffekts(1), Additions-, wenn nicht gar eines Verdoppelungseffekts der Wertigkeit des persönlichkeitsrechtsbeschränkenden Handelns zur Folge. Denn dann stünden dem Persönlichkeitsrecht des Betroffenen zwei Interessenlagen gegenüber, von denen sich die eine auf Grundrechte und die andere auf einen Gemeinschaftswert von Verfassungsrang berufen könnte, obwohl es sich in Wahrheit nur um zwei Aspekte ein und desselben Rechtsguts handelt. Dem Abgebildeten wird auf diese Weise mit einem Kunstgriff die erdrückende Übermacht der Rechte der gesamten Öffentlichkeit entgegengestellt. Rehbinder hat bereits darauf hingewiesen(2), daß sich aber auch der in seinem Persönlichkeitsrecht Beeinträchtigte darauf berufen kann, daß die Öffentlichkeit ein Interesse am Schutz seiner kollektiv-wertvollen Persönlichkeit habe. Es erscheint ebenso verfehlt, berief er sich deshalb in seiner Verteidigung darauf, er nehme auch berechtigte Interessen der Allgemeinheit wahr und nicht nur seine eigenen.

Weit häufiger ist jedoch festzustellen(3), daß die Idee der Wahrnehmung berechtigter Interessen der Allgemeinheit dazu führt, daß die eigenen ideellen Interessen der Meinungsäußernden nicht als solche angesprochen und dem Persönlichkeitsrecht in der Abwägung gegenübergestellt werden. Es macht sich insoweit eine gewisse "Entsubjektivierung" des Grundrechts bemerkbar, die ihre Ursache darin hat, daß öffentliche Interessen schon wegen der dahinter vermuteten großen Zahl von Beteiligten einen starken Drang zur Übergewichtigkeit entwickeln, der die subjektiven Interessen in den Hintergrund drängt(4); eine Tendenz, die sowohl der grundgesetzlichen Sicht der Bedeutung der subjektiven Grundrechte widerspricht und die daher auch nicht im Sinne der Inhaber der Meinungs-, Presse-, Rundfunk- und Filmfreiheit sein kann. Sie deckt sich mit der Entwicklung, Pressefreiheit nicht so sehr als Freiheit, sondern als öffentliche Aufgabe zu betrachten.

----

1. RÜFNER, Bundesverfassungsgericht und Grundgesetz Bd. II, 453/463
2. Die öffentliche Aufgabe, 123
3. z. B. BGHZ 31, 308 und die Textstellen bei den F 1.2 und 3 S. 65
4. vgl. SCHMITT GLAESER, AöR 97 (1972), 60/79 f.

Die alleinige Berufung auf das öffentliche Interesse, dem man diene, kann zudem dazu gebraucht werden, eigennützige Absichten und Verfolgung von Gruppeninteressen als allgemeine Interessen auszugeben und sie so zu rechtfertigen. Die tatsächlich in der Öffentlichkeit vorhandenen Belange sind jedoch weder nachweisbar noch widerlegbar, daher umso leichter zu behaupten. Ein gewisser psychologischer Effekt wird bei einer solchen Behauptung nicht von der Hand zu weisen sein. Insofern mag die aus § 193 StGB abgeleitete Sicht der Treuhänderschaft zum Teil willkommen sein. Die anständige Presse und die anderen Medien werden ihrer kaum bedürfen.

3. Ergebnis

Eine zusätzliche oder alleinige Bezugnahme auf Interessen einer letztlich nicht bestimm- und faßbaren Allgemeinheit ist daher für die Konfliktlösung nicht hilfreich, sondern im Gegenteil geeignet, das Schwergewicht in der Bewertung der kollidierenden Interessen zu Lasten des gegenüberstehenden Rechtsguts ungerechtfertigterweise zu verschieben. Man sollte deshalb besser auf die Konstruktion der Wahrnehmung berechtigter Interessen der Allgemeinheit verzichten, die sich wohl nur aus der heute überholten rechtsgeschichtlichen Entwicklung verstehen läßt(1).
Für die Interessenanalyse bedeutet dies, daß zu Grunsten der Verbreitung und Schaustellung von Bildnissen die eigenen oder mittelbar eigenen Interessen der Veröffentlicher in ihrer individuellen und konstitutionellen Bedeutung, die Art. 5 I GG ihrer Verfolgung beimißt, bestimmt und bewertet werden müssen und nicht die nicht faßbaren Interessen der Allgemeinheit.

D. Inhaltliche Bestimmung und Eingrenzung der
   Interessen an der Bildnisveröffentlichung

Wenn nun auch dargelegt ist, daß die Öffentlichkeitsinteressen in der Kollision zwischen Persönlichkeitsrecht und Meinungsfreiheit keine eigenständige Stellung einnehmen und ihre rechtliche Wahrnehmung durch Dritte nicht infrage kommt, so ist mit ihrer Reduzierung auf die Pflicht zur Beachtung des Wertes, der den Rechten aus Art. 5 GG zusteht, noch nichts über diese, ihren Inhalt und ihren Umfang selbst ausgesagt.
Es bedarf zu ihrer inhaltlichen Bestimmung aber sicherlich keiner erneuten Erörterung, wie im Rahmen der Behandlung der persönlichkeitsrechtlichen Belange, daß die Interessen an der Veröffentlichung des Bildnisses ihre Ursache nicht in der Tatsache der Bildveröffentlichung selbst haben, sondern vorrangig in dem mit dem Darstellungsgehalt verfolgten Zweck, in dem sich das jeweilige Interesse konkretisiert.
v. Gamm(2) will deshalb die Zulässigkeit der das Persönlichkeitsrecht beschränkenden Bildnisveröffentlichung davon abhängig machen, ob die Personendarstellung einem Dokumentationszweck dienen soll. Das Bundesverfas-

---

1. dazu REHBINDER, Die öffentliche Aufgabe, 36 ff.; LENCKNER in SCHÖNKE-SCHRÖDER, Strafgesetzbuch, § 193, Rz. 14; Bundestagsdrucksache 1237/59 63. Teil, 18

2. Urheberrechtsgesetz, Einf. Rz. 115/119

sungsgericht(1) stellt, wenigstens im Ansatz, auf das "mit der konkreten Sendung verfolgte Interesse, die Art und Weise der Gestaltung und die erzielte oder voraussehbare Wirkung" ab, selbst wenn im folgenden nur noch das Interesse der Öffentlichkeit berücksichtigt wird. Die mit der Veröffentlichung verfolgte Absicht ist ebenfalls angesprochen, wenn es heißt, die Bildnisveröffentlichung dürfe nicht der Befriedigung der Neugier oder der Sensationslust dienen(2) oder, über § 23 I Nr. 1 KUG geschützt seien nur solche Veröffentlichungen, die einen Informationszweck verfolgten(3). Ersichtlich wird die Bedeutung der Beachtung des Zwecks der Darstellung als Zielrichtung des jeweiligen Interesses, der sich im Inhalt und der Art und Weise der Darstellung wiederspiegelt, darin, daß gerade die verfolgte Absicht den Inhalt, den Umfang und die Relevanz der Persönlichkeitsrechtsbeeinträchtigung maßgeblich bestimmt. Das Motiv der Veröffentlichung stellt in vielen Fällen die spiegelbildliche Kehrseite des Wunsches des Abgebildeten nach Nichtveröffentlichung dar; so, wenn die konkret geäußerte Meinung über eine Person, soweit sie nicht mit deren eigener Sicht übereinstimmt, das Interesse begründet, nicht in der vorgesehenen Art und Weise dem Publikum präsentiert zu werden. Dem Motiv, das Verhalten heute gutsituierter Bürger während der Herrschaft des Nationalsozialismus aufzudecken, steht das Bedürfnis gegenüber, dieses lieber geheimzuhalten(4). Keine Entscheidung kommt daher im Rahmen der der Abwägung vorangehenden Analyse der Standpunkte umhin, die mit der Darstellung verfolgten Absichten herauszuarbeiten.

Die Interessenverfolgung als zielgerichtetes Streben(5) ist die eigentliche Beeinträchtigungs- oder Verletzungshandlung; das geweckte Interesse der Öffentlichkeit im Sinne einer Aufmerksamkeit oder Anteilnahme gibt nur den Verletzungserfolg wieder. Die Identität von Interessenverfolgung und Beeinträchtigungshandlung führt deshalb ebenfalls dazu, die eigenen Interessen der Veröffentlicher als maßgeblich heranzuziehen.

Die Vielzahl möglicher Darstellungsinhalte und verfolgter Absichten bestimmt auch hier, wie im persönlichkeitsrechtlichen Bereich, die denkbare

---

1. E 35, 202/223 = NJW 1973, 1226/1228 "Lebach"

2. V. GAMM, Urheberrechtsgesetz, Einf. Rz. 115 m. w. Nachw.; FRANKE, NJW 1981, 2033; HUBMANN, Das Persönlichkeitsrecht, 299; SCHWERDTNER, Münchener Kommentar, § 12 Anhang Rz. 168 m. w. Nachw.; BGHZ 24, 200/208 "Spätheimkehrer"

3. BGH Warn. Rspr. 1979(39),120/124; weitere Entscheidungen, in denen auf den Zweck abgestellt wird: BGHZ 31, 308/313 "Alte Herren"; BGH NHW 1964, 1471/1472 "Sittenrichter"; OLG Stuttgart, JZ 1960, 125/130

4. BGH NJW 1966, 2353 "Vor unserer eigenen Tür"

5. Definitionen des Begriffs "Interesse" bei HUBMANN, AcP 155, 85/96; ADOMEIT, JZ 1970, 495/496; REHBINDER, Die öffentliche Aufgabe, 22; LARENZ, Festschrift für E. Klingmüller 1974, 235/236 f.

Vielfalt der Interessen an einer Bildveröffentlichung, die sich einer abschließenden Erfassung entzieht.

Es soll daher gleich der Versuch einer Eingrenzung gemacht werden.
Nach Art. 5 I S. 1 GG hat jeder das Recht, seine Meinung in Wort, Schrift und Bild frei zu äußern. Das Grundgesetz trifft also keine Unterscheidung der Rechtsstellung hinsichtlich der Form der Meinungsäußerung. Der Aufzählung -Wort, Schrift, Bild- wird rein beispielhafter Charakter zugesprochen (1). A. Arndt(2) sieht als Teil der Meinungsfreiheit deshalb auch die Freiheit des Mittels gewährleistet, aus der er wiederum ein absolutes Differenzierungsverbot hinsichtlich der Behandlung und Bewertung der Wahl dieses Mittels ableitet. Eine Differenzierung könnte sich dennoch aus der Natur der Sache ergeben, falls mit dem Darstellungsmittel "Bild" notwendigerweise charakteristische oder eine begrenzte Zahl von typischen Interessen verbunden wären.

Häufig wird gefordert, daß gerade ein Interesse an "bildmäßiger Information" vorliegen müsse, um die Abbildung einer Person zu rechtfertigen(3). Es fehlt jedoch jeweils der Nachweis, inwieweit sich ein gesondertes Interesse an bildlicher Darstellung von den Interessen an anderen Darstellungsformen abheben soll. In der Aufstellung dieses Erfordernisses schwingt eine Argumentation mit, die verschiedentlich die Notwendigkeit einer Abbildungsfreiheit überhaupt mit der Begründung bestreitet, zur Information der Öffentlichkeit reiche die textliche Beschreibung aus (4). Gestützt wird dieses Argumentation damit, jede Bilddarstellung sei, da eigentlich überflüssig, nur eine Konzession an das Unterhaltungs- und Sensationsbedürfnis der Allgemeinheit(5).

Die Beliebtheit von Illustrierten, Fersehen und Film zeigt dagegen, daß ein primäres Bedürfnis nach bildlichen Darstellungen besteht, die der rein textlichen vorgezogen wird. Die visuelle Bildaufnahme ist eben die wichtigste Wahrnehmungsart des Menschen und daher keiner abwertenden Kritik zugänglich; ein Bedürfnis nach Bildern ist lebensnotwendig in der menschlichen Natur angelegt. Gerade das Bild bewirkt eine größere Nähe zum beschriebenen Sach-

---

1. HESSE, Grundzüge des Verfassungsrechts, 152 Rz. 392

2. NJW 1967, 1845

3. BGH NJW 1965, 2148 "Spielgefährtin" ; BGHZ 24, 200/208 "Spätheimkehrer"; OLG Stuttgart JZ 1960,126/129; OLG Oldenburg NJW 1963, 920/922; LG Hamburg Ufita 34 (1961), 363/368; SCHWERDTNER, Münchener Kommentar, § 12 Anhang Rz. 168; ders., Das Persönlichkeitsrecht, 216

4. G. ARZT, Der strafrechtliche Schutz der Intimsphäre, 57 ff.; SCHWERDTNER, Münchener Kommentar, § 12 Anhang Rz. 180

5. G. ARZT, Der strafrechtliche Schutz der Intimsphäre, 59, der selbst auf die Überspitztheit seiner Aussage hinweist

verhalt und trägt zu seiner Verdeutlichung bei. Mit ihm ist eine größere Einprägsamkeit verbunden, die heute im Zeitalter der Reiz- und Informationsüberflutung und dem damit ausgelösten Kampf um den Konsumenten das Bild zu einem unverzichtbaren Instrumentarium der Medien macht. Besonderheiten des Interesses an der Bildveröffentlichung bestehen daher allenfalls in einem größeren Bedürfnis nach ihnen, das einen Verzicht auf dieses Mittel völlig unrealistisch erscheinen läßt.

Auch aus dem Gesichtspunkt, daß Bilder Teil der Meinungsäußerungen sein können, die sich aus dem Zusammenhang der jeweils verwandten Darstellungsmittel ergibt, ist zu schließen, daß keine in der Natur der Sache "Bild" begründete inhaltliche Beschränkung der Interessen an der Verwendung dieser Darstellungsform erfolgen kann.

E. Die Bewertung der Interessen an der Bildnisveröffentlichung

Mit der Freiheit der Meinungsäußerung liegt bereits ein konkretes Rechtsgut vor, dem mit Hilfe der Definition des Begriffs "Meinung" Rechtsfolgen ohne weiteres zugeordnet werden können. Es handelt sich daher nicht um eine Generalklausel, die erst einer Präzisierung in Fallgruppen bedürfte, an die Wirkungen geknüpft werden könnten. Die einzige Stufe einer weitergehenden Konkretisierung kann daher nur die vom bestimmten generellen Rechtsbegriff zur individuellen Meinung sein. Man könnte zwar die Meinungsfreiheit systematisieren, indem man nach Gebieten unterscheidet, auf denen sie ausgeübt wird. Damit wird jedoch nur eine Zuordnung, z. B. zum Bereich der Politik, der Kultur, der Wissenschaft, des Sportes erreicht, ohne daß daraus rechtsrelevante Folgerungen gezogen werden könnten, denn alle Meinungsäußerungen genießen in vollem Umfang den Schutz des Art. 5 I GG(1).

Andererseits ist offensichtlich, daß nicht jede Meinung gleich wertvoll sein kann. Auf bloße Neugier, Unterhaltung oder die Sensationslust abzielenden Veröffentlichungen wird z. B. ein geringer Stellenwert zugedacht(2). Wenn jeder Abwägung eine Bewertung vorauszugehen hat(3), so wäre demnach nach einem Bewertungsmaßstab zu fragen, der ein festes Rangverhältnis der Art. 5 I GG zuordnungsfähigen Interessen untereinander begründete.

Gelegentlich erweckt die vorrangige Betrachtung der Presse- und anderer Freiheiten des Art. 5 GG in ihrer Bedeutung für die demokratische Staatsordnung und der Vorformung des politischen Willens des Staates den Eindruck, der primäre Zweck dieses Grundrechts sei die Garantie der politischen Meinungsbildung(4).
Der Bereich der der Politik zugehörigen Meinungen wäre demnach der wertvollste. Dieser Sicht enspringt die Existenz(5) der "öffentlichen Aufgabe

---

1. vgl. BVerfGE 35, 202/222 f. = NJW 1973, 1226/1228 "Lebach" m. w. Nachw.
2. V. GAMM, Urheberrechtsgesetz, Einf. Rz. 115
3. HUBMANN, Wertung und Abwägung im Recht, 149 f.; ders. AcP 155, 87/97
4. SCHMITT GLAESER, AöR 97 (1972), 60/95, 113
5. BVerfGE 20, 162/175 "Spiegel"

der Meinungsfreiheit"(1), so daß abgesehen von der Fragwürdigkeit dieser Konstruktion eventuell aus der konkreten Aufgabenstellung und deren Rangfolge ein Maßstab gewonnen werden könnte. Bisher ist es jedoch nicht gelungen, diese Aufgabe neben der Beschreibung ihrer Bedeutung auch inhaltlich mit festen Konturen zu versehen(2). Bestehende Definitionen beschränken sich auf eine Tätigkeitsbeschreibung, wie etwa § 3 des Landespressegesetzes von Baden-Württemberg: "Die Presse erfüllt eine öffentliche Aufgabe, wenn sie in Angelegenheiten von öffentlichem Interesse Nachrichten beschafft und verbreitet, Stellung nimmt, Kritik übt und auf andere Weise an der Meinungsbildung mitwirkt(3)". Mit einer Verpflichtung, die wesensgemäße Tätigkeit der eigenen Institution auch auszuüben, ist jedoch nichts gewonnen. Selbst wenn man von der Zielsetzung der Bildung öffentlicher Meinung (4) in öffentlich interessierenden Angelegenheiten ausgeht, läßt sich aus diesem Begriff nichts für eine Bewertung herauslesen, denn öffentliche Meinung und allgemeines Interesse lassen sich auf jedem Gebiet finden.

Rehbinder(5) will als Maßstab zur Beurteilung des jeweiligen Kollisionsfalles das Interesse der Öffentlichkeit in der Bedeutung heranziehen, daß gefragt werden müsse, ob die konkrete Meinungsäußerung im öffentlichen Interesse sei(6). Daran ist zwar falsch, daß eine Gleichsetzung der tatsächlich vorhandenen oder bestimmter qualifizierter Interessen der Allgemeinheit mit der Bedeutung des Wortes "Interesse" im Sinne eines Nutzens oder Vorteils für die Öffentlichkeit erfolgen kann; richtig ist jedenfalls, daß die Heranziehung der tatsächlichen Interessen der Allgemeinheit allein nicht weiterhilft, da sie ihrerseits einer Beurteilung bedürfen.

Selbst wenn man aber den Vorschlag Rehbinders annehmen wollte, stellten sich sofort zwei Fragen, nämlich unter welchen Voraussetzungen eine Meinungsäußerung im öffentlichen Interesse ist und welche Kundgaben mehr und welche weniger von allgemeinem Nutzen sind. Es ist sicherlich nicht denkbar, beispielsweise die Sportberichterstattung oder gesellschaftliche Nachrichten in ihrem Wert grundsätzlich der Behandlung politischer Themen unterzuordnen(7). Dazu kommt es zu sehr auf den konkreten Inhalt der einzelnen Darstellung an.

Aus der losgelösten Betrachtung der durch Art. 5 GG geschützten Rechte und Interessen läßt sich daher keine Bewertungsrangfolge von allgemeiner Gültigkeit erarbeiten.

----

1. SCHMITT GLAESER, AöR 97 (1972), 60/112 f.

2. SCHMITT GLAESER, AöR 97 (1972), 60/91

3. ähnlich BVerfGE 20, 162/175 "Spiegel"

4. SCHMITT GLAESER, AöR 97 (1972), 60/85, 95 ff., 111, 113

5. Die öffentliche Aufgabe, 123

6. so auch im Ergebnis Dagtoglou, DÖV 1963, 636 ff.

7. vgl. A. ARNDT, NJW 1967, 1845/1846

III. Konsequenzen aus der Analyse der am Konflikt beteiligten Rechte und Interessen

Als Ergebnis des Versuchs, den im Rahmen der §§ 23 I Nr. 1 und II KUG auszutragenden Konflikts durch Bestimmung der kollidierenden Rechtsgüter und Interessen darzustellen und zu charakterisieren, stellt sich die Unmöglichkeit der Konkretisierung und inhaltlichen Typisierung dieses Konflikts heraus. Die sich gegenseitig beschränkenden Belange sind in ihrer Vielzahl und Vielgestaltigkeit inhaltlich nicht eingrenzbar. Da der Inhalt und der Zweck der Darstellung sowohl die geschützte Interessenlage auf Seiten der Veröffentlicher als auch auf Seiten der Abgebildeten im wesentlichen prägt, liefe eine umfassende Beschreibung der beeinträchtigungsfähigen Schutzgüter darauf hinaus, den gesamten denkbaren Inhalt der mit einer Bildnisveröffentlichung verbindungsfähigen Meinungsäußerungen darstellen zu wollen. Von der Beschreibung der Generalklauseln - hier Persönlichkeitsrecht, dort Meinungsfreiheit - gelangt man bei der Vornahme einer Konkretisierung unmittelbar und ohne Zwischenstufe zum jeweiligen fallbezogenen Einzelinteresse. Diese Unmöglichkeit schärferer Eingrenzung oberhalb des Einzelfalls und die damit verbundene Offenheit des von den §§ 22, 23 I Nr. 1, 23 II KUG erfaßten Regelungsmaterials macht denn auch die eigentliche Schwierigkeit einer gesetzlichen Lösung des Konflikts aus. Es gilt deshalb, bereits bestehende allgemeinverbindliche Gesetzesregeln daraufhin zu untersuchen, ob sie für alle denkbaren Fälle - oder doch wenigstens für den überwiegenden Teil von ihnen - taugliche Konfliktslösungen beinhalten; bzw. ob überhaupt die Bildung einer allgemeingültigen Regelung möglich ist, deren Anwendung in allen Fällen einen gerechten Ausgleich schafft.
Denn es ist offensichtlich, daß die Idee einer gesetzlichen Regelung eines Konflikts, der sowenig einer inhaltlichen Kennzeichnung zugänglich ist, vor allem mit der Schwierigkeit zu kämpfen hat, einen gerechten Ausgleich aller jemals im konkreten Einzelfall auftretenden Interessenkollisionen zu schaffen, ohne diese Kollisionen in ihren tatsächlichen inhaltlichen Ausgestaltungen vorhersehen und auf einen gemeinsamen Nenner bringen zu können.
Vorerst ist zu prüfen, wie die §§ 22, 23 I Nr. 1, 23 II KUG, insbesondere eine Veröffentlichungsfreiheit bei "Bildnissen aus dem Bereiche der Zeitgeschichte" nach den Vorstellungen des Gesetzgebers und nach der tatsächlichen Handhabung in Rechtsprechung und Lehre die unbegrenzte inhaltliche Vielfalt der Sachverhalte zu bewältigen in der Lage sind.

3. Teil
DAS BILDNIS AUS DEM BEREICH DER ZEITGESCHICHTE

I. Die gesetzgeberische Lösung des Interessenkonflikts zwischen Persönlichkeitsrecht und Meinungsfreiheit

In § 23 I Nr. 1 KUG manifestiert sich die Entscheidung des Gesetzgebers, nach der in der Regel die Rechte und Interessen an der Veröffentlichung diejenigen an der Nichtveröffentlichung überwiegen sollen, wenn es um die Verbreitung und Schaustellung eines "Bildnisses aus dem Bereich der Zeitgeschichte" geht.

A. Das Bildnis

Das "Bildnis" als Darstellung einer Person stellte der Gesetzgeber in Gegensatz zum "Bild" als weitestem und umfassendstem Begriff und zur "Abbildung" als Wiedergabe tatsächlicher Vorgänge(1).

Von Bedeutung ist die Abgrenzung des Bildnisses von "Bildern, auf denen die Personen nur als Beiwerk ... erscheinen"(2), die aber dennoch eine Identifikation ermöglichen. Nach den Motiven sollte die Unterscheidung nach dem Zweck der Darstellung getroffen werden; besteht dieser nicht in der Wiedergabe der Person selbst, sondern in der des Umfeldes, in das diese gestellt ist, entfällt die Genehmigungsabhängigkeit(3). Um ein bloßes Beiwerk handelt es sich daher bei einer Unterordnung der Personenabbildung unter die Gesamtdarstellung in einem solchen Ausmaß, daß die Personenabbildung auch entfallen könnte, ohne den Gegenstand und Charakter des konkreten Bildes zu verändern(4).

B. Die Zeitgeschichte

Der zentrale Rechtsbegriff des § 23 I Nr. 1 KUG ist jedoch der der "Zeitgeschichte".

1. Die Wortbedeutung des Begriffs "Zeitgeschichte"

Zeitgeschichte beinhaltet notwendig deren Zugehörigkeit zur Geschichte. Geschichte wiederum in ihrer weitesten Bedeutung ist die Erfassung des auf den Menschen bezogenen Ablaufs und Zusammenhangs alles an Zeit und Raum gebundenen Geschehens(5).

----

1. Bericht der X. Kommission, 4685
2. § 23 I Nr. 2, 3, vgl. Drucksachen des Reichstags, 1541 = GRUR 1906, 11/25
3. Drucksachen des Reichstags, 1541 = GRUR 1906, 11/25
4. V. GAMM, Urheberrechtsgesetz, Einf. Rz. 121 m. w. Erläuterungen
5. BROCKHAUS, 18. Aufl. 1981; Meyers Enzyklopädisches Lexikon, 9. Aufl. 1979

Diese Begriffsfassung bedarf zweier der Bedeutung des Wortes "Geschichte" immanenter Einschränkungen dahingehend, daß im wesentlichen Abläufe und Zusammenhänge der Vergangenheit darunter fallen(1), und daß es sich um noch lebende, d. h. in die jeweilige Gegenwart hineinwirkende Vergangenheit handeln müsse(2).

Die erste Einschränkung stellt Geschichte zwar in Gegensatz zur Gegenwart und verweist so auf die Vergangenheit als weitestem Feld geschichtswissenschaftlicher Forschung(3), allerdings ohne damit alles gegenwärtige Geschehen völlig auszuschließen. Denn die Geschichtswissenschaft ist sowohl am Gegenwärtigen in der Geschichte als auch am Geschichtlichen in der Gegenwart interessiert(4).

Unverzichtbar ist dagegen der zweite Aspekt des Geschichtsbegriffs: die Relevanz des erfaßten Geschehens für Gegenwart und Zukunft. Geschichtlich sind nur Vorgänge von andauernder Bedeutsamkeit im Hinblick auf sich anschließende Abläufe(5). Damit besteht ein unüberbrückbarer Gegensatz zwischen "Geschichte" und "Geschehen", da die Einordnung eines konkreten Sachverhalts unter das bloße Geschehen keine Bewertung und Sonderung nach dessen Wichtigkeit voraussetzt.

Insofern unterscheidet sich auch Zeitgeschichte vom Zeitgeschehen als der Zusammenfassung jeglicher Aktualität, unabhängig von ihrer geschichtlichen Tragweite(6). Eine Entkleidung des Begriffs "Zeitgeschichte" von dem Erfordernis der Bedeutsamkeit des erfaßten Vorgangs für einen längeren Zeitraum und seine Anwendung auf jegliche Tagesneuheit wäre mit der noch möglichen Wortauslegung nicht mehr vereinbar.

Zeitgeschichte ist nun nicht nur ein Rechtsbegriff, sondern dem festen Wortschatz der Historiker entlehnt(7), deren Inhaltsbestimmung aufgrund der größeren Sachnähe nicht unberücksichtigt bleiben kann(8). Man wird daher auch auf die von der Geschichtswissenschaft vorgesehene Umgrenzung des Zeitabschnitts, der der Zeitgeschichte zugeordnet werden kann, zurückgreifen müssen.

---

1. BROCKHAUS, a. a. O.; H. ROTHFELS, Vierteljahreshefte für Zeitgeschichte Bd. 1 1953, 1: "Geschichte in seiner bekannten Doppeldeutigkeit als Geschehenes und als geistige Vergegenwärtigung von Geschehenem"

2. BROCKHAUS a. a. O.

3. H. ROTHFELS, Vierteljahreshefte für Zeitgeschichte, Bd. 1 1953, 1

4. H. ROTHFELS, Vierteljahreshefte für Zeitgeschichte, Bd. 1 1953, 2

5. HOLLDACK, JW 1932, 1333/1334, 1337, der Bedeutsamkeit für einen Kulturwert fordert

6. vgl. A. OSTERRIETH, GRUR 1904, 245/255

7. s. z. B. die erwähnten "Vierteljahreshefte für Zeitgeschichte"; Meyers Enzyklopädisches Lexikon, a. a. O.

8. HOLLDACK, JW 1932, 1333/1335 f.

Gemeinhin wird unter Zeitgeschichte die Epoche der Mitlebenden(1), der der Gegenwart unmittelbar vorausgehende Zeitabschnitt(2), den zumindest ein Teil der Zeitgenossen noch bewußt miterlebt hat, verstanden.
Unter einem anderen Gesichtspunkt wird als Zeitgeschichte der Abschnitt gefaßt, der einer objektiven und abschließenden Klärung nicht zugänglich ist, da zum einen die notwendigen Quellen noch nicht vollständig zur Verfügung stehen und es für die erforderliche Objektivität der Forschungsergebnisse am zeitlich genügenden Abstand aller Beteiligten fehlt(3). Die am weitesten zurückliegende Zeitgeschichte Deutschlands dürfte danach etwa mit dem Ausbruch des 1. Weltkrieges einsetzen.

§ 22 KUG schützt das Persönlichkeitsrecht des Abgebildeten bis zum Ablauf von 10 Jahren nach dessen Tod(4), so daß sich der daraus ableitbare Zeitraum der letzten 60 - 70 Jahre, der zur Zeitgeschichte im Sinne des § 23 I Nr. 1 KUG gehören kann, insoweit mit den Einordnungen der Geschichtswissenschaft deckt.

Zeitgeschichte ist also nicht nur Gegenwartsgeschichte, sie bezeichnet vielmehr hauptsächlich die jüngste Vergangenheit.

2. Die Interpretation des Gesetzgebers

Nach den Motiven(5) ist der Begriff "Zeitgeschichte" "im weitesten Sinne zu verstehen, er umfaßt nicht nur das eigentliche politische, sondern auch das soziale, wirtschaftliche und Kulturleben des Volkes. Die Veröffentlichung der Bildnisse von Personen, die im öffentlichen Leben stehen oder in Kunst und Wissenschaft ein allgemeines Interesse wachrufen, wird daher auch künftig nicht verwehrt sein".

Weitere Erläuterungen zu den Voraussetzungen der Abbildungsfreiheit nach § 23 I Nr. 1 KUG fehlen und sind auch aus anderen Quellen nicht erschließbar. Wenn zwar die Gedanken der Begründung des Gesetzgebers bereits die vorangegangene Diskussion um die Notwendigkeit eines eigenständigen Rechts am eigenen Bild beherrscht hatten(6), so tauchte dabei vor dem Erscheinen des Entwurfs des KUG der Begriff der "Zeitgeschichte" nicht auf. Auch der vorangegangene Entwurf eines Photographieschutzgesetzes im Jahre 1902, der schon einen Schutz vor ungenehmigter Abbildung vorsah, verwandte ihn noch nicht(7). Seine erstmalige öffentliche Erwähnung fiel daher mit dem Gesetzesentwurf des KUG und seiner Begründung zusammen.

----

1. H. ROTHFELS, Vierteljahreshefte für Zeitgeschichte Bd. 1 1953, 2; str.,s. Meyers Enzyklopädisches Lexikon
2. BROCKHAUS a. a. O.; Meyers Enzyklopädisches Lexikon a. a. O.
3. BROCKHAUS, 17. und 18. Auflage 1974 und 1981
4. § 22 S. 1 und S. 3 KUG
5. Drucksachen des Reichstags, 1540 f. = GRUR 1906, 11, 25
6. vgl. S. RIETSCHEL, AcP 94, 142/176; A.OSTERRIETH, GRUR 1902, 361/373; J. KOHLER, Das Eigenbild im Recht, 10; GAREIS, Verh. d. 26. DJT 1902, 14; TH. OLSHAUSEN, Gruchot's Beiträge Bd. 46 (1902), 492/498; ALLFELD; GRUR 1904, 258/268
7. Text und Behandlung bei A. OSTERRIETH, GRUR 1902, 361/371 ff.

Die Motive machen deutlich, daß der Gesetzgeber im wesentlichen an einer Abbildungsfreiheit von Personen, die im öffentlichen Leben stehen, gedacht hat(1). Die Erwähnung des politischen, sozialen und kulturellen Lebens etc. stellt dabei nur die beispielhafte Aufzählung des allen genannten Bereichen übergeordneten "öffentlichen Lebens" dar.

Ließe sich die Zielrichtung der Begründung auf die Darstellungsfreiheit bei Personen des öffentlichen Lebens beschränken, wären daraus bestimmte Mindestanforderungen an die genehmigungsunabhängige Bildnisverbreitung ablesbar, die u. a. auch die anschließende Entwicklung der Auslegung des § 23 I Nr. 1 KUG mitbestimmt haben. Man könnte daraus eine bereits im Zeitpunkt der Veröffentlichung bestehende Bekanntheit und Zugehörigkeit des Abgebildeten zum öffentlichen Leben und ein bewußtes Eintreten in dieses als Voraussetzung der Verbreitung und Schaustellung ableiten(2). Ausgeschlossen wäre die Darstellung von unbekannten Personen, die erst durch ein spektakuläres Ereignis in den Blickpunkt des allgemeinen Interesses geraten wären(3), wie etwa durch ein von ihnen verübtes Attentat oder wie in jüngster Vergangenheit durch die Erstürmung des spanischen Parlaments durch die Guardia Civil. Unmöglich wären danach auch die bildliche Darstellung der Opfer von Unfällen, Katastrophen oder Straftaten(4).

Selbst diese Beschränkungen entfallen jedoch, wenn der Gesetzgeber nach seiner Definition die bloße Existenz eines allgemeineren Interesses an der Person als ausreichend ansah, um die Abbildung auch gegen den Willen des Betroffenen zu rechtfertigen(5). Denn auf diese Weise ist jede Begrenzung aufgegeben worden; nur völlig Uninteressantes wäre nicht veröffentlichungsfähig.

3. Die Diskrepanz zwischen Wortbedeutung und Interpretation

Auffällig ist an den Erläuterungen des Gesetzgebers, daß ihnen eine Umschreibung des Rechtsbegriffs "Zeitgeschichte" in dem Sinne, den die Wortauslegung ergibt, völlig fehlt. Vielmehr stellt man eine Gleichsetzung von Zeitgeschichte mit öffentlichem Leben oder gar Vorgängen von allgemeinem Interesse fest.

----

1. Drucksachen des Reichstags, 1540 f. = GRUR 1906, 11/25

2. vgl. OLG Stuttgart, JZ 1960, 126/128; v. GAMM, Urheberrechtsgesetz, Einf. Rz. 118 m. w. Nachw.; SCHWERDTNER, Münchener Kommentar § 12 Anhang Rz. 168 m. w. Nachw.; HOLLDACK, JW 1932, 1333/1335

3. nach der Terminologie NEUMANN-DUESBERGS sogenannte "relative Personen der Zeitgeschichte", s. JZ 1960, 114 und JZ 1973, 261 f.

4. A. OSTERRIETH, GRUR 1902, 361/374 f.; S. RIETSCHEL, AcP 94, 142/164; SCHWERDTNER, Münchener Kommentar, § 12 Anh. Rz. 168

5. praktisch geworden ist die bloße Feststellung der Existenz eines größeren Interesses als für die Veröffentlichung ausreichend in RGZ 125, 80/82 "Tull Harder"; BGHZ 20, 345/349 f. "P. Dahlke"; BGH Warn. Rspr. 1979 (39), 120/122; dagegen HOLLDACK JW 1932, 1333 ff.

Die Begründung läßt sowohl eine Betonung der Notwendigkeit der geschichtlichen Relevanz der dargestellten Persönlichkeit als auch einen Hinweis vermissen, daß es sich im wesentlichen um die Wiedergabe von Sachverhalten der jüngsten Vergangenheit handeln müsse.
Es ist offensichtlich, daß das "öffentliche Leben" nicht mit "Zeitgeschichte" gleichgesetzt werden kann, ansonsten müßte dem öffentlichen Auftreten jedes Provinzpolitikers, jedes Filmsternchens, jedes Fußballers geschichtliche Dimension zugesprochen werden können(1). Das öffentliche Leben ist zum überwiegenden Teil nur unter das kurzlebige aktuelle Tagesgeschehen einreihbar. Nicht ohne Grund ist nichts so alt, wie die Zeitung von gestern. Auch kann der Umfang allgemeinen Interesses keinen Maßstab für den Historiker liefern, denn sonst wären z. B. Fußballweltmeisterschaften und Olympiaden von höchster geschichtlicher Tragweite.

Es besteht also eine deutliche Diskrepanz zwischen der Begriffswahl im Gesetzestext und dessen Erläuterungen in den Motiven, die es zu überbrücken gilt.

Dies könnte im Wege der Gesamtschau von Gesetzeswortlaut und Begründung geschehen, indem man § 23 I Nr. 1 KUG nur auf historische Persönlichkeiten des öffentlichen Lebens oder allgemein beachtete Vorgänge von geschichtlicher Bedeutung anwenden würde. Man wäre dabei allerdings der Schwierigkeit ausgesetzt, daß es nicht zum Bestandteil des Begriffs "Geschichte" gehört, nur allgemein beachtete und öffentlich erfahrbare Vorgänge zu erfassen; viel bedeutsamer können geheimgehaltene Tatsachen ihren Ablauf bestimmen. Genauso wenig wird Geschichte nur von Personen des öffentlichen Lebens gestaltet, man denke an den mutmaßlichen Kennedy-Mörder Oswald oder an den Brandstifter Herostratos. Unstimmigkeiten ließen sich also nicht vermeiden und ihre Rechtfertigung wäre kaum vernünftig zu treffen.

Man könnte stattdessen von einem eigenständigen Begriff der "Zeitgeschichte" auf dem Gebiet des Persönlichkeitsrechts ausgehen, der nach der gesetzgeberischen Begründung im wesentlichen mit dem Zeitgeschehen identisch wäre(2). Das würde aber einer Aufgabe der Wortbedeutung gleichkommen, da der Kernbegriff "Geschichte" des § 23 I Nr. 1 KUG eliminiert würde.

Letztlich bliebe die Außerachtlassung der Erläuterung zu § 23 I Nr. 1 KUG durch den Gesetzgeber, so daß allein der Gesetzeswortlaut in seiner eigentlichen Bedeutung maßgebend wäre.

Inkonsequenzen und Unklarheiten sind so durch das Verfahren des Gesetzgebers vorgezeichnet und realisierten sich bereits im Jahre der Vorlage des

---

1. HOLLDACK, JW 1932, 1333/1336: "Es sei denn, daß in der Rechtswissenschaft die Absicht bestünde, eine unübersehbare Reihe von Fußballern, Handballern, Wasserballern, Stabspringern, Kurzstreckenläufern, Stehern, Gewichthebern nach Walhall zu geleiten!"
2. vgl. dazu die gegensätzlichen Standpunkte bei HOLLDACK, JW 1932, 1333/1336 und FRANKE, NJW 1981, 2033/2034

Gesetzesentwurfs. A. Osterrieth(1) z. B. verlangte einerseits für die Auslegung des § 23 I Nr. 1 KUG, daß der Abgebildete zu den beachtenswerten geschichtlichen Erscheinungen der Zeit gehört, schließt im folgenden die ungenehmigte Veröffentlichung aber nur bei Bildern aus dem Privatleben aus, da "wer sich in die Öffentlichkeit begibt, damit auch die Konsequenz auf sich nimmt, daß seine Person im Bilde der Öffentlichkeit bekannt werde". Unter diesen Aspekten hielt er eine überzeugende Abgrenzung des Begriffs "Zeitgeschichte" für möglich.

Überprüft man die Entscheidung des Gesetzgebers im Hinblick auf ein Ergebnis der Abwägung zwischen den beteiligten Interessen, so ist mit dem "Bildnis aus dem Bereiche der Zeitgeschichte" im Gesetzestext ein bestimmter Rechtsbegriff geschaffen worden, der einer klaren Auslegung fähig ist, also auch eine klare Entscheidung für das Überwiegen des einen oder des anderen am Konflikt beteiligten Interesses enthält. Mit dem Genügenlassen eines allgemeinen Interesses an der Person als Voraussetzung der Veröffentlichung würde diese inhaltliche Entscheidung und damit das Abwägungsergebnis wieder beseitigt, bzw. durch ein anderes ersetzt, das, wäre es Tatbestandsmerkmal, den Richter zu einer bloßen Feststellung der vorhandenen öffentlichen Aufmerksamkeit, aber nicht zu einer wertenden Subsumtion nötigen würde(2).

Will man daher dem § 23 I Nr. 1 KUG eine klare Aussage über die Zulässigkeit einer Bildnisverbreitung und -schaustellung abgewinnen, so kann dies allenfalls unter alleiniger Beziehung auf die Wortauslegung des Begriffs "Zeitgeschichte" und unter Außerachtlassung der dazu gehörigen gesetzgeberischen Interpretation gelingen.
Auf diese Weise würden zumindest die Widersprüche zwischen Gesetzestext und den Motiven des Gesetzgebers zu § 23 I Nr. 1 KUG ausgeräumt.
Damit ist noch nicht gesagt, daß eine von der Wortbedeutung her angegangene Auslegung auch in ihrer tatsächlichen Handhabung in den konkreten Konflikten zu vernünftigen Ergebnissen kommt. Diese Prüfung bleibt dem 3. Teil II vorbehalten.

C. Die "berechtigten Interessen" des Abgebildeten

1. § 23 II KUG

Aber selbst eine so gewonnene scharfe Grenze wird zugunsten des Persönlichkeitsrechts wieder relativiert, da die Veröffentlichungsbefugnis zusätzlich davon abhängt, daß sie entgegenstehende berechtigte Interessen des Abgebildeten nicht verletzt. Mit dem Ergebnis, es liege ein Bild aus dem Bereiche der Zeitgeschichte vor, steht noch nicht fest, daß die Verbreitung und Schaustellung nicht doch als Rechtsverletzung zu werten ist.

----

1. GRUR 1904, 245/255 f.

2. HOLLDACK, JW 1932, 1333/1334 spricht von einer Entäußerung der Urteilsbefugnis der Gerichte, die auf die Allgemeinheit abgewälzt würde

Mit der Berücksichtigung "berechtigter Interessen" "soll namentlich verhütet werden, daß die Vorgänge des persönlichen, häuslichen und Familienlebens in die Öffentlichkeit gezogen werden und daß das Bildnis für Zwecke verwendet wird, mit denen, ohne daß der Fall einer strafrechtlichen Beleidigung vorliegt, doch eine Verletzung der dem Abgebildeten schuldigen Achtung oder eine Kränkung oder die Gefahr einer sonstigen Benachteiligung verbunden ist"(1).

Nach dieser Begründung in den Motiven des Gesetzgebers scheint die Anfügung des § 23 II KUG u. a. eine Folge der verunglückten Auslegung des Tatbestandsmerkmals des "Bildnisses der Zeitgeschichte" zu sein, nach der im wesentlichen auf die Zugehörigkeit des Abgebildeten zum öffentlichen Leben abgestellt wurde. Da der denkbare Bildnisinhalt nicht auf das reine Porträt beschränkt ist, ergäbe sich die Notwendigkeit, zusätzlich nach der möglichen, über die reine Personenwiedergabe hinausgehenden Darstellung Unterscheidungen hinsichtlich der Verbreitungszulässigkeit zu treffen. Auch Personen des öffentlichen Lebens haben ein, wenn auch eingeschränkteres, Privatleben, das Schutz vor allgemeiner Neugier verdient(2). Die Interpretation des Gesetzgebers des Bildnisses der Zeitgeschichte als Darstellung von Personen des öffentlichen Lebens bedürfte daher eines Regulativs, um die Rechtsverletzung, die in der Wiedergabe des Privatlebens etc. einer solchen Persönlichkeit liegen könnte, zu verhindern(3). Nach dem Gesetzeswortlaut wäre ein solches Rgulativ allerdings nicht erforderlich gewesen, denn ein Bildnis aus dem Bereich der Zeitgeschichte setzt voraus, daß der Bildnisinhalt selbst der Zeitgeschichte zuzuordnen ist, so daß Bilder des intimen, privaten oder familiären Lebens mangels zeitgeschichtlicher Relevanz überhaupt nicht die Möglichkeit ungenehmigter Verbreitung eröffneten (4). Die Schaffung des § 23 III KUG beruht also zum Teil ebenfalls auf der Diskrepanz von Wortlaut und gesetzgeberischer Auslegung.

Wenn im folgenden auf den Schutz vor Verletzung der dem Abgebildeten schuldigen Achtung oder sonstigen Benachteiligung zurückgegriffen wird, so ist das keine inhaltliche Aussage über die Berechtigung der Interessen,

----

1. Drucksachen des Reichstags, 1541 = GRUR 1906, 11/25
2. s. Schöffengericht Ahrensböck DJZ 1920, 596 und Schulze SchöffG 1 "Ebert und Noske in der Badehose"
3. ähnlich wird auch heute noch die Funktion des § 23 II KUG zum Teil im Schutz des Privatlebens gesehen: SCHWERDTNER, Münchener Kommentar, § 12 Anhang Rz. 173; G. ARZT, Der strafrechtliche Schutz der Intimsphäre, 26; NEUMANN-DUESBERG, JZ 1960, 114/116; ALLFELD, DJZ 1920, 702; KG Schulze KGZ 14, 5 "Früherer Strafrichter"; LG München I Schulze LGZ 49, 1/5
4. vgl. meinen Beitrag in NJW 1982, 863 m. w. Nachw.

sondern nur die Darlegung der Zielsetzung der gesetzlichen Fassung eines Rechts am eigenen Bild selbst. Denn die §§ 22 ff. KUG bezwecken insgesamt den Schutz vor Verletzungen der Persönlichkeitsrechte durch öffentliche bildliche Darstellung(1). Erhebt man aber die Zielsetzung des Ausgleichs eines Konflikts selbst zum Regelungsinhalt oder zum Tatbestandsmerkmal, so ist dies gleichbedeutend mit dem Verzicht auf die Regelung und Entscheidung des Konflikts. Weder aus dem Gesetzestext noch aus der Begründung ist ablesbar, wann die Interessen der Abgebildeten als so berechtigt anzusehen sein sollen, daß ihr Zurücktretenmüssen eine Persönlichkeitsrechtsverletzung bedeutete.

Selbst wenn der Gesetzgeber primär auf die Verhinderung der Darstellung des häuslichen und Privatlebens abzielte und damit auch bei der Formulierung des § 23 II KUG relativ konkrete Verletzungstatbestände vor Augen hatte, so hat er dennoch diese Vorschrift absichtlich so weit gefaßt, um die unbestimmten Fälle der "Verletzung der dem Abgebildeten schuldigen Achtung" oder "die Gefahr einer sonstigen Benachteiligung" ebenfalls zu erfassen. Dies geht auch aus dem Bericht der X. Kommission(2) hervor, in dem die jetzige Fassung des § 23 II KUG von Seiten der Regierung damit verteidigt wurde, daß verhindert werden müsse, daß eine Verletzung des Persönlichkeitsrechts nicht nur durch das Bildnis selbst, sondern auch durch die "begleitenden Umstände" verursacht werde.

Man hatte also die Fülle der denkbaren Quellen einer Rechtsverletzung durchaus in Betracht gezogen und dabei gesehen, daß die Frage der Rechtmäßigkeit einer Veröffentlichung noch nicht abschließend beantwortet ist, wenn die Voraussetzungen der Ausnahmen des § 23 I KUG vorlagen. Man war sich auch im klaren, daß die Aufnahme "berechtigter Interessen" als Gesetzestext bedeutete, daß insoweit die Entscheidung des Einzelfalls dem Richter überlassen werde(3). Der Gesetzgeber selbst hat also für ein breites Spektrum möglicher Bildveröffentlichungen die Entscheidung offengelassen, unter welchen Umständen diese als rechtswidrig, bzw. rechtmäßig anzusehen seien, indem er bewußt die "berechtigten Interessen" nicht mit Inhalt ausfüllte.

Wenn dennoch von Stimmen in der Literatur und in der Rechtsprechung versucht wird, darzutun, welche konkreten Interessen über § 23 II KUG geschützt werden, so fehlt es regelmäßig an einer Begründung für die jeweilige Behauptung. Wenn z. B. Schwerdtner(4) den über § 23 II KUG gewährten Schutz allein der Privatsphäre angedeihen läßt, so bleibt er dabei den

----

1. Drucksachen des Reichstags, 1540: "Der (bisherige) Rechtszustand ... erscheint mit der allgemeinen Rechtsordnung und der Achtung, welche die Persönlichkeit beanspruchen darf, nicht vereinbar"

2. S. 4685

3. Bericht der X. Kommission, 4684

4. Münchener Kommentar, § 12 Anhang Rz. 173

Nachweis schuldig, wieso nur diese geschützt sein soll und andere Rechte und Interessen nicht. Auch ist eine ausschließliche Interpretation der Funktion des § 23 II KUG als einer Vorschrift zum Schutze der Privatssphäre schon deshalb verfehlt, weil dieser Schutz bereits über eine gesetzestreue Anwendung des § 23 I Nr. 1 KUG gewährt werden könnte. Den Darstellungen des Privatlebens dürfte regelmäßig der Charakter der geschichtlichen Bedeutsamkeit fehlen, so daß an sich kein Regelungsbedürfnis bestünde, die Sphäre des Privaten noch einmal vor unbefugtem Eindringen abzusichern.
Auch der von anderen Stimmen in § 23 II KUG hineininterpretierten Vielzahl vorgeblicher Rechtsgüter dieser Bestimmung(1), wie etwa der Ehre, Schutz des Lebensbildes, Schutz vor Bloßstellung etc.(2), kann wegen der Offenheit der Regelung nur beispielhafter Charakter zukommen.

Wenn demnach Gesetzeswortlaut und Gesetzesbegründung zumindest keine abschließende inhaltliche Aussage über die Berechtigung der Interessen des Abgebildeten treffen, in beiden vielmehr zum Ausdruck kommt, daß der Gesetzgeber bewußt ermöglichen wollte, Sondersituationen berücksichtigen zu können, denen § 23 I Nr. 1 KUG nicht Genüge tun kann, so muß zwangsläufig die funktionelle Bedeutung des § 23 II KUG anstelle seiner inhaltlichen Ausfüllung im Vordergrund stehen:

Der Richter ist bei seiner Entscheidung gezwungen, zu prüfen, ob berechtigte Interessen des Abgebildeten bestehen, die bei einer nach § 23 I Nr. 1 KUG zulässigen Verbreitung und Schaustellung als verletzt angesehen werden müssen. Er kann sich dabei im Gegensatz zum Gesetzgeber der inhaltlichen Ausfüllung dessen, was er als berechtigtes Interesse gelten läßt, bei der Begründung seines Urteils nicht entziehen. Da er daneben nicht mehr als den ihm vorliegenden Einzelfall zu beurteilen hat und seinem Urteil keine über diesen Fall hinausreichende Bindungswirkung zukommt, wird das "berechtigte Interesse" immer nur dasjenige sein, das im konkreten Sachverhalt in Erscheinung getreten ist. Seine Prüfung richtet sich deshalb danach aus, ob das aus dem Tatbestand der Entscheidung hervorgehende persönlichkeitsrechtliche Gut oder Interesse so stark schutzwürdig ist, daß trotz Vorliegens eines Bildnisses der Zeitgeschichte die damit verbundene Aussage über die Rechtmäßigkeit der Verbreitung und Schaustellung nicht aufrecht erhalten werden kann. Er ist daher trotz einer Bestimmung über die Rechtmäßigkeit

---

1. die aber ebenso von § 22 KUG erfaßt werden, s. o. 2. Teil I E 5
2. HUBMANN, Das Persönlichkeitsrecht, 301 f.: Ehre, religiöse Empfindung, Schutz vor Bloßstellung; ERMAN-WEITNAUER, Anh. zu § 12 Rz. 29: Abbildung unter unangemessenen Umständen, Schutz vor Bildniserschleichung und vor Verwendung zu geschäftlichen Zwecken; ALLFELD, DJZ 1926, 1467: Standespflichten des Anwalts; NEUMANN-DUESBERG, JZ 1973, 261/263: § 23 II KUG betrifft nur die Art und Weise der Darstellung; BGHZ 26, 52 "Sherlock Holmes": Schutz vor nicht wirklichkeitsgetreuer Wiedergabe; KG JW 1928, 363/365 "Piscator": Schutz vor Verfälschung des Lebens- und Erscheinungsbildes; LG München I Schulze LGZ 49, 1, 5: Schutz vor sensationslüsterner Berichterstattung

der durch die Tatbestandsmerkmale des § 22 I Nr. 1 KUG umschriebenen Verhaltensweise zu prüfen verpflichtet, ob diese Aussage im Einzelfall aufrecht erhalten werden kann; mit anderen Worten: er hat eine zusätzliche positive Prüfung der Rechtswidrigkeit anzustellen. Die richterliche Entscheidung tritt somit an die Stelle der vom Gesetzgeber partiell offengelassenen; in einem vom Gesetz vorgegebenen Umfang steht der Richter deshalb vor der Aufgabe, statt bestehendes Recht anzuwenden, neues zu setzen(1).

Die Norm des § 23 II KUG beinhaltet daher eine bloße Kompetenzzuweisung(2), sie sagt dem Richter nicht abschließend, wie der Konflikt zu entscheiden ist, sondern nur, daß er ihn zu entscheiden hat. Die Prüfung, ob das in Erscheinung tretende persönlichkeitsrechtliche Interesse im Einzelfall zu einer anderen Beurteilung führt als die der Regel des § 23 I Nr. 1 KUG, kann wiederum nur nach der allgemeinen Methode der Güter- und Interessenabwägung vorgenommen werden, da insoweit eine Lösung des Interessenkonflikts nicht alle Fälle umschließend vorgegeben ist und dem Richter deshalb anstelle der Legislative die Ermessensfreiheit zur eigenständigen Entscheidung zukommt(3).

Dieses wenig aussagekräftige Ergebnis hatte dennoch für das Schicksal der Anwendung des § 23 I Nr. 1 KUG in Rechtsprechung und Lehre große Bedeutung, da die "berechtigten Interessen" des § 23 II KUG den vorgeblich gesetzesgemäßen Einstieg bildeten, letztlich unter völliger Außerachtlassung der §§ 22, 23 Nr. 1 KUG die Fallentscheidung allein anhand einer Einzelfallabwägung zu treffen.

2. Die Besonderheit der gesetzlichen Systematik des Rechts am eigenen Bild

Wie im allgemeinen Persönlichkeitsrecht nehmen im Rahmen des § 23 II KUG bei der Ermittlung des Vorliegens einer Persönlichkeitsverletzung so die Interessen des Abgebildeten die Stellung von Anspruchsvoraussetzungen ein; sie müssen dargelegt und die ihnen zugrundeliegenden Tatsachen eventuell unter Beweis gestellt werden.

Im Gegensatz zum allgemeinen Persönlichkeitsrecht werden die Interessen an der Nichtveröffentlichung jedoch nach dem Gesetzestext nicht Voraussetzung des Anspruchs, wenn kein Bildnis der Zeitgeschichte vorliegt, sondern bleiben dann für die Entscheidung unerhebliches Motiv. Sie brauchen und dürfen vom Richter nicht als Beurteilungsgrundlage herangezogen werden, um beispielsweise gestützt auf § 22 KUG die Veröffentlichung untersagen zu können.

----
1. HEDEMANN, Die Flucht in die Generalklauseln 1933, 58
2. vgl. ADOMEIT, JZ 1970, 495/499 und Fn. 26 a unter Verweis auf sein Buch "Rechtsquellenfragen im Arbeitsrecht" 1969, 37 ff.
3. ADOMEIT, JZ 1970, 495/499 und Fn. 26 a; LARENZ, Methodenlehre, 393; HUBMANN, AcP 155, 85/86

Darin liegt die eigentliche Besonderheit der Ausgestaltung des Rechts am eigenen Bild in den §§ 22 ff. KUG: Es kommt erst dann zur Einzelfallbetrachtung, wenn über das Vorliegen der Tatbestandsmerkmale des § 23 I Nr. 1 KUG positiv entschieden ist. Die §§ 22, 23 I Nr. 1, 23 II KUG führen daher zur Unterscheidung zweier Bereiche: In einem ist die Veröffentlichung ohne Einwilligung grundsätzlich unzulässig, im anderen hängt die Notwendigkeit einer Einwilligung von der Einbeziehung und Bewertung der persönlichkeitsrechtlichen Interessen und Rechtsgüter des Abgebildeten ab.
Man könnte diese Besonderheit auch so ausdrücken, daß bei der Veröffentlichung eines Bildnisses, das nicht der Zeitgeschichte angehört(1), die Rechtswidrigkeit und damit die Rechtsverletzung kraft Gesetzes indiziert ist, während sie bei der Bejahung der Voraussetzungen des § 23 I Nr. 1 KUG erst positiv im Wege der Güter- und Interessenabwägung festgestellt werden muß.

Soweit die Tatbestandsmerkmale des § 23 I Nr. 1 KUG im gegebenen Fall nicht vorliegen, bedürfte es nach dem Gesetz also besonderer Rechtfertigungsgründe für die Vornahme einer Veröffentlichung, während die Rechtswidrigkeit einer Verbreitung und Schaustellung trotz Vorliegens eines Bildnisses der Zeitgeschichte in vollem Umfang im Rahmen der Einzelfallabwägung entschieden würde.

D. Der Regelungsgehalt der §§ 22, 23 I Nr. 1, 23 II KUG

Allein die Verweisung auf die Einzelfallabwägung, wenn auch in der Kombination mit einem bestimmten Rechtsbegriff als Auslöser läßt, unabhängig von der fehlenden Schärfe der Auslegung des § 23 I Nr. 1 KUG durch den Gesetzgeber, nach dem materiellen Sachgehalt der Regelung insgesamt fragen. Auch die Grundsätzlichkeit der Regel des § 22 KUG und die Bestimmtheit des Begriffs "Zeitgeschichte" zumindest vom Wortlaut her, könnten durch eine letztendliche ausschlaggebende Einzelfallabwägung wieder relativiert werden(2).

----

1. und auch nicht nach den übrigen Ausnahmetatbeständen des § 23 I KUG gerechtfertigt ist

2. vgl. ABEL, GRUR 1950, 187 unter Bezug auf LISSBAUER, Die österreichischen Urheberrechtsgesetze 1936, 309 ff: "Das deutsche Gesetz (§§ 22 ff. KUG) sucht das "Interessenprinzip" durch eine kasuistische Regelung zu überwinden und dadurch eine scharfe Grenze zwischen der erlaubten und der unerlaubten Verbreitung von Bildnissen zu ziehen. Dieser Versuch ist nicht gelungen; denn auch in den ausdrücklich angeführten Ausnahmefällen muß das deutsche Gesetz im 2. Absatz des § 23 die Schaustellung und Verbreitung für unzulässig erklären, wenn sie die berechtigten Interessen des Abgebildeten ... verletzt; so ist dem abgelehnten Interessenprinzip doch wieder Eingang verschafft worden"

Inwieweit insgesamt von einem materiellen Entscheidungsgehalt der Vorschriften gesprochen werden kann, hängt deshalb entscheidend vom tatsächlichen Zusammenspiel zwischen § 23 I Nr. 1 KUG und § 23 II KUG ab.

v. Gamm sieht richtig(1) einen unmittelbaren Zusammenhang zwischen der Begriffsfestlegung und den Voraussetzungen des § 23 I Nr. 1 KUG einerseits und den persönlichen Interessen des Abgebildeten nach § 23 II KUG auf der anderen Seite in der Weise, daß die persönlichkeitsrechtlichen Belange, je mehr sie durch eine restriktive Auslegung des "Bildnisses der Zeitgeschichte" berücksichtigt werden, umso schwerer wiegen müssen, um über § 23 II KUG zur Veröffentlichungsuntersagung führen zu können. Und umgekehrt: je weniger eine weite Begriffsauslegung des § 23 I Nr. 1 KUG auf den Persönlichkeitsschutz Rücksicht nimmt, umso mehr muß die Interessenabwägung dies nachholen.

Darüber hinaus hat dieses Zusammenspiel zwischen § 23 I Nr. 1 und § 23 II KUG Auswirkungen auf die Besonderheit des gesetzlichen Rechts am eigenen Bild, denn je weiter der Begriff des Bildnisses aus dem Bereiche der Zeitgeschichte gefaßt wird, umso kleiner wird der Bereich grundsätzlicher Einwilligungsabhängigkeit für die Veröffentlichung, und umso geringer wird der Unterschied in der Behandlung des Bildnisschutzes im Vergleich zum allgemeinen Persönlichkeitsrecht.

Nun ist nicht von der Hand zu weisen, daß eine Verschiebung der Gewichte zwischen § 23 I Nr. 1 KUG und § 23 II KUG nicht im Belieben des Gesetzesanwenders stehen kann; bzw. daß dieser Gewichteverteilung im Gesetz selbst angelegte Grenzen gesteckt sind. Man kann den Begriff "Zeitgeschichte" entgegen dem Wortlaut nicht so weit ausdehnen, daß er selbst das normale Tagesgeschehen umfaßt und dies dann damit rechtfertigen, der Persönlichkeitsschutz bliebe über § 23 II KUG dennoch gewahrt. Das Tatbestandsmerkmal "Bildnis der Zeitgeschichte" stellt einen bestimmten Rechtsbegriff dar, dem nicht unter Verletzung der Auslegungsregeln nach Belieben jedweder Inhalt unterlegt werden kann.

Die Grenzen des Zusammenspiels zwischen § 23 I Nr. 1 KUG und § 23 II KUG bestimmen sich vielmehr nach den Funktionen und den damit verfolgten Absichten des Gesetzgebers, die dem Bildnis der Zeitgeschichte als einem bestimmten Rechtsbegriff und den berechtigten Interessen als Ansatzpunkt einer Einzelfallabwägung zukommen. Deshalb ist die grundsätzliche methodische und funktionale Bedeutung eines Rechtsbegriffs im Vergleich zu einer bloßen Leerformel als zweier verschiedener Instrumente des Gesetzgebers zu bestimmen, um den tatsächlichen Regelungsgehalt und das Verhältnis dieser Vorschriften zueinander ermitteln zu können.

Dabei muß Ausgang der Überlegung sein, daß ein mehr oder weniger bestimmter Rechtsbegriff Ausdruck einer gesetzgeberischen Entscheidung ist, die die Voraussetzungen mitfestlegt, unter denen die angeordnete Rechtsfolge ergehen soll. Diese Entscheidung zieht eine bindende Verpflichtung(2) des

---

1. Urheberrechtsgesetz, Einf. Rz 113
2. Art. 20 III GG, Art. 97 I GG

Richters nach sich, sie auf den Einzelfall zu übertragen und anzuwenden. Leerformeln und Generalklauseln dagegen kennzeichnen die Nichtentscheidung des Gesetzgebers, sie haben für die Rechtsanwendung allenfalls Richtliniencharakter(1). Damit enthalten sie als Ausdruck fehlender oder nur teilweiser Inanspruchnahme des Konkretisierungsprimats des Gesetzgebers(2) gleichzeitig die Kompetenzzuweisung, die Richtlinien im Einzelfall weiter zu konkretisieren oder die Leerformeln mit Inhalt zu füllen(3).

v. Gamm sieht dabei die Aufgabe des Gesetzgebers, von seiner Gesetzgebungskompetenz nur zum Zwecke des Ausgleichs kollektiver Gruppeninteressen Gebrauch zu machen, ohne dabei auch die Abwägung der Interessen kleinster Gruppen oder gar einzelner Betroffener in den notwendig generalisierenden Ausgleich der Gesetzgebung zu übernehmen(4).

Auf die §§ 22 ff. KUG übertragen, entspricht das in etwa der Auffassung Hubmanns, der in den Bestimmungen des § 23 I Nr. 1 KUG die Regelung typischer Interessenkonflikte sieht. Da die Zahl der möglichen Konflikte zwischen Abgebildeten und Veröffentlichern nicht auf diese typischen Kollisionsfälle begrenzt seien, sondern daneben noch nicht vorhersehbare atypische Situationen bestünden, würde der Richter über § 23 II KUG im Einzelfall auf die allgemeine Interessenabwägung verwiesen(5).

Beide Auffassungen passen nicht für die gesetzliche Konstruktion der §§ 22, 23 KUG. § 23 II KUG kann nicht die Funktion eines Auffangtatbestandes für untypische, in § 23 I KUG nicht behandelte Konfliktslagen haben, denn § 23 II KUG erschließt nicht zusätzliche Möglichkeiten der Zulässigkeit der Verbreitung und Schaustellung neben denen aus § 23 I KUG, sondern schränkt die nach § 23 I KUG bestehende generelle Veröffentlichungsbefugnis wieder ein. Andere Interessen an der Veröffentlichung, denen nicht bereits der Schutz über § 23 I KUG zugute kommt, können daher eine ungenehmigte Verbreitung und Schaustellung nicht rechtfertigen. Für sie gilt ausnahmslos das grundsätzliche Einwilligungserfordernis des § 22 KUG.

Daß es auch keine typischen über § 22 KUG geschützten im Vergleich zu den von § 23 II KUG erfaßten untypischen persönlichkeitsrechtlichen Interessen an der Nichtveröffentlichung des Bildnisses gibt, ist bereits an anderer Stelle dargelegt worden(6).

----

1. LARENZ, Methodenlehre, 203 ff., 273 f., 277

2. zu diesem Begriff LARENZ, Methodenlehre, 330, 419, 458 ff. und GÖLDNER, Verfassungsprinzip und Privatrechtsnorm, 182 ff.

3. vgl. ADOMEIT, JZ 1970, 495/499 und Fn. 26 a

4. Persönlichkeits- und Ehrverletzungen, 16 und GRUR 1968, 401

5. Das Persönlichkeitsrecht, 301

6. s. o. 2. Teil I E 5

Richtigerweise interpretiert v. Gamm in seinem Kommentar zum Urheberrechtsgesetz(1) eine Funktion des § 23 I KUG mit der Filterwirkung für alle Interessen an der Veröffentlichung, bei denen die Verbreitung und Schaustellung nicht von der Absicht getragen wird, "den damit angesprochenen Verkehrskreisen als zeitgeschichtliche Dokumentation zu dienen". Ihre Bestätigung findet diese Ansicht in der Rechtsprechung, bei rein wirtschaftlichen und gewerblichen Interessen die Veröffentlichungsfreiheit auszuschließen(2).

Soweit die Veröffentlichung auf diesen Dokumentationszweck abziele, ist nach v. Gamm(3) von einem Regel-Ausnahmeverhältnis zwischen § 23 I Nr. 1 KUG und § 23 II KUG auszugehen. Unter Beibehaltung des Gesetzeswortlauts hieße das, daß bei einer Verbreitung eines Bildnisses der Zeitgeschichte die in § 23 I Nr. 1 KUG zum Ausdruck kommende gesetzliche Interessenwertung im Einzelfall widerlegbar wäre.

Dieses Regel-Ausnahmeverhältnis betrifft also nicht das Verhältnis mehrerer charakteristischer Konfliktslagen zueinander, sondern den Vergleich der Bewertungen der Einzelfälle im Rahmen einer typischen Interessenkollision; hier der zwischen Persönlichkeitsrecht und Meinungsfreiheit. Zwar bildet an sich § 23 I Nr. 1 KUG nach der dreistufig angelegten Gesetzessystematik im Verhältnis zur grundsätzlichen Einwilligungsabhängigkeit des § 22 KUG selbst die Ausnahme. Soweit aber ein Bildnis aus dem Bereiche der Zeitgeschichte vorliegt, besteht prinzipiell eine Veröffentlichungsfreiheit; es sei denn, besonders berechtigte Interessen des Abgebildeten erfordern eine Rückkehr zur übergeordneten Regel des § 22 KUG.

Da aber in § 23 I Nr. 1 KUG die gesetzgeberische Abwägung zum Ausdruck kommt, daß im Normalfall bei der Verbreitung und Schaustellung eines Bildnisses der Zeitgeschichte die dadurch tangierten Persönlichkeitsrechte zurückzustehen haben, können nach dem Aufbau des Gesetzes nur im Einzelfall auftretende Besonderheiten die Regel des § 23 I Nr. 1 KUG wieder außer Kraft setzen. Nach der Gesetzessystematik existiert deshalb ein weiteres dem § 22 KUG untergeordnetes Regel-Ausnahmeverhältnis zwischen § 23 I und II KUG.

Die Einordnung des § 23 I Nr. 1 KUG als Regel sagt demnach, daß nur den typischen Konflikt nicht bestimmende Besonderheiten des Einzelfalls dazu führen können, die generelle Wertung des Gesetzgebers, daß bei Veröffentlichungen von Bildnissen der Zeitgeschichte die Meinungsfreiheit überwiege, ausnahmsweise nicht anzuwenden.

Das Regel-Ausnahmeverhältnis und damit der materielle Sachgehalt des § 23 I Nr. 1 KUG läßt sich also nur aufrecht erhalten, wenn die überwiegende Mehrzahl der konkreten Konfliktsfälle strukturell und inhaltlich gleichgelagert ist und die Einzelfallgerechtigkeit tatsächlich nur in wenigen besonders gestalteten Fällen eine Abweichung von der Regel bei der Bewertung des Sachverhalts fordert.

----

1. Einf. Rz. 113
2. s. o. 2. Teil I D 1
3. Urheberrechtsgesetz, Einf. Rz. 113

Sollte sich dagegen herausstellen, daß in den allermeisten Fällen die besonderen Umstände die konkrete Interessenkollision in der Weise kennzeichnen, daß generell von einer typischen Konfliktslage zwischen den Art. 1 und Art. 2 GG und Art. 5 GG nicht gesprochen werden kann, wird sich eine Tendenz bemerkbar machen müssen, die Entscheidungsrelevanz von § 23 I Nr. 1 KUG auf § 23 II KUG zu verschieben.

Damit wird notwendigerweise eine inhaltliche Ausdehnung und Aufweichung des Rechtsbegriffs "Bildnis der Zeitgeschichte" einhergehen, um in möglichst vielen Fällen mit Hilfe der Güter- und Interessenabwägung zum gewünschten Ergebnis kommen zu können. Auch die gesetzlich begründete Indizwirkung für die Rechtswidrigkeit der Persönlichkeitsbeeinträchtigung durch Veröffentlichung von Bildnissen, die nicht unter § 23 I Nr. 1 KUG fallen, ginge weitgehend verloren und damit auch die wesentlichste Besonderheit des Rechts am eigenen Bild im Vergleich zum allgemeinen Persönlichkeitsrecht.

Genau diese Tendenzen weist die Behandlung des Rechts am eigenen Bild in Rechtsprechung und Literatur vom Inkrafttreten des KUG an auf. Sie hat im Laufe der Zeit zu einer völligen Eliminierung des Begriffsinhalts des "Bildnisses der Zeitgeschichte" geführt, mit der Folge, daß inzwischen jede Entscheidung nach einer einzelfallbezogenen Abwägung der sich gegenüberstehenden Interessen getroffen wird.
Die Norm des § 23 I KUG wird so auf die bloße Funktion reduziert, die Hürde von der grundsätzlichen Einwilligungsabhängigkeit der Verbreitung nach § 22 KUG zur Einzelfallabwägung im Rahmen des § 23 II KUG zu überwinden.

II. Die Interpretation des § 23 I Nr. 1 KUG in Rechtsprechung und Lehre

Nachdem nun die gesetzliche Gestaltung des Schutzes der Persönlichkeit vor öffentlicher bildlicher Wiedergabe erläutert wurde, will das folgende Kapitel den Weg des immer stärkeren Auseinanderfallens von Gesetz und Gesetzesanwendung in Rechtsprechung und Lehre aufzeigen und dabei auf die entstehenden Widersprüche hinweisen, die zwar gelegentlich angedeutet, aber nie ernsthaft erörtert werden.
Die folgende Darstellung hat nicht zum Ziel, denkbare und zutreffende Möglichkeiten der Interpretation des § 23 I Nr. 1 KUG zu entwickeln, sondern will vielmehr die Untauglichkeit aller bereits bestehenden Lösungsversuche und deren fehlende Vereinbarkeit mit dem Gesetz begründen.

Da zumindest die Rechtsprechung nicht ohne Not vom vorgegebenen Weg des Gesetzes abweicht, bedeutet dieses Vorgehen gleichzeitig eine Überprüfung des Regelungsgehalts des Gesetzes selbst auf seine Tauglichkeit in der Konfrontation mit den tatsächlich zu entscheidenen Sachverhalten.
Diese mehr die Entwicklung der Anwendung des Gesetzes beschreibende Darstellung und deren Auswirkungen - vorwiegend unter methodischen Aspekten - bildet die notwendige Grundlage, um daraus im vierten und fünften Teil die entsprechenden Konsequenzen zu ziehen. Sie bilden weiterhin die Grundlage, eine sachgerechte Lösung, soweit möglich zu versuchen, die zumindest die aufgetretenen Widersprüche beseitigen würde.

A. Zeitgeschichte und Zeitgeschehen

In den 75 Jahren des Bestehens der gesetzlichen Regelung der §§ 22 ff. KUG ist der Gedanke nie völlig untergegangen, daß die Tatbestandsmerkmale des § 23 I Nr. 1 KUG mit "Zeitgeschichte" in ihrer eigentlichen Bedeutung, die sich aus dem Geschichtsbegriff ableitet, zu tun haben. Vereinzelt wird die Auslegung dieser Norm noch von der Wortbedeutung her in Angriff genommen(1). Auch die gelegentlich vorgenommenen beispielhaften Aufzählungen derjenigen Personengruppen, die der Zeitgeschichte zugehörig sein sollen, wie etwa Fürsten, Staatsmänner, Parlamentarier, Feldherren, Künstler, Schriftsteller, Gelehrte, Großindustrielle, Erfinder, Schauspieler, Forscher etc.(2), lassen ihren Ursprung in dem Maßstab der geschichtlichen Relevanz der Betreffenden erkennen; vor allem, wenn neben der aus der Zusammenstellung ersichtlichen Bedeutung zur Bedingung gemacht wird, daß die Genannten infolge Stellung, Tätigkeit, Berufes, Verdienstes oder Schicksals zu den beachtenswerten geschichtlichen Erscheinungen der Zeit zu rechnen sein müssen(3).

Die Entscheidungsgrundlagen früherer gerichtlicher Urteile lassen ebenfalls das Merkmal geschichtlicher Relevanz erkennen. Das Kammergericht Berlin(4) lehnte die Eigenschaft eines Mitgliedes der Familie der Hohenzollern als Person der Zeitgeschichte, dem infolge seiner bevorrechtigten Erbfolge die Anwartschaft auf den preußischen Königs- und deutschen Kaiserthron zugestanden hätte, mit der Begründung ab, die durch Geburt erworbene Stellung verleihe diese Qualifikation nur dann, wenn damit auch die Möglichkeit verbunden sei, gestaltend in die Geschichte eines Volkes einzugreifen. Diese Möglichkeit erschien im Jahre 1928 zu Recht nicht mehr gegeben(5).

Inzwischen lassen sich allenfalls pseudogeschichtliche Restbestände des Begriffsinhalts finden, deren Unterordnung unter das Wort "Zeitgeschichte"

----

1. das entschiedenste Plädoyer für die Anwendung einer geschichtswissenschaftlichen Interpretation stammt von HOLLDACK (JW 1932, 1333); s. auch HIRSCH BALLIN, Ufita 19 (1955), 290/298 f.; LG Kleve, MDR 1953, 107/108; ECKSTEIN, GRUR 1923, 134: "Personen, die der Geschichte angehören"; G. ARZT, Der strafrechtliche Schutz der Intimsphäre, 26 f.

2. E. ECKERT, Zeitschrift f. Rechtspflege in Bayern 1909, 99 m. w. Nachw.; NEUMANN-DUESBERG, Juristenjahrbuch Bd. 7 (1966/67), 138, 151; OLG Frankfurt GRUR 1958, 508/509 = Schulze OLGZ 55, 3 "Verbrecherbraut"

3. E. ECKERT, a. a. O.; ALLFELD, DJZ 1926, 1467/1468; Schöffengericht Ahrensböck DJZ 1920, 596 = Schulze SchöffG 1; EBNER; MuW 1933, 279; AG München JW 1928, 376 "Th. v. Konnersreuth"

4. JW 1928, 421

5. auf die fehlende geschichtliche Bedeutung des Hohenzollernhauses in der Gegenwart konnte sich das OLG Hamburg (NJW 1970, 1325/1326) im Jahre 1970 erst recht berufen

zweifelhaft ist, die aber dem Zweck dienen mögen, einer Ausweitung des Norminhalts auf jegliche Aktualität zu begegnen. So wird erörtert, ob die Zugehörigkeit zum Personenkreis des § 23 I Nr. 1 KUG auf eigenen Leistungen beruhen müsse(1), eine Bekanntheit des Betroffenen in der Öffentlichkeit voraussetze(2) oder daß das zeitgeschichtliche Geschehen nicht nur das Interesse der Öffentlichkeit wecken, sondern auch die Belange der Allgemeinheit berühren müsse(3).

Ganz überwiegend sind jedoch die Bemühungen, den Gesetzeswortlaut und dessen Inhalt zu überwinden.

Eines der ersten Bedenken(4) gegen die Anwendung des Begriffs "Zeitgeschichte" im Wortsinne wurde aus dessen Verhältnis zur Gegenwart als hauptsächlich in Frage stehenden Zeitraums abgeleitet.
D. Franke z. B. meint offensichtlich, daß die geschichtswissenschaftliche Bedeutung dem § 23 I Nr. 1 KUG nicht zugrundegelegt werden könne, da der Historiker Ereignisse nur aus dem Abstand zumindest mehrerer Jahre zu beurteilen pflege, so daß die Gegenwart als Subjekt geschichtlicher Betrachtung auszuscheiden habe. Der Jurist dagegen habe es mit Gegenwärtigem zu tun(5). Dem widerspricht die Geschichtswissenschaft selbst, die zur Zeitgeschichte gerade das rechnet, was noch nicht mit genügender Objektivität und Gewißheit beurteilt werden kann, also auch die Gegenwart.

Sowohl Eckert(6) als auch Franke(7) schließen aus der fehlenden Objektivität, die es verhindere, ein sicheres Urteil über die Geschichtsreife gegenwärtiger Geschehnisse abzugeben, die Unbrauchbarkeit des Rechtsbegriffs "Zeitgeschichte"(8). Obwohl Franke sieht, daß die (unzutreffende)Verneinung jeglicher Beurteilungsfähigkeit der Geschichtsreife eines Vorgangs ein Abgleiten ins Uferlose und Einbeziehung einer Fülle kurzlebiger Ereignisse mit sich bringt, schlägt er einen von der geschichtswissenschaftlichen Definition zu unterscheidenden Begriff einer "Zeitgeschichte im juristischen Sinn" vor, der jeder Geschichtsbezogenheit entbehren solle(9).

----

1. ALLFELD, DJZ 1926, 1467; KG JW 1925, 378; OLG Frankfurt GRUR 1958, 508/509 = Schulze OLGZ 55, 3 "Verbrecherbraut"
2. EBNER, MuW 1933, 279; KG JW 1924, 1780 "Zeitschriftenherausgeber"; OLG Nürnberg OLGZ 22, 12
3. v. GAMM, Urheberrechtsgesetz, Einf. Rz. 116; OLG Stuttgart, JZ 1960, 126/129; OLG München GRUR 1964, 42 = Schulze OLGZ 54, 4
4. s. ECKERT, Zeitschrift für Rechtspflege in Bayern 1909, 99
5. NJW 1981, 2033/2034
6. a. a. O., 99
7. NJW 1981, 2033, 2034
8. E. ECKERT, a. a. O.: "Kein Richter ist in der Lage,ein solches Urteil über seine Zeitgenossen abzugeben"
9. NJW 1981, 2033/2034 f.

Marwitz(1) umging jegliche begriffliche Auseinandersetzung bei seiner Ablehnung des Standpunkts der Geschichte zur Beurteilung, was zur Zeitgeschichte gehöre, indem er von dem von ihm unterstellten Zweck des § 23 I Nr. 1 KUG: "der aktuellen Berichterstattung zu helfen" her argumentierend, seine eigene Bewertung des Interessenkonflikts an die Stelle der zumindest aus dem Wortlaut des Gesetzes ersichtlichen setzte.

G. Arzt(2) dagegen zog aus der in Rechtsprechung und Lehre vorgefundenen Ausweitung des Begriffsumfangs der "Zeitgeschichte" die Schlußfolgerung, daß diesem Tatbestandsmerkmal die Begrenzungskraft fehlen müsse und resignierte so vor der normativen Kraft des Faktischen. Seine daraus abgeleitete Konsequenz einer Untauglichkeit dieses Rechtsbegriffs geht insofern fehl, als die weite Erstreckung des Bereichs der Zeitgeschichte nicht aus der fehlenden Begrenzungskraft des Norminhalts rührt, sondern aus deren bewußten Nichtanwendung.

Arzt hielt den Zeitgeschichtsbegriff auch deshalb für wenig geeignet, da er den von ihm unterstellten grundlegenden Zielkonflikt zwischen dem öffentlichen Interesse und dem Privatleben nicht lösen könne(3).

Bedenken gegen eine Auslegung des § 23 I Nr. 1 KUG unter Einbeziehung des Geschichtlichen werden weiterhin aus Art. 5 GG abgeleitet; so wenn D. Franke(4) argumentiert, diese Grundrechtsnorm setze nicht voraus, daß der Gegenstand der Information einmal Geschichtsreife erlangen müsse. Er verkennt dabei, daß die Rechte aus Art. 5 GG über das Persönlichkeitsrecht Beschränkungen hinnehmen müssen, so daß die Fragestellung allenfalls lauten kann, ob Art. 5 GG bei Personendarstellungen so weit eingeschränkt werden dürfe, daß nur geschichtliche Vorgänge und Persönlichkeiten abbildungsfrei bleiben. Aber selbst bei Ablehnung eines so weit reichenden Persönlichkeitsschutzes stellt sich immer noch das Problem, ob eine verfassungskonforme Auslegung zu einem völligen Verzicht auf den materiellen Sachgehalt der zivilrechtlichen Norm führen kann und darf, oder ob dann nicht die Aufhebung der Norm des § 23 Nr. 1 KUG selbst in Frage steht.

Bereits aus nichtverfassungsrechtlichen Überlegungen ergeben sich schon Bedenken gegen die propagierte und faktisch vorgenommene Ersetzung des Rechtsbegriffs "Zeitgeschichte" durch das "Zeitgeschehen". Nach der Ansicht Holldacks(5) gibt das Gesetz keinen Anhalt dafür, "daß die Rechtswissenschaft hier mit einer Privatterminologie hinsichtlich des Definiendums arbeiten dürfe". Es gebe an sich auch keine Notwendigkeit, Zeitgeschichte in einem

---

1. Ufita 6 (1933), 51/55
2. Der strafrechtliche Schutz der Intimsphäre, 26 f.
3. Der strafrechtliche Schutz der Intimsphäre, 27, der nach den Gesetzesmaterialien über § 23 II KUG gelöst werden sollte
4. NJW 1981, 2033/2035
5. JW 1932, 1333/1336

vom Wortinhalt abweichenden "juristischen Sinne" zu definieren. Hätte die damit verbundene so weitgehende Abbildungsfreiheit auch den Vorstellungen des Gesetzgebers entsprochen, hätte er ohne weiteres für § 23 I Nr. 1 KUG den Terminus "Zeitgeschehen" wählen können. Nach der zumindest im Wortlaut der Vorschrift zum Ausdruck kommenden Wertung wollte er aber so weit nicht gehen.

Die Notwendigkeit einer Privatterminologie ergibt sich erst, will man die gesetzliche Wertung durch eine eigene ersetzen(1).

Dem Ziel eines Austausches des gesetzlichen Abwägungsergebnisses durch eigene Vorstellungen wird denn auch offen das Wort geredet. Der Bundesgerichtshof(2) sieht den Anwendungsbereich des § 23 I Nr. 1 KUG als zu eng gezogen an, würde man nur Personenbildnisse von historischem Bezug darunter fassen.

Noch deutlicher wird der Wertungsaustausch in einem Urteil des Kammergerichts(3), wenn es dort heißt: "Die Öffentlichkeit hat ein Recht, durch Bildberichterstattung über das Zeitgeschehen unterrichtet zu werden. Dem gegenüber muß das Persönlichkeitsrecht am eigenen Bild in der Regel(4) zurücktreten"(5).

Mit der Ausweitung der Zeitgeschichte auf "alles, was journalistisch interessant ist"(6), ging, da der Gesetzeswortlaut unverändert blieb, eine Wortbedeutungsverschiebung einher, so daß schließlich auch Tagesereignisse von ganz kurzfristigem Interesse "ein anzuerkennendes zeitgeschichtliches (!) Informationsbedürfnis hervorrufen" können(7).

Diese die Wortlautgrenze überschreitende Bedeutungsverschiebung kann jedoch nicht darüber hinwegtäuschen, daß mit der Gleichsetzung jeglichen Tagesgeschehens, jeglicher Aktualität(8) mit der Zeitgeschichte das prägende Tatbestandsmerkmal des § 23 I Nr. 1 KUG völlig aufgegeben wurde; damit auch der Regelungsgehalt des § 23 I Nr. 1 KUG, dessen wesentlichstes Element der Rechtsbegriff der "Zeitgeschichte" ist.

----

1. s. die Bedenken gegen die Ersetzung des Begriffs der Zeitgeschichte durch das Zeitgeschehen bei HIRSCH BALLIN, Ufita 19 (1955), 290/299; LG Kleve, MDR 1953, 107
2. Warn. Rspr. 1979 (39), 120/123
3. KG Schulze KGZ 14, 5 "Früherer Strafrichter"
4. die gerade nicht der des § 23 I Nr. 1 KUG entspricht.
5. s. auch OLG Karlsruhe NJW 1982, 647, das ebenfalls den Begriff "Zeitgeschehen" anstelle der "Zeitgeschichte" verwendet; so gleichfalls v.GAMM, Urheberrechtsgesetz, Einf. Rz. 116, 118
6. ELSTER, Urheber- und Erfinder-,Warenzeichen- und Wettbewerbsrecht, 1928, 191; VOIGTLÄNDER-ELSTER/KLEINE, Die Gesetze, betreffend das Urheberrecht, 1952, 32
7. NEUMANN-DUESBERG, JZ 1960, 114/115; OLG München, NJW 1963, 658/659; s. auch WANDREY, Ufita 5 (1932), 359/360
8. HIRSCH BALLIN, Ufita 19 (1955),290/299

Zeitgeschehen, Tagesgeschehen und Aktualität sind inhaltlich nicht mehr eingrenzbar; jede Nachricht, gleich welcher Qualität und Bedeutung, fällt darunter(1).

Versuche, Zeitgeschehen vom Tagesgeschehen abzugrenzen, um so letzteres der freien Veröffentlichung zu entziehen, indem zum Zeitgeschehen alles gerechnet werden soll, was die Gesellschaft als Ganzes angeht(2), wirken wegen einer fehlenden Bestimmbarkeit dessen, was die Gesellschaft angeht und was nicht, etwas gekünstelt, lassen aber durchaus ein Unbehagen an einer uferlosen Ausweitung der Veröffentlichungsfreiheit unter dem Begriff des "Bildnisses der Zeitgeschichte" erkennen.

Im Ergebnis ist mit der Aufgabe des Zeitgeschichtlichen jede auf einer inhaltlichen Entscheidung des Gesetzgebers beruhende Einschränkung der Veröffentlichungsfreiheit beseitigt und der Grundsatz des § 22 S. 1 KUG in sein Gegenteil verkehrt. Die Aufgabe des wichtigsten Tatbestandsmerkmals des § 23 I Nr. 1 KUG bedeutete nicht nur eine weitgehende Beschränkung des Schutzes des Persönlichkeitsrechts im Vergleich zu dem aus dem Gesetz selbst hervorgehenden Regelungsgehalt - ein Persönlichkeitsrecht am eigenen Bilde existierte so nur noch im Rahmen des § 23 II KUG -, sondern auch einen Verlust der mit ihm verbundenen Autorität des Gesetzes.

Der durch den Austausch des Begriffs "Zeitgeschichte" durch das "Zeitgeschehen" bewirkte Wegfall jeglicher Begrenzung der Veröffentlichungsfreiheit bewirkte - zumindest anfänglich - ein Bedürfnis nach einem Ersatz durch andere Inhalte, die vorgeblich als Auslegung des Rechtsbegriffs "Bildnis aus dem Bereich der Zeitgeschichte" fungieren konnten, aber zu einem größeren Freiraum zugunsten der Verbreitung und Schaustellung führten.

Aber auch dieses Bedürfnis schwand mit der Zeit und machte einer Behandlung des Rechts am eigenen Bild Platz, die prinzipiell jeder mit einer bildlichen Personendarstellung verbundenen Meinungsäußerung vorab die Berechtigung zur einwilligungsunabhängigen Veröffentlichung zugestand und daher den Persönlichkeitsschutz rechtssystematisch und methodisch auf andere Weise gewährleisten mußte als durch eine innerliche Ausfüllung der freigewordenen Regelungslücke des § 23 I Nr. 1 KUG.

Diese Entwicklung wird im folgenden Abschnitt B anhand der markantesten Auslegungsversuche und Deutungen des § 23 I Nr. 1 KUG in der Geschichte des Rechts am eigenen Bild bis zur heute herrschenden Anwendung dieser Vorschrift aufgezeigt.

----

1. HIRSCH BALLIN, Ufita 19 (1955), 290/299; LG Kleve MDR 1953, 107/108

2. D. FRANKE, Die Bildberichterstattung über den Angeklagten, 101 ff.; E. FRANKE, JR 1982, 48/52

B. Zeitgeschichte und Öffentlichkeit

"Wer in diesem Leben von sich reden macht und aus der Stille seines Privatlebens herausgetreten ist, der gehört zur Zeitgeschichte, und die Öffentlichkeit bemächtigt sich seiner. Dagegen kann man nichts machen."(1)

Der Begriff des "Öffentlichen", der "Öffentlichkeit" spielte dabei in wechselnden Ausgestaltungen und Bedeutungszügen die zentrale Rolle. Dem Zurückgreifen auf die Bedeutsamkeit des "Öffentlichen" als eines in irgend einer Form maßgeblichen Gesichtspunktes bei der Anwendung des § 23 I Nr. 1 KUG lag im wesentlichen das bereits vor gesetzlicher Fixierung des Rechts am eigenen Bild vorgebrachte Argument zugrunde, daß sich öffentlich Abspielendes oder von beliebigen Dritten Wahrnehmbares nicht auf den Schutz vor Kenntnisnahme durch die Öffentlichkeit berufen könne(2). J. Kohler drückte es so aus, daß niemand das Recht habe, zu sagen, "er wandle mit der Wolkenhülle der Pallas Athene in der Welt herum, und es sei verboten, den gespenstigen Schein zu zerstören, der sich um ihn hülle(3).

Noch heute wird selbst von engagierten Verfechtern des Persönlichkeitsrechts vertreten, daß derjenige, der in der Öffentlichkeit stehe, sein Recht am eigenen Bild verloren habe(4).

Nun ist "Öffentlichkeit" in zweifacher Hinsicht eine rein tatsächliche Erscheinung.

Zum einen beschreibt sie im subjektiven Sinne einen zahlenmäßig nicht begrenzten größeren Personenkreis, zu dem die Zugangsmöglichkeit nicht beschränkt oder geregelt ist und bei dem zwischen den Einzelnen keine persönlichen Beziehungen bestehen(5). Öffentlichkeit im subjektiven Sinne ist daher der neben den direkt Betroffenen dritte Kreis der Beteiligten: die Zielgruppe der Veröffentlichung.

Im objektiven Sinne ist Öffentlichkeit ein Zustand möglicher Wahrnehmbarkeit und Zugänglichkeit eines Geschehens für die Allgemeinheit(6). Damit ist sie jedoch nicht ausreichend beschrieben. Wollte man einen solchen Öffentlichkeitsbegriff mit einer Veröffentlichungsbefugnis verbinden, wäre

---

1. A. ELSTER, Börsenblatt für den Deutschen Buchhandel 1928, 255; zitiert nach HOLLDACK, JW 1932, 1333/1335 Fn. 6

2. A. OSTERRIETH, GRUR 1902, 343, 361/373; ähnlich H. KEYSSNER, Das Recht am eigenen Bilde, 44; K.GAREIS, Verh. d. 26 DJT 1902, Bd. I, 14

3. Kunstwerkrecht, 158, 159

4. SCHWERDTNER, Münchener Kommentar, § 12 Rz. 168

5. vgl. § 15 III UrhG; Bundesdrucksache 1237/59, 63. Teil, 21 f.; LÖFFLER-RICKER, Handbuch des Presserechts, Kap. 1 Rz. 30 f., Kap. 50 Rz. 51,Kap. 60 Rz.24; vgl. auch die Definition bei REHBINDER, Die öffentliche Aufgabe, 42, 43

6. REHBINDER, Die öffentliche Aufgabe, 44

jeder mit Verlassen seiner Wohnung abbildungsfrei(1). Öffentlichkeit im richtig verstandenen Sinne bedingt zusätzlich die Aufhebung der Anonymität, so daß Massenerscheinungen, wie das tägliche Sichtbarwerden eines jeden auf der Straße, bei der Berufsausübung oder beim Einkauf ihren nichtöffentlichen Charakter behalten. Die Anonymität geht erst dann verloren, wenn zu der allgemeinen Wahrnehmbarkeit die Lenkung oder Ausrichtung des Interesses der Allgemeinheit an dem Geschehen oder der Person tritt. Erst die Gleichgerichtetheit bestehender oder geweckter Aufmerksamkeit auf einen bestimmten Vorgang hebt diesen aus der Masse unbeachtetbleibenden Geschehens heraus und stellt ihn in das Licht der Öffentlichkeit.

Erregt die Außergewöhnlichkeit des Ereignisses nicht von selbst Aufmerksamkeit, oder soll das Geschehen in das Blickfeld einer weiteren Öffentlichkeit als der zufällig Anwesenden gerückt werden, bedarf es zur tatsächlichen Wahrnehmung und Beachtung durch breitere Kreise ein auf die Erweckung des Interesses der Allgemeinheit und seiner Befriedigung gerichteten Handelns eines Vermittlers.

Regelmäßig sind es die Medien -Presse, Funk und Fernsehen-, die Öffentlichkeit in relevantem Ausmaß schaffen, deren wesensgemäßes Produkt die Öffentlichkeit eines ansonsten mehr oder weniger unbeachtet gebliebenen Vorgangs ist. Öffentlichkeit in obigem Sinne ist daher, soweit sie in der Praxis von Bedeutung ist, das Ergebnis der spezifischen Tätigkeitsweise dieser Medien: der Veröffentlichung(2).

Soweit daher alle Interpretationen des § 23 I Nr. 1 KUG um den Begriff der Öffentlichkeit als eines für die Bestimmung der Rechtsfolgen mitausschlaggebenden Kriteriums kreisen, darf dabei nicht außer Acht gelassen werden, daß die Tathandlungen der §§ 22, 23 KUG, das Verbreiten und Schaustellen als notwendiges Resultat diese Öffentlichkeit gerade schaffen, so daß ihrer Vornahme schon in gewissem Umfange selbstrechtfertigende Kraft zukäme. Die Bestimmung der Rechtmäßigkeit der Veröffentlichung kann jedoch dem Prinzip nach erst Aufgabe der über die Beschreibung der reinen Tathandlungen hinausgehenden Anforderungen sein, die § 23 I Nr. 1 KUG an den Inhalt des Bildnisses stellt, das zu seiner Verbreitung nicht der Einwilligung des Abgebildeten bedarf.

Diesem Bedenken trugen, wenn auch unausgesprochen, jedenfalls die anfänglichen Interpretationen des § 23 I Nr. 1 KUG Rechnung, bei denen allen die öffentliche Beachtung des Abgebildeten nicht auf der publicity beruhte, die um seine Person gemacht wurde, sondern ihre Ursache in der Persönlichkeit des Betroffenen oder in dessen eigenem Verhalten hatte.

----

1. so weitgehend in etwa das Kammergericht in Schulze KGZ 14, 6 "Früherer Strafrichter"

2. vgl. REHBINDER, Die öffentliche Aufgabe, 43

1. Die Person des öffentlichen Lebens

Zu ihnen gehörte als das beherrschende Element in der der Gesetzesfassung nachfolgenden Diskussion die an die gesetzgeberische Begründung (1) angelehnte Auffassung von der grundsätzlichen Veröffentlichungsfreiheit bei Bildnissen der sog. "Personen des öffentlichen Lebens"(2).

Soweit ursprünglich von einer solchen Persönlichkeit - dem Begriff selbst nicht immanent - gefordert wurde, daß sie zu den beachtenswerten geschichtlichen Erscheinungen ihrer Zeit zu rechnen sei(3), wurde diese Einschränkung bald aufgegeben; es sollte ausreichen, daß der oder die Betreffende im Leben des Volkes eine bemerkenswerte Stellung einnahm(4), bzw. durch den hohen sozialen Rang oder aufgrund eigener bedeutender Leistungen allgemein bekannt war(5).

Indem wesentlich auf die Persönlichkeit selbst in ihrer Zugehörigkeit zum öffentlichen Leben abgestellt wurde, war ausgeschlossen, jeden auch nur kurzfristig in den Blickpunkt des öffentlichen Interesses Geratenen zu erfassen. Eine gewisse andauernde Bekanntheit oder Berühmtheit war vonnöten, um die Abbildungsfreiheit zu rechtfertigen. Deshalb schadete es auch nicht, daß die Aufzählung der dazu gerechneten Personengruppen(6) nur beispielhaft bleiben konnte. Die Zugehörigkeit zum öffentlichen Leben bedingte eine im Zeitpunkt der Verbreitung und Schaustellung bereits aufgehobene Anonymität der Persönlichkeit selbst, so daß nur noch Streit darüber entstehen konnte, inwieweit in ihren gesamten Lebensbereich, insbesondere in ihr Privatleben heineingeleuchtet werden durfte(7).

----

1. vgl. oben 3. Teil I B 2 und Drucksachen des Reichstags, 1540/1541 = GRUR 1906, 11/25

2. E. ECKERT, Zeitschrift für Rechtspflege in Bayern 1909, 99; KRÜGER, GRUR 1908, 91/93; ALLFELD, DJZ 1926, 1467/1468; EBNER, MuW 1933, 279; MARWITZ, Ufita 6 (1933), 51/55 "Repräsentanten ihrer Zeit"; Schöffengericht Ahrensböck DJZ 1920/596 = Schulze SchöffG 1 "Ebert und Noske in der Badehose"; KG JW 1924, 1780 "Zeitschriftenherausgeber"; KG JW 1925, 378; AG München JW 1928, 376 "Th. v. Konnersreuth"; s. a. LG Kleve, MDR 1953, 107; OLG Frankfurt GRUR 1958, 508/509 "Verbrecherbraut"

3. vgl. oben 3. Teil II A und KRÜGER, GRUR 1908, 91/93 m. w. Nachw.

4. ALLFELD, DJZ 1926, 1467/1468

5. EBNER, MuW 1933, 279; KG JW 1925, 378; AG München JW 1928, 376

6. vgl. ECKERT, Zeitschrift für Rechtspflege in Bayern 1909, 99 m. w. Nachw., KG JW 1924, 1780 "Zeitschriftenherausgeber"; OLG Frankfurt GRUR 1958, 508/509 "Verbrecherbraut"; NEUMANN-DUESBERG, Juristenjahrbuch Bd. 7 (1966/67), 138/151

7. vgl. zu diesem Problemkreis u. a. BUSSMANN, Gutachten zum 42. DJT 1957 Bd. 1, 1; NIPPERDEY und LARENZ in Verh. d. 42. DJT 1957, Bd. 2, D 17 und D 30 ff.; SIEGERT, NJW 1963, 1953 ff.; BERG, JZ 1971, 167/168 und viele andere

Der Terminus "öffentliches Leben" geht demnach über die bloße Öffentlichkeit im objektiven Sinne hinaus, da er eine bereits bestehende Aufmerksamkeit und Bekanntheit des Dargestellten in weiten Bevölkerungskreisen voraussetzt.

Zum öffentlichen Leben selbst sollen nach Coing(1) diejenigen Lebensbereiche gehören, die sich in einer freien Gesellschaft überindividuell in allgemeiner Diskussion und Auseinandersetzung entwickeln, wie etwa die Politik und die Wissenschaft. Nicht dazu zählte er, was sonst in irgendeiner Weise das Interesse einer breiteren Öffentlichkeit erregt, so daß die Darstellung von Unglücksfällen, Katastrophen, Verbrechen und Verbrechern, all dessen, was nach kurzer Beachtung ebenso schnell wieder vergessen ist, ausscheiden würde(2). An diesem Punkt setzte auch die Kritik an, die den so abgesteckten Bereich als zu eng empfand(3).

2. Abbildungsfreiheit kraft eigener Veranlassung des Abgebildeten

Weiterreichend als die Interpretation des Bildnisses der Zeitgeschichte als eines Bildnisses von Personen des öffentlichen Lebens zeigte sich die ebenfalls recht früh feststellbare Auffassung, daß die öffentliche Darstellung des Abgebildeten auf irgendeine Weise von ihm selbst veranlaßt worden sein müsse(4).

Kann man die Beschränkung der Abbildungsfreiheit auf Personen des öffentlichen Lebens als auf dem Gedanken der bereits verlorenen Anonymität beruhend ansehen, stellt das Merkmal eigener Veranlassung auf die Selbstverantwortlichkeit im Hinblick auf das eigene Verhalten ab, das auch die Aufhebung

----

1. Ehrenschutz und Presserecht, 14
2. s. im Vergleich dazu WANDREY, Ufita 5 (1932), 359/360
3. vgl. OLG Stuttgart JZ 1960, 126/128 f.
4. BGH NJW 1965, 1374/1375 "Wie uns die anderen sehen"; BGH NJW 1962, 1004/1005 "Doppelmörder"; BGH NJW 1965, 2148/2150 "Spielgefährtin"; KG JW 1925, 378; OLG Stuttgart JZ 1960, 126/128; OLG Frankfurt GRUR 1958, 508/509; OLG Hamburg AfP 1976, 31; OLG Oldenburg NJW 1963, 920/922; LG Kleve MDR 1953, 107/108 "Siamesische Zwillinge"; AG München JW 1928, 376 "Th. v. Konnersreuth"; ALLFELD, DJZ 1926, 1467/1468; G. ARZT, Der strafrechtliche Schutz der Intimsphäre, 49 ff.; E. ECKERT, Zeitschrift für Rechtspflege in Bayern 1909, 99/100; HOLLDACK, JW 1932, 1333/1335 f.; KRÜGER, GRUR 1908, 91/93; NEUMANN-DUESBERG, JZ 1960, 114/115; zur nichtbildlichen Darstellung s. BGHZ 31, 308/314 "Alte Herren"; BGH NJW 1964, 1471/1472 "Sittenrichter"; BGH NJW 1962, 152 "Bund der Vertriebenen"; BUSSMANN, Verh. d. 42. DJT 1957 Bd. 1, 39 ff.; HUBMANN, JZ 1957, 521/527; LARENZ, Verh. d. 42. DJT 1957 Bd. 2, D 31

noch bestehender Anonymität rechtfertigt. Auch das Prinzip des Verbots widersprüchlichen Verhaltens sowie Anklänge an die Rechtsfigur der konkludenten Einwilligung treten zutage, wenn es heißt, "daß das Bild desjenigen, der sich in die Öffentlichkeit drängt, der Öffentlichkeit gehört"(1).

Das Veranlassungsprinzip ermöglichte eine weiterreichende Abbildungsfreiheit insofern, als die mit dem eigenen Verhalten verbundene Rechtfertigung der Veröffentlichung darüber hinaus nicht vorauszusetzen brauchte, daß der Dargestellte dadurch zur Person des öffentlichen Lebens geworden war. Diese Eigenschaft als zum öffentlichen Leben gehörig bzw. nach der neueren Bezeichnung die Charakterisierung als Person der Zeitgeschichte wurde zwar zum Teil auch als eine Ursache der öffentlichen Darstellung gewertet(2), aber nur als eine unter vielen anderen.

In Rechtsprechung und Literatur machte sich das Veranlasserprinzip in mehreren Varianten bemerkbar.

So sollte es bereits genügen, daß der Betroffene nur bewußt an die Öffentlichkeit getreten sei und so selbst für den Verlust seiner Anonymität gesorgt habe(3). Wer die Aufmerksamkeit der Allgemeinheit aus eigenem Antrieb auf sich zieht, muß es hinnehmen, daß auch andere das öffentliche Interesse auf ihn lenken.

Dem gleicht der häufig vertretene Gedanke, daß derjenige, der sich an öffentlich geführten Auseinandersetzungen beteiligt, nicht verlangen kann, daß diese Auseinandersetzung vor seiner Person Halt macht. Denn wer seine eigenen Anschauungen ins Spiel bringe, muß sich der dadurch ausgelösten Kritik an seiner Person auch stellen(4).

Diesen beiden Auffassungen war zu eigen, daß das Verhalten des Abgebildeten die öffentliche Wahrnehmbarkeit seiner Person zur Folge hatte oder gar darauf abzielte.

Dem standen Ausformungen des Veranlassungsprinzips gegenüber, die den Eintritt in die Zeitgeschichte mit der Erweckung allgemeiner Aufmerksamkeit gleichsetzten, unabhängig davon, daß damit die Möglichkeit der Wahrnehmung

---

1. OLG Stuttgart JZ 1960, 126/128

2. BGH NJW 1965, 1374/1375 "Wie uns die anderen sehen"

3. OLG Stuttgart JZ 1960, 126/128; LG Kleve MDR 1953, 107/108; AG München JW 1928, 376

4. BGH NJW 1964, 1471/1472 "Sittenrichter"; BGH NJW 1965, 1374/1375 "Wie uns die anderen sehen"; BGHZ 31, 308/314 "Alte Herren"; zur Provokation und zum Recht auf Gegenschlag s. G. ARZT, Der strafrechtliche Schutz der Intimsphäre, 49 ff. und BVerfG NJW 1980, 2069 "Kunstkritik" mit Verweis auf BVerfGE 12, 113/131 "Schmid-Spiegel"; BVerfGE 24, 278/286 "Tonjäger"

der Person durch Dritte verbunden gewesen wäre. Allein das Verhalten des
Abgebildeten mußte ausreichenden Grund gegeben haben, sich mit ihm zu beschäftigen(1).
Danach konnten z. B. große Wohltäter(2), sog. "Stubengelehrte"(3), all diejenigen, die aufgrund ihrer Leistungen und Verdienste Aufmerksamkeit erregten(4) nichts dagegen tun, daß sie in Person der Allgemeinheit vorgeführt wurden, auch wenn ihnen jede publicity unerwünscht war. Selbst Verbrecher, denen im Normalfall nichts ferner liegt als die öffentliche Aufmerksamkeit auf sich zu ziehen, "müssen es in Kauf nehmen, durch die Veröffentlichung ihrer Bilder an eine Art modernen Pranger gestellt zu werden, zumal sie das Interesse der Öffentlichkeit selbst veranlaßt haben"(5).

Das Interesse der Öffentlichkeit war damit bereits maßgebendes Kriterium geworden, allerdings mit der Einschränkung, daß seine Existenz eigenverantwortlich herbeigeführt worden war. Ob dieses Interesse durch positiv zu wertendes Handeln geweckt wurde oder durch negatives, war unerheblich, solange diese Eigenverantwortlichkeit feststellbar blieb(6).

Wie weit der Gedanke der Selbstverantwortung getrieben werden konnte und wie wenig tragfähig er sich deshalb als alleiniger Maßstab erwies, zeigte das Schöffengericht Ahrensböck bereits im Jahre 1920(7), als es dem Reichspräsidenten Ebert und dem damaligen Reichswehrminister Noske selbst anlastete, daß ihr Bild, daß sie in Badehosen am Ostseestrand zeigte, publiziert wurde. Denn nach Ansicht des Gerichts habe die Öffentlichkeit ein Anrecht auf Kenntnis der ersten Repräsentanten des Staates, wann und wie sie sich öffentlich zeigten. Die Schutzwürdigkeit des Privatlebens, und damals im Hinblick auf den Inhalt des Bildes noch wesentlicher die Schutzwürdigkeit der Ehre und des Ansehens kam in der Entscheidung nicht zum Ausdruck.

Die Grenzen des Möglichen bei der Erfassung der Bildnisse der Zeitgeschichte durch das Merkmal der eigenen Veranlassung überschreitet es auf jeden

----

1. BGH NJW 1962, 1004/1005 "Doppelmörder"; OLG Oldenburg NJW 1963, 920/922; OLG Frankfurt GRUR 1958, 508/509; OLG Hamburg AfP 1976, 31 "Banklady"; LG Kleve MDR 1953, 107/108 m. Anm. NEUMANN-DUESBERG; ECKERT, Zeitschrift für Rechtspflege in Bayern 1909, 99/100; LARENZ, Verh. d. 42. DJT 1957 Bd. 2, D 31

2. ECKERT, Zeitschrift für Rechtspflege in Bayern 1909, 99/100

3. NEUMANN-DUESBERG, MDR 1953, 108

4. LARENZ, Verh. d. 42. DJT 1957, Bd. 2, D 31; LG Kleve MDR 1953, 107/108

5. OLG Frankfurt GRUR 1958, 508/509 = Schulze OLGZ 55, 4; OLG Hamburg AfP 1976, 31 "Banklady"; s. dazu SCHWERDTNER, Das Persönlichkeitsrecht, 216 f.

6. dazu OLG Stuttgart, JZ 1960, 126/128

7. DJZ 1920, 596 = Schulze SchöffG 1

Fall, wenn Monarchen, Prinzen regierender Häuser, im Prinzip alle, die ihre bedeutsame Stellung durch Geburt erworben haben, den bewußt in die Zeitgeschichte Eintretenden nicht nur gleichgestellt(1), sondern diesen sogar hinzugerechnet wurden(2). Selbst wenn hinzugefügt wurde, daß dabei der Begriff des bewußten Eintretens in weitem Sinne zu verstehen sei.

Diese Verzerrungen machen deutlich, daß das Veranlassungsprinzip nicht allen persönlichkeitsrechtlichen Gesichtspunkten, wie etwa dem Schutz des Privatlebens oder der Ehre, aber auch nicht allen Anforderungen der Publikationsrechte Genüge tun konnte.

Während man der Figur der "Person des öffentlichen Lebens" noch geringe Anklänge an die Gesetzesfassung zubilligen konnte, ist die Willkürlichkeit des Zurückgreifens auf das bewußte Aufmerksammachen, jedenfalls bei Beachtung des Gesetzestextes, nicht mehr zu übersehen. Wenn dennoch das OLG Stuttgart als eindeutig aus dem Gesetz herauslesen wollte, daß über § 23 I Nr. 1 KUG nur die Abbildung des bewußt in die Zeitgeschichte Eingetretenen gerechtfertigt sei(3), so beruhte das auf der kaum haltbaren Auslegung der Gesetzesbegründung - nicht des Gesetzestextes -, nach der die Veröffentlichung von Bildnissen derjenigen, die ein allgemeines Interesse "wachrufen"(4), nicht verwehrt sei(5). Der Zufall der grammatikalischen Wortwahl in den Motiven überwand auf diese Weise die Kompetenz der Aussage der Norm selbst(6).

Die Willkürlichkeit der Auslegung zeigt sich auch in der Existenz gegensätzlicher und unbegründet vorgetragener Standpunkte, nach denen ein bewußtes Eintreten erforderlich, bzw. nicht erforderlich sein sollte, um die konkrete Einwilligungsabhängigkeit nach § 22 KUG zu beseitigen(7). Ansatzweise versuchte Begründungen für den jeweiligen Standpunkt können nicht darüber hinwegtäuschen, daß es sich um beziehungslose Wertungen handelt, die eben

----

1. so das OLG Stuttgart, JZ 1960, 126/128
2. NEUMANN-DUESBERG, JZ 1960, 114/115
3. JZ 1960, 126/128
4. Drucksachen des Reichstags, 1541 = GRUR 1906, 11/25
5. vgl. KG JW 1928, 421 unter Verweis auf ALLFELD, Kommentar zum KUG 1907, Anm. 1, 2 A zu § 23
6. HOLLDACK, JW 1932, 1333/1336
7. ELSTER, Urheber- und Erfinder-, Warenzeichen- und Wettbewerbsrecht 1928, 191: ein bewußtes Eintreten ist nicht erforderlich - KRÜGER, GRUR 1908, 91/93: ein bewußtes Eintreten in die Zeitgeschichte ist erforderlich; s. auch die typisch reine Gegenüberstellung der Auffassungen bei WEHRHAHN, Ufita 37 (1962), 22/28 f.; BUSSMANN, Verh. d. 42. DJT 1957, Bd. 1, 24 ff. und NEUMANN-DUESBERG, JZ 1960, 114 ff.

nicht anders gerechtfertigt werden können, als man den mit dem bewußten Eintreten gezogenen Rahmen als ausreichend, bzw. als zu eng gezogen ansah. Neumann-Duesberg(1) bezeichnete dieses Merkmal als von rein historischer Bedeutung und spricht von einem "ursprünglich nur eng gemeinten Gesetz". Er verdeckte damit, daß es in Wirklichkeit nicht um die Auslegung des Gesetzes ging, sondern um eine vom Gesetzesinhalt losgelöste "Anwendung" des § 23 I Nr. 1 KUG. Dieses reinen Wertungscharakters wurde man sich dagegen auf dem Gebiet der nichtbildlichen Personendarstellung im Gegensatz zur Abbildungsfreiheit nach § 23 I Nr. 1 KUG stärker bewußt; so wenn Hubmann ausführte, daß derjenige, der das Interesse der Öffentlichkeit veranlaßt habe, sich eher (!) eine Berichterstattung über sich gefallen lassen müsse, als der in den Strudel des öffentlichen Geschehens zufällig Hineingezogene(2). Die Unterschiedlichkeit der Sicht mag daran liegen, daß man auf dem Gebiet des allgemeinen Persönlichkeitsrechts nicht dem Zwang zu einer Interpretation einer vorgegebenen Gesetzesnorm ausgesetzt ist.

Nach dem Ausgeführten verwundert es nicht, daß die Abbildungsfreiheit nicht an das Veranlassungsprinzip gebunden blieb, es vielmehr zu einer Schaffung der "Person der Zeitgeschichte wider Willen"(3) kam, um auch die Opfer von Straftaten, Katastrophen, Unglücksfällen, sowie den hunderttausendsten Besucher einer Gartenausstellung dem Leser vor Augen führen zu können(4).

3. Zeitgeschichte als Gegenstand allgemeinen Interesses

Eine Veröffentlichungsfreiheit nur bei Personen des öffentlichen Lebens oder bei bewußtem Eintreten "in die Zeitgeschichte" ließ einen Bereich erkennen, in dem grundsätzlich jede Verbreitung und Schaustellung von der Einwilligung des Abgebildeten abhängig blieb. Auf das im konkreten Fall bestehende Interesse der Allgemeinheit oder des Publizisten kam es in diesem Bereich nicht an. Da unterhalb der so gesetzten Schwelle die Einwilligungsabhängigkeit nicht von der Geltendmachung besonderer persönlichkeitsrechtlicher Gründe abhing, akzeptierte man noch ein an sich bestehendes Verbietungsrecht, das keiner zusätzlichen Rechtfertigung bedurfte.

Die heute vorherrschende Betrachtungsweise verkehrt diesen Zustand völlig, indem sie eine Abbildung bei bestehendem Interesse der Allgemeinheit in der Regel für zulässig erklärt und nur bei besonderen persönlichkeitsrechtlichen Gründen die Untersagung der Veröffentlichung des Bildes als rechtmäßig betrachtet. § 22 KUG wurde so de facto zugunsten einer grundsätzlichen Abbildungsfreiheit aufgehoben.

----

1. JZ 1960, 114/115

2. JZ 1957, 521/527

3. NEUMANN-DUESBERG, JZ 1960, 114/115

4. OLG Stuttgart, JZ 1960, 126/128, dem dabei allerdings Bedenken hinsichtlich der "Legalität" dieser Ausweitung kamen

Den Anfang dazu machte bereits das Reichsgericht. Es rechnete den damals sehr bekannten Fußballspieler Tull Harder zu den Personen der Zeitgeschichte, da er zu den Erscheinungen der Gegenwart gehöre, die vom Volke beachtet würden, bei ihm Aufmerksamkeit fänden und Gegenstand der Teilnahme oder Wißbegier weiter Kreise seien. Geschmack und Empfinden der Zeit brächten es mit sich, Sportgrößen unter § 23 I Nr. 1 KUG zu fassen, auch wenn keine über den Tag hinausreichende Dauer der Aufmerksamkeit wahrscheinlich sei(1).

Um ein Bildnis aus dem Bereiche der Zeitgeschichte annehmen zu können, war der Richter demnach nur gehalten, tatsächliche Feststellungen über die Existenz eines breiteren Interesses der Öffentlichkeit für einen Vorgang oder die mit ihm verknüpfte Person anzustellen(2). Einer zusätzlichen Wertung dieses Faktums bedurfte es nicht, um das "publizistische Anrecht" der Öffentlichkeit zu begründen(3).

Die Ermittlung des Vorliegens eines Bildnisses der Zeitgeschichte wird dabei durch den Umstand erleichtert, daß die Feststellung des öffentlichen Interesses schon deshalb keine Schwierigkeiten bietet, da es kaum eine publizierte Nachricht gibt, die nicht auf breiter Aufmerksamkeit stößt; schon deshalb nicht, weil sie ansonsten nicht veröffentlicht worden wäre. Gerade bei der heutigen Massenauflage der Medienprodukte und des über das Fernsehens erreichten großen Publikums wird sich nie der Nachweis führen lassen, daß nur eine sehr geringe Zahl von Personen der Neuigkeit Beachtung geschenkt habe. Die vom Reichsgericht zur Bestimmung des Vorliegens der Voraussetzungen des § 23 I Nr. 1 KUG vorgenommene rein tatsächliche Feststellung eines Faktums veranlaßte Holldack zu der Bemerkung, daß auf diese Weise die Urteilsbefugnis der Judikative auf die Allgemeinheit abgeschoben würde(4). Das ist jedoch nur bedingt richtig; da, wie bereits das reichsgerichtliche Urteil zeigt, die eigentliche rechtliche Auseinandersetzung mit der Prüfung, ob der Veröffentlichung berechtigte Interessen der Person der Zeitgeschichte entgegenstünden, nur in den Tatbestand des § 23 II KUG verlagert wurde(5).

Insbesondere auf dem Gebiet des Sports(6) und bei der Darstellung von Schauspielern und Künstlern(7) hat sich diese Vorgehensweise des Reichsgerichts in der Tull Harder-Entscheidung bis heute unverändert erhalten. Es sei "allein maßgebend, daß die öffentliche Meinung Bildberichte (über die Betroffenen) als bedeutsam und um der dargestellten Person willen der

---

1. RGZ 125, 80/82

2. vgl. die Durchführung dieser Ermittlung z. B. beim OLG Koblenz, NJW 1973, 251/254 "Lebach"

3. vgl. die zustimmende Anmerkung zum Urteil des Reichsgerichts von MÖHRING, JW 1929, 3078/3079

4. JW 1932, 1333/1334

5. RGZ 125, 80/82 ff.

6. BGH Warn. Rspr. 1979 (39),120/122; BGH NJW 1968, 1091 "Sammelalben"; KG Ufita 14 (1941), 196/198 "Boxszenen"

7. BGH GRUR 1962,211/212 "Hochzeitsbild";BGHZ 20, 345/350 "Paul Dahlke"

Beachtung wert empfindet"(1). Die überwiegende Zahl neuerer Urteile außerhalb des Unterhaltungssektors geht mit nur unwesentlich anderem Ansatz denselben Weg(2), was G. Arzt(3) zu der Feststellung veranlaßte, daß Zeitgeschichte und öffentliches Interesse zum Teil synonym gebraucht würden.

Berufen kann sich die Behandlung des § 23 I Nr. 1 KUG als Ansatzpunkt der Ermittlung des allgemeinen Interesses auf dogmatische Begründungen im Schrifttum - im wesentlichen der v. Gamms(4) und der Neumann-Duesbergs(5) -, die unter der Zielsetzung, Umfang und Grenzen der Veröffentlichungsfreiheit bestimmen zu wollen(6), die durch das Reichsgericht eingeleitete enorme Ausweitung des Anwendungsbereichs diese Norm sanktionierten und dieser Ausweitung nur praktisch unerhebliche Grenzen setzten.

4. Zeitgeschichte als Dokumentation des Zeitgeschehens

Gestützt auf die Aussage in den gesetzgeberischen Motiven, daß Zeitgeschichte im weitesten Sinne zu verstehen sei(7), erstreckte v. Gamm deren Begriffsinhalt auf alle die Belange und Interessen der Allgemeinheit berührenden Vorgänge aus Vergangenheit, Gegenwart und in Bezug auf zukünftige Gestaltungen (8), und ersetzte sie durch den Begriff "Zeitgeschehen"(9). Auf die Zugehörigkeit einer Person oder eines Vorgangs zum öffentlichen Leben sollte es ebenso wenig ankommen, wie auf den sachlichen und örtlichen Umfang, sowie der Dauer der Beachtung durch die Öffentlichkeit. Selbst das erst durch die Publikation geweckte Interesse reiche aus, um ein Bildnis der Zeitgeschichte anzunehmen(10).

Eine weitergehende Ausdehnung des Bereichs der "Zeitgeschichte" ist nicht denkbar.

Zulässig sollten nach der Ansicht v. Gamms aber nur solche Personenwiedergaben sein, die nach Inhalt und Charakter der Darstellung objektiv geeignet und bestimmt seien, den damit angesprochenen Kreisen als zeitgeschichtliche Dokumentation zu dienen(11).

----

1. BGHZ 20, 345/349 f. "Paul Dahlke"
2. s. u. 4, 5
3. Der strafrechtliche Schutz der Intimsphäre, 26
4. Urheberrechtsgesetz, Einf. Rz. 113 ff.
5. erstmals in JZ 1960, 114 ff.
6. v. GAMM, Urheberrechtsgesetz, Einf. Rz. 115 und NEUMANN-DUESBERG, JZ 1960, 114/115 f.
7. Drucksachen des Reichstags, 1540 f. = GRUR 1906, 11/25
8. Urheberrechtsgesetz, Einf. Rz. 116
9. Einf. Rz. 118 f.
10. Einf. Rz. 116
11. Einf. Rz. 115

Diese mehr auf den Zweck als auf den Inhalt abzielenden Einschränkungen der Veröffentlichungsfreiheit wirken sich in zweierlei Weise aus. Zum einen entfallen alle Verbreitungen und Schaustellungen, die nicht von der durch § 23 I Nr. 1 KUG und Art. 5 GG legitimierten Absicht getragen werden, das Informationsbedürfnis der Öffentlichkeit(1) zu befriedigen, sondern die andere Zielsetzungen verfolgen, wie etwa die Wirtschaftswerbung(2).
Zum anderen erlaubt die Verfolgung des Dokumentationszwecks nur solche Darstellungen, die die sachliche Verbindung des Betroffenen zum Zeitgeschehen erkennbar machen(3). Alle Geschehnisse, die nicht mit dem öffentlichen Hervortreten des Dargestellten in Zusammenhang stehen, sind nicht veröffentlichungsfähig(4). Unmöglich gemacht würden auf diese Weise Entscheidungen, wie die des Kammergerichts(5), die die Veröffentlichung von Bildern der Trauung eines wegen Betrugs zu Gefängnis verurteilten ehemaligen Richters mit der Begründung zugelassen hatten, daß das Interesse der Öffentlichkeit an diesem privaten Vorgang das Persönlichkeitsrecht der Abgebildeten nicht in aufdringlicher Weise verletzen würde(6). Ein einmal in den Brennpunkt der allgemeinen Aufmerksamkeit Geratener brauchte unter Anwendung der Auffassung v. Gamms nicht zu fürchten, daß nun seine gesamten Lebensumstände ohne weiteres be- und durchleuchtet werden.

Wie v. Gamm selbst sah, steckt das schwerwiegendste Problem seiner Argumentation in der Bestimmung dieser sachlichen Verbindung des Dargestellten zum Zeitgeschehen(7). Die Grenzziehung zwischen wiedergabefähigen Tatsachen und solchen, die keinen Bezug mehr zur "zeitgeschichtlichen" Dokumentation haben, ist schon in der Theorie schwer zu ziehen und außerdem nicht von persönlichkeitsrechtlichen Schutzbedürftigkeiten abhängig.

Die einzelne Persönlichkeit ist nicht aus ihrem Umfeld zu isolieren und die moderne Psychologie lebt von dem Nachweis, daß jedes Verhalten des Menschens, also auch sein öffentliches Auftreten, von seiner gesamten Lebenserfahrung und -situation abhängig ist. Auf diese Weise wäre auch das Privatleben, die Kindheit, mit seinem Auftauchen im Zeitgeschehen verknüpfbar. Das Bundesverfassungsgericht bestätigte bereits diese weite Verbindungsmöglichkeit: Nach seiner Ansicht rechtfertigt z. B. die aktuelle Berichterstattung über eine schwere Straftat nicht allein die Namensnennung und Abbildung des Täters, sie könne grundsätzlich auch sein persönliches Leben

---

1. Einf. Rz. 115

2. z. B. BGHZ 20, 345 "Paul Dahlke" und oben 2. Teil, I C 4 a, D 1

3. Urheberrechtsgesetz, Einf. Rz. 118 f.

4. Einf. Rz. 119

5. Schulze KGZ 14 und 15 "Früherer Strafrichter"

6. Schulze KGZ 14, 5

7. Einf. Rz. 118

einschließen, soweit es in unmittelbarer Beziehung zur Tat stünde, Aufschluß über die Motive oder andere Tatvoraussetzungen gebe und für die Bewertung der Schuld des Täters aus der Sicht des modernen Strafrechts als wesentlich erscheine(1). Unter Einbeziehung dieser Abgrenzungsschwierigkeiten zeigt sich, daß Auffassungen, wie die von Coing und Habermann vertretene(2), wonach bei Personen der Zeitgeschichte alle Tatsachen verbreitet und kritisiert werden könnten, die für die Beurteilung der betreffenden Persönlichkeit Bedeutung besitzen, keine in der Praxis sich tatsächlich auswirkende Einschränkungskraft aufweisen.

Deshalb erscheint es umso gravierender, daß v. Gamm im Regelfall eine Zulässigkeit der Verbreitung für gegeben sah, solange dieser nur der zeitgeschichtliche Dokumentationszweck zugrunde liegt. Aus § 23 I Nr. 1 KUG wollte er eine gesetzliche Interessenwertung herauslesen, nach der bei Einhaltung dieses Zwecks die Interessen des Abbildenden denen des Abgebildeten regelmäßig vorgingen, so daß den Dargestellten im Einzelfall die Darlegungs- und Beweislast für das Überwiegen seiner Belange träfe(3). Diese rechtssystematische Gewichtigkeitsverteilung hätte zur Folge, daß jede Veröffentlichung, unabhängig von ihrem Inhalt nach § 23 I Nr. 1 KUG zulässig wäre und nur außergewöhnliche persönlichkeitsrechtliche Beeinträchtigungen im Einzelfall zu einem anderen Ergebnis führen könnten. § 22 KUG trifft nun genau die gegenstäzliche Aussage.
Mit einer solchen Auffassung wäre außerdem ein Vorrang der Rechte auf Veröffentlichung vor den persönlichen Belangen geschaffen, denn eine praktisch uneingeschränkte Verbreitungszulässigkeit, der gegenüber das Persönlichkeitsrecht im Regelfall nachgeht, bedeutete eine grundsätzliche Bevorzugung der Rechte aus Art. 5 GG. Nach der Lebach-Entscheidung des Bundesverfassungsgerichts(4) kann jedoch weder das Grundrecht der Meinungsfreiheit noch das Persönlichkeitsrecht im Kollisionsfall einen grundsätzlichen Vorrang beanspruchen. Die Auffassung v. Gamms ist deshalb schon aus verfassungsrechtlichen Gründen nicht haltbar; sie ist aber ein markantes Beispiel für die Auseinanderentwicklung der gesetzlichen und gesetzgeberischen Zielsetzung im Vergleich zur Behandlung in Rechtsprechung und Literatur.

In ihrer konkreten Ausgestaltung hat sich die Behandlung des § 23 I Nr. 1 KUG v. Gamms aber nicht durchsetzen können. Die Rechtsprechung hat nur vereinzelt direkt auf sie zurückgegriffen(5).

----

1. BVerfGE 35. 202/233 = NJW 1973, 1226/1231 "Lebach"; das ZDF hatte den Soldatenmord von Lebach u. a. aus der Sicht einer homosexuellen Gruppenbildung interpretieren wollen

2. STAUDINGER-COING/HAMBERMANN, Vorbem. zu § 1 Rz. 27

3. Urheberrechtsgesetz, Einf. Rz. 113; fraglich ist daran schon, inwieweit Ergebnisse von Wertungen, wie das "Überwiegen" beweisbar sein können, vgl. ERMAN-WEITNAUER, Anhang zu § 12 Rz. 9

4. E 35, 202/225 = NJW 1973, 1226/1229

5. OLG Celle, NJW 1979, 57/58 "KBW"; OLG Frankfurt, NJW 1971, 47/49 "XY - ungelöst"; OLG Karlsruhe, NJW 1982, 647

5. Absolute und relative Personen der Zeitgeschichte

Umso mehr Erfolg beschieden war der - im wesentlichen inhaltlich gleichen - Auffassung Neumann-Duesbergs, nach der die Möglichkeit und der Umfang der bildlichen Darstellung von Personen von deren Einteilung in absolute und relative Personen der Zeitgeschichte abhängig gemacht werden solle(1).
Schon die Griffigkeit dieser Schlagwörter und der dadurch vorgetäuschten Problemlosigkeit ihrer Anwendbarkeit(2) sorgte für ihre breite Übernahme in Rechtsprechung(3) und Literatur(4).

Auch er nahm die entgegengebrachte öffentliche Beachtung als Maßstab der Veröffentlichungsfreiheit und schied absolute und relative Personen der Zeitgeschichte danach, ob an ihnen ein umfassendes oder nur ein begrenztes Interesse besteht. Einem umfassenden Interesse sollte eine umfassende Darstellungsfreiheit korrespondieren, einem begrenzten nur eine eingeschränkte Wiedergabemöglichkeit(5).

Die so bewirkte Gleichsetzung von öffentlichem Interesse und Zeitgeschichte (6) erreichte er, indem er die vom Gesetzgeber zugrundegelegten Abwägungsgesichtspunkte bzw. Zielvorstellungen zur Auslegung dieses Rechtsbegriffs heranzog: Er sah zwar § 23 I Nr. 1 KUG als Ergebnis einer gesetzlichen Interessenabwägung zwischen dem Anonymitätsinteresse des Einzelnen und dem Informationsbedürfnis der Allgemeinheit; unter Verkehrung von Voraussetzungen und Ergebnis zog er jedoch daraus den Schluß, daß zur Zeitgeschichte alle diejenigen zu rechnen seien, an denen ein öffentliches Informationsinteresse bestünde, das die Interessen des Abgebildeten überwiegt(7).

----

1. erstmals in JZ 1960, 114 ff.; JZ 1970, 564 ff.; JZ 1971, 305 ff.; JZ 1973, 261 ff.; Juristenjahrbuch Bd. 7 (1966/67), 138/144 ff.

2. vgl. H. KOHL, Medienwirkung und Medienverantwortung, 61 Fn. 9

3. BGH NJW 1965, 2148/2149 "Spielgefährtin"; BGH NJW 1966, 2353 "Vor unserer eigenen Tür"; OLG München Schulze OLGZ 91 = NJW 1963, 658; OLG Koblenz NJW 1973, 251/252 f. "Lebach"; OLG Hamburg Schulze OLGZ 87, 6 "Spion"; OLG Hamburg Schulze OLGZ 103, 1; LG Frankfurt NStZ 1982, 35; VG Karlsruhe NJW 1980, 1708

4. SCHWERDTNER, Münchener Kommentar, § 12 Anhang Rz. 168 ff.; ders. Das Persönlichkeitsrecht, 214 ff.; G. ARZT, Der strafrechtliche Schutz der Intimsphäre, 26; WENZEL, Das Recht der Wort- und Bildberichterstattung, 171 f.; WEHRHAHN, Ufita 37 (1962), 22/29; KOEBEL, MDR 1972, 8/9; LÖFFLER-RICKER, Handbuch des Presserechts, 325 u. a.

5. JZ 1960, 114/116

6. Juristenjahrbuch Bd. 7 (1966/67), 138/144

7. JZ 1960, 114/116, 118; Juristenjahrbuch Bd. 7 (1966/67), 138/144 f. 148; JZ 1973, 261/262

Entsprechend dieser Gleichsetzung von öffentlichem Interesse mit der Zeitgeschichte zählen nach seiner Klassifizierung diejenigen zu den "absoluten" Personen der Zeitgeschichte, an denen ein umfassendes Informationsbedürfnis besteht. "sowohl hinsichtlich ihrer Teilnahme am öffentlichen Leben als auch hinsichtlich interessewürdiger Vorgänge ihres "Privatlebens"(1). Eine Grenze der Veröffentlichungsfreiheit sollte erst die Intimsphäre setzen, während er Presseberichterstattungen über die Kindheit und das Familienleben für zulässig hielt. Die Aufzählung der dazu gehörigen Personenkreise - Staatsmänner, Politiker, Schauspieler, bekannte Künstler, Wissenschaftler - entspricht in etwa derjenigen zur vormaligen Bestimmung der Personen des öffentlichen Lebens. Neumann-Duesberg ging jedoch darüber hinaus und rechnete in die politische Geschichte eingehende Attentäter, aufsehenerregende Verbrecher und Opfer schwerer Straftaten, sinngemäß jeden hinzu, der auf irgendeine Weise großes Aufsehen in der Öffentlichkeit erregt hat(2). Ob sich diese Aufmerksamkeit auf ein positives oder negatives Verhalten des Dargestellten, auf dessen bewußtes Eintreten in das Licht der Öffentlichkeit gründete oder ob der Betroffene der Allgemeinheit bereits bekannt war, darauf kam es nach seiner Unterscheidung nicht an(3).

Bloß "relativ" der Zeitgeschichte angehörige Personen sollen dagegen nur im Zusammenhang mit dem sie bekanntmachenden Ereignis oder Geschehen die Veröffentlichung ihres Bildes gegen ihren Willen in Kauf nehmen müssen und zwar nur in dem Umfang, der durch den sie in das Blickfeld der Allgemeinheit rückenden Vorgangs gesteckt wird und nur so lange diese auf breiteres Interesse stößt.

Damit war erreicht, daß jedermann zur zeitgeschichtlichen Persönlichkeit avancieren konnte, sobald er sich nur irgendwie, sei es noch so kurzfristig und der Grund noch so unbedeutend, aus der unbeachtetbleibenden Masse heraushob.

Zu den relativen Personen der Zeitgeschichte rechnete Neumann-Duesberg beispielsweise den 100.000sten Passagier eines Ozeandampfers, den Hauptgewinner im Toto, Prozeßzeugen, Verbrecher und ihre Opfer, die Schuldigen und die Verunglückten eines schweren Unfalls(4).

Der Hauptgewinner im Lotto brauchte zwar nicht zu fürchten, daß seine ganze Lebensgeschichte aufgerollt werden würde; im Prinzip ergibt sich aber dieselbe Problemstellung der Verknüpfung des Einzelnen mit dem Zeitgeschehen wie bei der Abgrenzung v. Gamm's. Denn die Verknüpfung mit dem bekanntmachenden Ereignis und das dadurch verursachte Interesse mögen beim Toto-Gewinner klar bestimmbar sein, sie sind dagegen beispielsweise bei Straftätern nicht mehr einzugrenzen. Die Kennzeichnung als relative Person vermag da nicht weiterzuhelfen.

----

1. Juristenjahrbuch Bd. 7 (1966/67), 138/150

2. Juristenjahrbuch a. a. O., 138/151

3. Juristenjahrbuch a. a. O., 138/145

4. JZ 1960, 114/116; Juristenjahrbuch a. a. O., 138/152 f.

Die Klassifizierung nach Personengruppen anstelle einer Abhängigkeit der Abbildungsfreiheit nach dem Inhalt der Dokumentation bringt noch weitere Probleme. Denn ob jemand zur relativen "Person" der Zeitgeschichte wird, hängt davon ab, ob der konkrete "Vorgang", mit dem er notwendig verbunden ist, auf Interesse stößt. Die Bezeichnung als Person der Zeitgeschichte kennzeichnet aber eine Eigenschaft des Betreffenden; die Aufmerksamkeit, die ein Vorgang hervorruft, kann dagegen nicht Eigenschaft eines Menschen sein. Die Hervorhebung der Person, obwohl eigentlich das Geschehen gemeint ist, bringt die Gefahr mit sich, daß entgegen dem Wortlaut des Gesetzes und den Absichten Neumann-Duesberg's nicht mehr verlangt wird, daß das Bildnis selbst die Qualifikation als der Zeitgeschichte zugehörig aufweisen muß, um die Veröffentlichung zu ermöglichen, sondern daß die Einordnung der Person als dazu ausreichend angesehen wird. Nicht jede Darstellung auch einer absoluten Person der Zeitgeschichte rechtfertigt eine Bildnisveröffentlichung (1). Umgekehrt kommt es nicht auf die vom Geschehen losgelöste Charakterisierung der Person an, wenn der abgebildete Vorgang selbst Interesse erweckt(2).

Logische Brüche der Argumentation zeigen sich auch, wenn Neumann-Duesberg dem Abgebildeten die Bezeichnung "Person der Zeitgeschichte" verweigern will, soweit das Interesse der Allgemeinheit von Sensationslüsternheit motiviert sei(3). Da es die Allgemeinheit als homogene Gruppe nicht gibt, wird es unter Zugrundelegung dieser Vorgehensweise denkbar, daß die jeweilige Aufmachung eines Berichts darüber entscheiden kann, ob der Dargestellte Person der Zeitgeschichte ist oder nicht, so daß der Abgebildete bei der Berichterstattung über das gleiche Ereignis für die Sensationspresse keine Person der Zeitgeschichte wäre, wohl aber für die seriöse Presse(4).

Diese und andere Ungereimtheiten folgen aus dem Umstand, daß Neumann-Duesberg das Ergebnis, ob jemand Person der Zeitgeschichte sei, von einer Interessenabwägung abhängig machen wollte(5). Da aber eine Interessenabwägung immter nur zu dem Ergebnis führen kann, daß das eine oder das andere Interesse überwiegt, liegt der logische Fehler letztlich darin, die Methode der Abwägung zur Inhaltsbestimmung eines Rechtsbegriffs verwenden zu wollen, bzw. umgekehrt, die Auslegung eines Rechtsbegriffs durch eine Abwägung vorzunehmen.

Nur so kann es zu solch bizarren Erscheinungen kommen, daß die Einreihung eines verurteilten Straftäters unter die Personen der Zeitgeschichte davon

---

1. vgl. OLG München Ufita 41 (1964), 322 f. = Schulze OLGZ 58, 2 "Spitzenkandidat"
2. vgl. meinen Beitrag in NJW 1982, 863; Eb. SCHMIDT, Justiz und Publizistik, 23 f.; v. GAMM, Urheberrechtsgesetz, Einf. Rz. 115; OLG Hamburg AfP 1976, 31
3. Juristenjahrbuch Bd. 7 (1966/67), 138/145
4. ähnlich unlogisch BGHZ 20, 345/350 "P. Dahlke"
5. vgl. oben

abhängig sein solle, daß dessen Resozialisierungsinteresse nicht höherwertig einzustufen sei als das Informationsbedürfnis der Allgemeinheit(1). Wo die inhaltliche Gemeinsamkeit von Resozialisierungsinteresse und Zeitgeschichte liegen soll, ist unerfindlich.

C. Die Berechtigung der Interessen der Allgemeinheit

Die Interpretation des § 23 I Nr. 1 KUG durch v. Gamm und Neumann-Duesberg mit Hilfe der Schaffung neuer, nicht dem Gesetzestext entnommener Begriffe wie des Dokumentationszwecks und der absoluten und relativen Person der Zeitgeschichte haben dem Interesse der Allgemeinheit nicht seine Bedeutung als ausschlaggebendem Maßstab nehmen können, sondern es nur in ein anderes Gewand gekleidet, ohne daß deshalb der Umgang mit diesem Phänomen leichter geworden wäre(2).

Aus dem Rechtsprechungsmaterial und der Literatur zum Recht am eigenen Bild ist außer im Bereich des Sports und der Unterhaltung ein offensichtliches Unbehagen herauszulesen, es bei der bloßen Feststellung eines vorhandenen öffentlichen Interesses zu belassen, um den Weg zur einwilligungsunabhängigen Veröffentlichung grundsätzlich frei zu machen. Die Vielfalt der Motive, die die Aufmerksamkeit breiter Kreise der Öffentlichkeit bestimmen, richtet diese nicht nur auf Darstellungen, die keine Verletzung des Persönlichkeitsrechts mit sich bringen. In vielen Fällen zielt das Interesse gerade auf persönliche Bereiche, die der Betroffene zu Recht auf keinen Fall vor der Öffentlichkeit ausgebreitet sehen möchte(3).
Eine reine Beschränkung auf die Feststellung des bestehenden Interesses würde daher vernachlässigen, daß der Schutz der §§ 22 ff. KUG von seiner Zielrichtung her der Schutz vor der Öffentlichkeit sein sollte und nicht der der Öffentlichkeit vor der Geltendmachung des Persönlichkeitsrechts durch den Abgebildeten.

Es wurde deshalb versucht, dem Persönlichkeitsrecht trotz der übereinstimmenden Sicht, dem Publikumsinteresse am Zeitgeschehen so weit wie möglich entgegen zu kommen, Einfluß auf Zulässigkeit und Umfang der Verbreitung von Bildnissen zu sichern.

Dies geschieht durch eine Bewertung der Interessen der Allgemeinheit. So soll die bestehende Beachtung einer Persönlichkeit die Veröffentlichung erst ermöglichen, wenn feststeht, "daß der Allgemeinheit ein nicht nur auf

----

1. NEUMANN-DUESBERG, JZ 1973, 261/262
2. vgl. KOHL, Medienwirkung und Medienverantwortung, 61 Fn. 9
3. vgl. den besonders krassen Fall BGH NJW 1965, 685 "Soraya" und die Bewertung des objektiv bestehenden Interesses der Allgemeinheit bei COING, Ehrenschutz und Presserecht, 14; REHBINDER, Die öffentliche Aufgabe, 42 f.; G. ARZT, Der strafrechtliche Schutz der Intimsphäre, 35 ff.

Neugierde und Sensationslust beruhendes, sondern ein durch ein echte Informationsbedürfnis gerechtfertigtes Interesse an einer bildlichen Darstellung zuzubilligen" sei(1).

In dieser Formel ist bereits eine negative Abrenzung enthalten, nach der Neugier und Sensationslust dem Interesse die Berechtigung nehmen sollen(2). Ähnliche Bedenken werden dem Unterhaltungsbedürfnis entgegengebracht(3) soweit es sich nicht gerade auf dem Unterhaltungssektor manifestiert, sondern die Persönlichkeit dazu mißbraucht wird, in ihren Lebensbezügen unterhaltsam aufbereitet dem Publikum vorgeführt zu werden(4).
Mit dieser negativen Abgrenzung erschöpft sich die inhaltliche Bestimmung der notwendigen Qualitäten des Interesses bereits.

Stattdessen stößt man auf eine Vielzahl obengenannter Formel entsprechender Umschreibungen: So wird für die Zulässigkeit der Personendarstellung gefordert, daß es sich um ein "berechtigtes"(5), "gerechtfertigtes"(6), "echtes" (7), "sachentsprechendes"(8), "beachtenswertes"(9), "anerkennenswertes"(10), "legitimes"(11), "schutzwürdiges"(12) oder "ausreichendes"(13) Interesse der Öffentlichkeit handeln müsse, um nur dessen häufigste der verliehenen nichtssagenden Eigenschaften aufzuzählen.

----

1. BGH 24, 200/208 "Spätheimkehrer"; BGH NJW 1965, 2148/2149 "Spielgefährtin"; OLG Oldenburg NJW 1963, 920/922; OLG Stuttgart JZ 1960, 126, 129; KG Schulze KGZ 14, 4; OLG München Schulze OLGZ 54, 3; G. ARZT, Der strafrechtliche Schutz der Intimsphäre, 35 m. zahlreichen Nachw.; SCHWERDTNER, Münchener Kommentar, § 12 Anhang Rz. 168; FRANKE, NJW 1981, 2033; HUBMANN, Das Persönlichkeitsrecht, 299 u. v. a.

2. s. dazu G. ARZT, Der strafrechtliche Schutz der Intimsphäre, 35 ff.

3. BGHZ 26, 345/349; BGH NJW 1965, 2149; OLG Nürnberg Schulze OLGZ 22; KG NJW 1968, 1969/1970 "Bordellspion"; Bundestagsdrucksache 1237/59 63. Teil, 18, m. w. Nachw.

4. s. dazu HUBMANN, Ufita 70 (1974), 78 und BVerfG NJW 1973, 1221 "Soraya"

5. HUBMANN, Das Persönlichkeitsrecht, 299; NJW 1981, 2033 m. w. Nachw.

6. OLG Stuttgart JZ 1960, 126/129

7. OLG Frankfurt Schulze OLGZ 55, 4 "Verbrecherbraut"

8. ULMER, Urheber- und Verlagsrecht 1951, 326; NEUMANN-DUESBERG JZ 1960, 114/115; OLG Stuttgart JZ 1960, 126/129

9. SCHWERDTNER, Das Persönlichkeitsrecht, 216

10. NEUMANN-DUESBERG, JZ 1960, 114/115; DAGTOGLOU, DÖV 1963, 636/638

11. v.GAMM, Urheberrechtsgesetz, Einf. Rz. 115; KOEBEL, MDR 1972, 8/9

12. BGH Warn. Rspr. 1979 (39), 120/122; NEUMANN-DUESBERG, JZ 1973, 261/262; BGH NJW 1965, 2148/2150 "Spielgefährtin"

Im Prinzip lassen sich alle untereinander austauschen, ohne daß eine inhaltliche Änderung damit verbunden wäre; denn bei allen stellt sich sofort die Frage, wann ein solches Interesse berechtigt, echt, sachentsprechend oder legeitim sei. Es handelt sich bei allen diesen Formeln um konturlose Generalklauseln, die beliebig mit Inhalt gefüllt werden können, da sie selbst jeden Inhalts entbehren(1). Wenn man sich dennoch um eine inhaltliche Definition bemühte, verfiele man zwangsläufig in eine Tautologie: "Im übrigen liegt ein berechtiges Interesse vor, wenn das Interesse sich bei billiger, verständiger Beurteilung der konkreten Sachlage als ein gerechtfertigtes darstellt"(2).

Welche Interessen als berechtigt angesehen werden können, ist auch aus der negativen Abrenzung, daß sie nicht von Neugier und Sensationslust motiviert sein dürfen, nicht ablesbar, da diese rein negative Abgrenzung nicht bedeuten kann, daß alle anders gearteten Informationsbedürfnisse ausnahmslos eine Einschränkung des Persönlichkeitsrechts rechtfertigen. Die Feststellung, daß das bestehende legitime Interesse der Allgemeinheit an Information berechtigt sein müsse, um die Veröffentlichungsbefugnis nach § 23 I Nr. 1 KUG auslösen zu können, hilft daher allein nicht weiter.

Rechtsprechung und Lehre ist es also nach der Ersetzung des Zeitgeschichtlichen durch das Zeitgeschehen nicht gelungen, vom Persönlichkeitsschutzgedanken motivierte allgemeingültige Schranken der Veröffentlichungsfreiheit zu entwickeln, die zu Gunsten des Persönlichkeitsrechts über § 23 I Nr. 1 KUG der uneingrenzbaren Ausweitung des Anwendungsbereichs dieser Vorschrift entgegengesetzt werden könnten. Die fehlende inhaltliche Aussagekraft des "berechtigten Interesses der Allgemeinheit", auf das die h. M. das Bildnis aus dem Bereiche der Zeitgeschichte reduziert hat, mußte deshalb auf andere Weise ausgeglichen werden, wollte man dem Schutz der Persönlichkeit in der Kollision mit der Meinungsfreiheit ausreichend Gewicht zukommen lassen.
Dies geschah, soweit der Bedeutungsverlust des § 23 I Nr. 1 KUG als einer vom Gesetz vorgesehenen Ausnahme zu § 22 KUG zumindest verspürt wurde, auf methodischem Wege durch Rückgriff auf die Funktion(3) des "berechtigten Interesses" im Gefüge rechtlicher Konfliktslösungen.
Liegt diese im Rahmen des § 23 II KUG, jedenfalls aus der Sicht des Gesetzgebers und der damit übereinstimmenden Fassung des Gesetzes, in der Ermöglichung der Außerkraftsetzung der in § 23 I Nr. 1 KUG verankerten Regel zugunsten der Einzelfallgerechtigkeit, so scheidet diese Betrachtungsweise bei den über § 23 I Nr. 1 KUG geschützten Rechtsgütern aus. Denn Ansatzpunkte zu Güter- und Interessenabwägung sowohl in § 23 I Nr. 1 als auch in § 23 II KUG können nicht parallel zu einem Regel-Ausnahmeverhältnis innerhalb derselben Norm bestehen.

Deshalb rechtfertigt sich eine erneute Betrachtung der Funktion des berechtigten Interesses vor allem unter dem Aspekt, daß es nach der Behandlung

----

1. vgl. Eb. SCHMIDT, Justiz und Publizisitk, 26

2. so das Reichsgericht zu § 193 StGB in RGSt 26, 76; s. auch ADOMEIT, JZ 1970, 495/496 "berechtigt ist das Berechtigte"

3. vgl. oben 3. Teil I C 1

in Rechtsprechung und Literatur nicht mehr allein auf Seiten des Persönlichkeitsrechts (§ 23 II KUG), sondern auch auf Seiten der Meinungsfreiheit (§ 23 I Nr. 1 KUG) vorgefunden wird.

Erst einmal bringt der Hinweis, es müsse sich um ein legitimes sachentsprechendes Interesse handeln, zum Ausdruck, daß ein Bedürfnis nach dessen Bewertung besteht und eine tatsächliche Wertung vorgeschrieben wird. Die Frage nach der Funktion der Rechtsfigur des berechtigten Interesses konkretisiert sich deshalb dahingehend, inwieweit sie diese Bewertung trotz fehlender inhaltlicher Aussage ermöglicht.

Qualifiziert man ein Interesse als berechtigt oder legitim, so liegt darin sicherlich die Erklärung, es für sich betrachtet für im Prinzip vom Recht schutzwürdig zu halten. Denn als unberechtigt eingestufte Interessen werden vom Recht nicht begünstigt. Interessenkonflikte können deshalb rechtlich erst relevant werden, wenn die gegenüberstehenden Positionen als schutzwürdig angesehen werden(1). So bedeuten die Attribute "legitim, sachentsprechend, gerechtfertigt, berechtigt" auf jeden Fall die Absichtserklärung, daß im Konfliktsfall das so bezeichnete Interesse auch oder gerade im Verhältnis zu seiner Gegenposition nicht unberücksichtigt bleiben darf.

Soweit darüber hinaus das berechtigte Interesse als das im Vergleich schutzwürdigere und deshalb vorrangige aufgefaßt wird, mit anderen Worten das überwiegende Interesse kennzeichnen soll(2), so kann das für den Inhalt des § 23 KUG ausgetragenen Konflikt nicht zutreffen, denn beide Rechtspositonen können nicht gleichzeitig einander überwiegen.

Die von Rechtsprechung und Lehre vorgenommene Gegenüberstellung berechtigter Interessen kann hier deshalb nicht mehr bedeuten, als daß die Kollision der Rechtspositionen in einem Bereich stattfindet, in dem beide als vom Recht grundsätzlich schutzwürdig angesehen werden. Die Durchsetzung des einen Rechts zu Lasten des anderen ist deshalb nicht möglich, ohne dessen an sich geschützten Bereich zu beeinträchtigen. Dem Konflikt zwischen Meinungsfreiheit und Persönlichkeitsrecht ist immanent, daß die Vornahme einer Handlung in Wahrnehmung dieser Interessen, sei es durch eine Veröffentlichung oder deren Abwehr aus persönlichkeitsrechtlichen Gründen, notwendigerweise einen Eingriff in das Gegenrecht mit sich bringt. Ein Journalist kann nicht eine Persönlichkeit öffentlich darstellen, ohne zumindest deren Recht auf Anonymität zu beeinträchtigen; der Betroffene kann sich nicht dagegen whren, ohne das Recht des Journalisten auf Meinungsfreiheit zu beschränken(3). Hier machen sich die Auswirkungen des Einflusses des Verfassungsrechts bemerkbar,

----

1. vgl. Bundestagsdrucksache 1237/59 63. Teil, 16

2. G. ARZT, Der strafrechtliche Schutz der Intimsphäre, 28; SCHWERDTNER, Münchener Kommentar, § 12 Anhang Rz. 169; LÖFFLER, Presserecht Bd. 1, 489 Rz. 94 f.; NEUMANN-DUESBERG, JZ 1960, 114/116; KOEBEL, MDR 1972, 8/9; Bundestagsdrucksache 1237/59 63. Teil, 16 mit Verweisen auf RGSt 62, 83; 63, 92; 63, 202; 64, 23; BGHZ 3, 270; 13, 334; 24, 72; 24, 200; s.a. OLG Stuttgart JZ 1960, 126/129, ähnlich BVerfGE 35, 202/221 = NJW 1973, 1226/1228 "Lebach"

3. vgl. ADOMEIT, JZ 1970, 495/498

nach dem sowohl das Persönlichkeitsrecht als auch die Meinungsfreiheit in dem Umfang ihres Schutzes durch das Grundgesetz nur durch den Eingriff eines Rechts, dem ebenfalls Verfassungsrang zukommt, beschränkt werden können(1).

Der jeweiligen Wahrnehmung des eigenen Interesses zu Lasten des entgegenstehenden kann schon wegen dieser Zwangsläufigkeit der Beeinträchtigung nicht von vornherein die Rechtmäßigkeit abgesprochen werden. Die Tatsache der Beschränkung der Rechte anderer Beteiligter ist insofern hinsichtlich der Rechtswidrigkeitsfeststellung nicht aussagekräftig.

Es ist nicht einmal möglich, wie A. Arndt allerdings meint(2), aus der Charakterisierung der Rechte aus Art. 5 GG als Freiheitsrechte eine Vermutung für die Rechtmäßigkeit ihrer Ausübung auch bei der Kollision mit dem Persönlichkeitsrecht a priori zu begründen, da zu Gunsten der Freiheit eine solche Vermutung immer bestünde. Da auch das Persönlichkeitsrecht ein Freiheitsrecht ist, würde dieselbe Vermutung für Handlungen sprechen, die auf die Verteidigung dieser Rechte gerichtet sind, so daß eine Vermutung die andere aufhöbe. Eine solche Vermutung wäre nur haltbar, würde zwischen den Gegenpositionen ein rechtliches Rangverhältnis bestehen, dergestalt, daß das eine dem anderen prinzipiell untergeordnet wäre. Im Verhältnis der Rechte aus Art. 5 GG zum Persönlichkeitsrecht besteht jedoch kein grundsätzlicher Vorrang einer dieser beiden Verfassungswerte(3).

Auch die im Zivilrecht vorgenommene gleichlautende Bezeichnung der jeweiligen Interessen als berechtigt, spricht gegen einen solchen Vorrang. Vielmehr bringt die nach der Entwicklung in Rechtsprechung und Lehre verbleibende bloße Gegenüberstellung der als am Konflikt beteiligt angesehenen Rechtspositionen in der Weise, daß die berechtigten Interessen der Allgemeinheit die einwilligungsunabhängige Veröffentlichung des Bildes ermöglichen, soweit diese Veröffentlichung nicht die Rechte des Abgebildeten verletzt, gerade das Fehlen einer Bevorzugung eines der beiden Grundrechte in der von § 23 I Nr. 1 und § 23 II KUG erfaßten Kollision zum Ausdruck. Aus dieser Gegenüberstellung allein ist daher nicht ableitbar, daß das eine Interesse regelmäßig das entgegenstehende überwiege, wie das v. Gamm meint(4).

Einen solchen Vorrang hat der Gesetzgeber den Interessen der Allgemeinheit nur eingeräumt, soweit sich das Informationsbedürfnis auf Bildnisse aus dem Bereiche der Zeitgeschichte bezieht. Hält man aber, wie die ganze h. M.(5) alle Interessen der Öffentlichkeit, auch soweit sie sich nur auf das Zeitgeschehen beziehen, für an sich berechtigt, so kann der damit verbundene Verlust einer Aussage über die Voraussetzungen für eine Vorrangstellung

----

1. BVerfGE 35, 202/223 = NJW 1973, 1226/1227 f. "Lebach" m. w. Nachw.

2. NJW 1967, 1845/1846

3. so ausdrücklich das BVerfG in E 35, 202/225 = NJW 1973, 1226/1229

4. Urheberrechtsgesetz, Einf. Rz. 113

5. u. a. auch v.GAMM, Urheberrechtsgesetz, Einf. Rz. 116

bestimmter Interessen nicht durch eine bloße Begriffsvertauschung, die das Zeitgeschehen zur Zeitgeschichte deklariert, wettgemacht werden. Auch der Umstand, daß die Interessen der Allgemeinheit bei § 23 I Nr. 1 KUG angesiedelt werden, der der Veröffentlichung von Bildnissen der Zeitgeschichte durch den ursprünglichen Regelcharakter dieser Norm eine gewisse grundsätzliche Bevorzugung vor den Rechten der Abgebildeten einräumt, ist ebenfalls allein keine ausreichende Begründung für einen prinzipiellen Vorrang der über Art. 5 GG geschützten Rechte und Interessen.

Der fehlende grundsätzliche Vorrang einer der am Konflikt beteiligten Positionen sowie die fehlende inhaltliche Aussage, unter welchen Voraussetzungen die Persönlichkeitsrechte des Abgebildeten im Sinne des § 23 II KUG verletzt sind, bedingen in Verbindung mit der Reduzierung des Sachgehalts des § 23 I Nr. 1 KUG auf die legitimen Interessen der Öffentlichkeit an sachentsprechender Information den völligen Verlust einer Entscheidung für die Lösung des Interessenkonflikts. Wichtiger als die Beantwortung der Frage, ob ein Interesse legitim ist, ist die sich daran anschließende Entscheidung, ob auch die Wahrnehmung dieses Interesses auf Kosten des entgegenstehenden gerechtfertigt ist(1). Bei der Bewertung der Belange kann der Richter nicht stehen bleiben, er hat darüber hinaus über die Rechtmäßigkeit der Handlungen, die in Verfolgung dieser Belange vorgenommen wurden, zu entscheiden(2). Über die Berechtigung zur Wahrnehmung eines der beteiligten Interessen im Vergleich zur kollidierenden Rechtsposition, die sich in der Gesetzesfassung des § 23 I Nr. 1 KUG in der Veröffentlichungsfreiheit von Bildnissen aus dem Bereiche der Zeitgeschichte ausdrückt, trifft die reine Gegenüberstellung der geschützten Belange aber gerade keine Aussage. Denn sie führt den Konflikt nur auf seine vor dem Inkrafttreten des KUG bestehende Ausgangsposition zurück, die der Gesetzgeber seiner in der Norm zutage tretenden Lösung zugunde gelegt hat. Den Konflikt aufzeigen und bezeichnen heißt aber noch nicht, ihn zu lösen.

Mit der bloßen Gegenüberstellung der Interessen erhält man deshalb noch keine Aussage darüber, welche Interessenwahrnehmung das entgegenstehende und durch die Wahrnehmung beeinträchtigte Rechte verletzen würde. Die Rechtswidrigkeit der Beeinträchtigungshandlung muß so bei Zugrundelegung der herrschenden Interpretation des § 23 I Nr. 1 KUG aus außerhalb des Gesetzes liegenden Kriterien gewonnen werden.

Dies geschieht, wie im allgemeinen Persönlichkeitsrecht sonst auch, durch die Bestimmung des "überwiegenden Interesses".

D. Das überwiegende Interesse der Allgemeinheit

Die Reduzierung des Bildnisses der Zeitgeschichte auf das "berechtigte Interesse der Allgemeinheit" durch Rechtsprechung und Lehre führt zwangsläufig dazu, unabhängig vom Gesetz entscheiden zu müssen, unter welchen Voraussetzungen der Wahrnehmung legitimer Belange Schutz zu gewähren ist und unter welchen Voraussetzungen er versagt werden muß(3).

----

1. vgl. MONZBERG, Verhalten und Erfolg, 272,

2. vgl. ADOMEIT, JZ 1970, 495/496

3. Allgemeines Problem der Wahrnehmung berechtigter Interessen, vgl. Bundestagsdrucksache 1237/39 63. Teil, 16

Diese Abgrenzung kann nur in der Bestimmung der Bereiche liegen, innerhalb derer dem beeinträchtigten Recht ein Vorrang gegenüber dem beeinträchtigenden zukommt. Denn nur in diesen Bereichen ist es schutzwürdiger als das kollidierende Interesse: die Durchsetzung rangniederer Rechte zu Lasten ranghöherer ist mit der Rechtsordnung nicht vereinbar.

Da sowohl die zivilrechtliche Behandlung als auch der vom Bundesverfassungsgericht vorgenommene Vergleich des Persönlichkeitsrechts mit den Rechten aus Art. 5 GG keinem der kollidierenden Grundrechte einen grundsätzlichen Vorrang einräumt(1), muß die Vorrangermittlung notwendigerweise auf einer Stufe weitergehender Konkretisierung versucht werden. Der fehlende Vorrang der betroffenen Grundrechte untereinander schließt nicht aus, daß bei mehr oder weniger typischen Konfliktskonstellationen oder im speziellen Einzelfall das eine geschützte Interesse dem anderen vorgeht, denn ansonsten wäre der Konflikt überhaupt nicht zu lösen und keine Entscheidung könnte sich rechtmäßig nennen. Die Aufgabe der Gerichte besteht deshalb in der Ermittlung des jeweils ranghöheren und damit schutzwürdigeren der kollidierenden berechtigten Interessen. Der Durchsetzung des als überwiegend gewerteten Interesses kann dann das Prädikat "rechtmäßiges Verhalten" verliehen werden.

Mangels vorgegebener oder vielmehr aufgrund aufgegebener gesetzlicher Richtlinien zur Ermittlung des Überwiegens sind sie dazu auf die Güter- und Interessenabwägung als allgemeinem Prinzip der Rechtsfindung angewiesen(2), um, wie im allgemeinen Persönlichkeitsrecht Tatbestandsmäßigkeit und Rechtswidrigkeit einer Eingriffshandlung durch Bildnisveröffentlichung, mit anderen Worten die Verletzungshandlung bestimmen zu können(3). Da es zwischen Gesetz und Judikative keine weiteren verbindlichen rechtsetzenden Institutionen gibt, die Gericht notwendig einzelfallbezogen zu urteilen haben, kann diese Ermittlung mithin nur auf der Stufe des tatsächlich vorgegebenen Sachverhalts erfolgen, so daß der Verlust gesetzlicher Entscheidungskraft letztlich durch die einzelfallbezogene Güter- und Interessenabwägung ausgeglichen werden muß.

Die Konseqzenz, daß zur Gewinnung der Verletzungshandlungen auf dem Gebiet des sogenannten Rechts am eigenen Bild im Einzelfall die Intensität des Eingriffs in das Persönlichkeitsrecht gegen das als primär kollidierend angesehene Informationsinteresse der Öffentlichkeit abzuwägen ist(4), um das

----

1. s. o. und BVerfGE 35, 202/225 = NJW 1973, 1226/1229 "Lebach"
2. s. o. 1. Teil II B 2
3. s. auch BGHZ 3, 270/271/281 "Sumpfblüte"
4. BVerfGE 35, 202/224 = NJW 1973, 1226/1228 "Lebach"

überwiegende Interesse zu bestimmen, wird denn auch einhellig gezogen und jeder Entscheidung mehr oder weniger ausdrücklich zugrunde gelegt(1). Diese aus der vorherrschenden Auffassung zu § 23 I Nr. 1 KUG resultierende Pflicht zur Güter- und Interessenabwägung in jedem Fall ist der beste Beweis für die vollständige Aufgabe des Regelungsgehalts des Gesetzes, denn die Anwendung dieser Methode als für die Entscheidung allein maßgeblich, kann nichts anderes besagen, als daß auf die in § 23 I Nr. 1 KUG zum Ausdruck kommende gesetzgeberische Abwägung nicht zurückgegriffen wird.

Wenn aber in allen Fällen die endgültige Entscheidung durch die einzelfallbezogene Abwägung gefunden werden muß, verlieren die vorgefundenen begrifflichen und inhaltlichen Bestimmungsversuche hinsichtlich des Vorliegens eines Bildnisses der Zeitgeschichte an Bedeutung; ob jemand als Person des öffentlichen Lebens anzusehen ist, aufgrund seiner Leistung oder sozialen Stellung allgemeine Aufmerksamkeit erregt, der Öffentlichkeit bekannt ist, sich bewußt in diese begibt, das Bildnis das Privatleben wiedergibt, etc. kann nur noch Relevanz als möglicher unter vielen denkbaren Abwägungsgesichtspunkten besitzen, deren Gewichtigkeit von Fall zu Fall verschieden hoch anzusetzen sein wird. Für eine begriffliche Auslegung des Bildnisses aus dem Bereiche der Zeitgeschichte sind sie belanglos, da dessen Interpretation durch die ausschlaggebende Einzelfallabwägung selbst irrelevant wird.

Die Sinnlosigkeit dieser Versuche wird besonders deutlich, wenn z. B. Neumann-Duesberg das Vorliegen selbst einer absoluten Person der Zeitgeschichte davon abhängig machen will, daß die Interessenabwägung zu dem Ergebnis führt, daß das Informationsinteresse der Öffentlichkeit an dem dargestellten Geschehen stärker sei als das Anonymitätsinteresse des Betroffenen(2). Daß es bei der Schöpfung z. B. der absoluten und relativen Person der Zeitgeschichte nicht um eine der Wortbedeutung entsprechende Interpretation gehen konnte, sondern nur um die vordergründige Verknüpfung der Einzelfallabwägung mit

----

1. BGH Warn. Rspr. 1979 (39), 120, 122 f.; BGHZ 20, 345/349 "Paul Dahlke"; BGH NJW 1962, 1004 f. "Doppelmörder"; BGH NJW 1965, 2148 ff. "Spielgefährtin"; BGH NJW 1966, 2353 ff. " Vor unserer eigenen Tür"; OLG Frankfurt NJW 1971, 47/48; OLG Koblenz NJW 1973, 251/253; OLG Stuttgart JZ 1960, 126/129; OLG München Schulze OLGZ 91, 6; NEUMANN-DUESBERG, JZ 1960, 114/115; ders. JZ 1973, 261, 262; ders. Juristenjahrbuch Bd. 7 (1966/67), 138/144, 158 ff.; SCHWERDTNER, Das Persönlichkeitsrecht, 216; KOEBEL, MDR 1972, 8 ff.; LÖFFLER, Presserecht Bd. 1, 489 Rz. 94 f.; VOIGTLÄNDER-ELSTER/KLEINE, Die Gesetze, betreffend das Urheberrecht, 32 f.; LAMPE, NJW 1973, 217; H. KOHL, Medienwirkung und Medienverantwortung, 61 Fn. 9; WEHRHAHN, Ufita 37 (1962), 22/29

2. JZ 1960, 114/116; Juristenjahrbuch Bd. 7 (1966/67), 138/144, 148, 150 f.; JZ 1973, 261/262

einem bestimmten vom Gesetz geforderten Rechtsbegriff - quasi als dessen "Auslegung" - beweist das bereits angeführte Beispiel, wonach ein überwiegendes Resozialisierungsinteresse jemandem die Eigenschaft als zeitgeschichtliche Persönlichkeit nehme(1).

H. Kohl hat zu Recht darauf hingewiesen, daß, so griffig das Begriffspaar der absoluten und relativen Person der Zeitgeschichte auch sein möge, es Wertungen nicht ersetzen könne, die im Wege der Abwägung gewonnen würden(2). Dem ist hinzuzufügen, daß das auch nicht in der Absicht Neumann-Duesbergs lag; vorgeschobene Begriffsinhalte als "Ergebnis" von Abwägungen aber gerade die Gefahr mit sich bringen, die Auslegung des Wortinhalts an die Stelle der Abwägung zu setzen(3).

Wenn die Gesetzessystematik des § 23 KUG die Einzelfallabwägung erst ermöglichte, nachdem vorher geklärt worden ist, daß überhaupt ein Bildnis der Zeitgeschichte vorliegt, so wird diese Hürde des § 23 I Nr. 1 KUG einfach beseitigt, wenn man dieselbe Abwägung, wie Neumann-Duesberg es tut, bereits zur Bestimmung der Tatbestandsvoraussetzungen des § 23 I Nr. 1 KUG heranzieht und damit zu einem Problem des Begriffs Zeitgeschichte macht(4). Nach Neumann-Duesberg soll über § 23 II KUG nur noch berücksichtigt werden können, ob die Art und Weise der Bildwiedergabe die berechtigten Interessen der Abgebildeten verletzt(5); eine logisch sicher nicht zwingende Aufteilung der Funktionen.

Mit dem Kunstgriff, § 23 I Nr. 1 KUG bereits als Ansatzpunkt der Einzelfallabwägung heranzuziehen(6), wird gleichzeitig der vom Gesetz vorgesehene Bereich grundsätzlicher Verbreitungsunzulässigkeit bei Bildnissen, die nicht die Zeitgeschichte wiedergeben, beseitigt, so daß es dem vom Gesetz vorgesehenen Freiraum, in dem das Persönlichkeitsrecht ausnahmslos überwiegen sollte(7), nicht mehr gibt.

Damit entfällt auch die Besonderheit des gesetzlichen Rechts am eigenen Bild: Die Unterscheidung des Bereichs, in dem die Veröffentlichung immer von der Einwilligung des Abgebildeten abhängt, von demjenigen, bei dem die

---

1. NEUMANN-DUESBERG, JZ 1973, 261/262

2. Medienwirkung und Medienverantwortung, 61 Fn. 9

3. Dieser Gefahr erlag, offensichtlich ohne es zu bemerken, das OLG Karlsruhe (NJW 1980, 1701/1702), das sich deshalb veranlaßt sah, die Prüfung der Rechtswidrigkeit der Bildnisveröffentlichung im Rahmen einer Abwägung der kollidierenden Grundrechte noch einmal zu wiederholen, nachdem es vorher eine Veröffentlichungsbefugnis aufgrund des § 23 KUG bereits abgelehnt hatte

4. vgl. FRANKE, NJW 1981, 2033/2034

5. Juristenjahrbuch Bd. 7 (1966/67), 138/158 und JZ 1973, 261/263

6. JZ 1973, 261/262

7. § 22 KUG

Notwendigkeit der Einwilligung von der Berücksichtigung der persönlichkeitsrechtlichen Interessen und Rechtsgütern bestimmt wird. Denn mit der Berücksichtigung dieser Interessen bereits im Rahmen des § 23 I Nr. 1 KUG entfällt jede Möglichkeit der Grenzziehung, die erst zur Trennung zweier Bereiche führen kann(1).

Im Gegensatz zu Neumann-Duesberg lokalisiert v.Gamm den Ansatzpunkt der nach seiner Ansicht ebenfalls ausnahmslos vorzunehmenden Interessenabwägung im Absatz 2 des § 23 KUG(2). Das Hindernis, daß es zu dieser Abwägung logisch erst kommen kann, wenn die Voraussetzungen des § 23 I Nr. 1 KUG bejaht worden sind, löst er dadurch, daß er inhaltlich nur solche Bildnisse nicht als dem Bereich der Zeitgeschichte entstammend ansieht, die nicht den Zweck haben, die sachliche Verbindung des Betroffenen mit dem Zeitgeschehen darzustellen, sondern andere Zwecke verfolgen(3). Indem er so jedes das Zeitgeschehen wiedergebende Bild zu den Bildnissen der Zeitgeschichte rechnet, ist die Zahl der Fälle, in denen eine Ablehnung der von ihm vorausgesetzten Anforderungen an § 23 I Nr. 1 KUG erfolgen müßte, denkbar gering. Diese inhaltliche Ausweitung des § 23 I Nr. 1 KUG auf jede Aktualität läßt naturgemäß die persönlichkeitsrechtlichen Belange völlig unberücksichtigt, so daß der Vergleich und die wertende Gegenüberstellung der Rechte und Belange erst über § 23 II KUG erfolgen kann.

Ähnlich wie v.Gamm lokalisieren all diejenigen die Güter- und Interessenabwägung als alleinige Entscheidungsgrundlage bei § 23 II KUG, die es dahingestellt sein lassen, ob der Betroffene eine Person der Zeitgeschichte sei, da jedenfalls seine berechtigten Interessen verletzt seien(4).

Hält man sich vor Augen, daß Rechtsprechung und Lehre § 23 KUG auf die Gegenüberstellung der jeweiligen berechtigten Interessen reduziert haben, so daß es nur noch auf die Feststellung ankommt, welches der beteiligten Belange überwiegt, so wird deutlich, daß es letztlich unerheblich ist, ob die Interessenabwägung bereits unter der Überschrift des § 23 I Nr. 1 KUG oder erst unter der des § 23 II KUG vorgenommen wird. Sobald die Abwägung zum einzigen Weg der Entscheidungsfindung wird, wird eine Unterscheidung zwischen § 23 I Nr. 1 KUG und § 23 II KUG hinsichtlich ihrer Funktionen hinfällig. Beide Normen als Einheit gesehen, sind Ansatzpunkt der Güter- und Interessenabwägung. Diese Erkenntnis steckt hinter der Aussage des Bundesgerichtshofs: "Ob damit rechtssystematisch die Abwägung zwischen Gewicht und Richtung des Publikationsinteresses mit den schutzwürdigen Belangen der Persönlichkeit allein dem § 23 II KUG vorbehalten ist oder ob die wechselseitige Abhängigkeit zwischen den Interessen beider Seiten in gewissem Umfang

---

1. vgl. dazu FRANKE, NJW 1981, 2033/2034
2. Urheberrechtsgesetz, Einf. Rz. 113
3. Einf. Rz. 115/119 und 3. Teil II B 4
4. so G. ARZT, Der strafrechtliche Schutz der Intimsphäre, 28; BGH NJW 1961, 558 "Familie Schölermann"; BGH NJW 1965, 1374 "Wie uns die anderen sehen"

nicht schon bei den Voraussetzungen des § 23 I Nr. 1 KUG zu berücksichtigen ist(1), kann im Streitfall dahingestellt bleiben. Daß eine solche Abwägung stattzufinden hat, ist in der höchstrichterlichen Rechtsprechung seit langem anerkannt(2)". Auch der Bundesgerichtshof setzt also eine Abwägung in jedem einzelnen Falle als Grundlage der zu treffenden Entscheidung voraus.

Man wird daher die Ansichten v.Gamms und Neumann-Duesbergs als auch die Behandlung des § 23 I Nr. 1 KUG als Sitz des berechtigten Interesses der Allgemeinheit richtig werten, wenn man den Zweck dieser Auffassungen nicht darin sieht, das Bildnis aus dem Bereich der Zeitgeschichte zu definieren, sondern ihre Zielrichtung in der Vorbereitung und Ermöglichung der Abwägung in jedem einzelnen konkreten Fall erblickt. Um das zu erreichen, wird § 23 I Nr. 1 KUG als Standort der über Art. 5 GG geschützten Interessenlage herangezogen, um sie auf diese Weise in vollem Umfang und gleichberechtigt dem Persönlichkeitsrecht entgegenstellen zu können.

E. Die Behandlung des Rechts am eigenen Bild durch das Bundesverfassungsgericht

Vor dem Bundesverfassungsgericht hat die dargestellte heute einhellig vorgenommene Behandlung der §§ 22, 23 I Nr. 1, 23 II KUG im Zivilrecht scheinbar ihre Bestätigung gefunden.

Das höchste deutsche Gericht hat in der Lebach-Entscheidung(3) für das Recht am eigenen Bild entschieden, daß im Rahmen der §§ 22 ff. KUG, insbesondere des § 23 I KUG, im Einzelfall stets die Intensität des Eingriffs in den Persönlichkeitsbereich gegen das Informationsinteresse der Öffentlichkeit abzuwägen sei.

Allerdings hat das Bundesverfassungsgericht dabei das hier im vierten und fünften Teil behandelte Problem nicht erörtert, wie sich unter der Geltung der §§ 22 ff. KUG die von der Zivilrechtsprechung in allen Fällen durchgeführte alleinentscheidungserhebliche Abwägung mit diesem Gesetz vereinbaren läßt.

Die Verbindlichkeitserklärung einer solchen Abwägung der von den beteiligten Grundrechten geschützten jeweiligen Interessen liegt auf der Linie der ständigen Rechtsprechung des Bundesverfassungsgerichts, wonach bei zivilrechtlichen Entscheidungen, soweit Grundwerte der Verfassung tangiert werden, deren Ausstrahlungswirkungen auf den zivilrechtlichen Konflikt zu beachten sind, indem bei der Anwendung und Auslegung bürgerlicht-rechtlicher Vorschriften das gefundene Ergebnis mit Hilfe einer zusätzlichen einzelfallbezogenen Güter- und Interessenabwägung auf seine Verfassungskonformität hin überprüft werden muß(4). Die Einzelfallabwägung als notwendige Folge der

---

1. Es folgt ein Verweis auf NEUMANN-DUESBERG
2. Warn. Rspr. 1979 (39), 120/122 f.
3. E 35, 202/224 = NJW 1973, 1226/1228
4. BVerfGE 30, 173/196 f. "Mephisto"; E 18, 85/92 f.; E 42, 143/148 "DGB"; E 7, 198/207 ff. "Lüth"; E 7, 230/234; E 21, 239/243 f.

Wechselwirkungstheorie, der Immanenzlehre sowie des Rückgriffs auf den übergeordneten Grundsatz der Verhältnismäßigkeit(1) stellt insofern nur ein zusätzliches Erfordernis der Überprüfung zivilrechtlicher Entscheidungen dar, das die Auslegung und Anwendung einfachen geschriebenen Rechts nicht ersetzt und auch nicht ersetzen soll(2), dessen Fehlen jedoch die Verletzung der Grundrechte der unterlegenen Partei bedeutet(3).

Dennoch beweist die Lebach-Entscheidung des Bundesverfassungsgerichts, daß dessen Beschränkung bei der Überprüfung zivilrechtlicher Urteile auf den bloßen Vergleich des zivilrechtlichen Ergebnisses mit der vom Bundesverfassungsgericht selbst vorgenommenen Abwägung dazu führen kann, die Frage nach der Übereinstimmung beider Ergebnisse mit den vom Gesetz vorgegebenen Tatbestandsmerkmalen zu vernachlässigen. Soweit überhaupt von den Zivilgerichten eine Abwägung vorgenommen wurde, die dazu noch als "Auslegung" des entscheidenden im Gesetzeswortlaut enthaltenen Rechtsbegriffes ausgegeben wird, besteht offensichtlich die Gefahr, daß die fehlende Vereinbarkeit von Abwägung und Begriffsinhalt nicht bewußt wird. So gab sich das Bundesverfassungsgericht damit zufrieden, daß die zu § 23 KUG vorgefundene zivilrechtliche Praxis ausreichend Raum für eine der Verfassung entsprechende Anwendung, d. h. für eine verfassungskonforme Abwägung in jedem konkreten Fall ließ: " Dabei kommt es verfassungsrechtlich nicht darauf an, bei welchem Tatbestandselement des § 23 KUG die Abwägung vorgenommen wird"(4).

Indem sich so das Bundesverfassungsgericht damit begnügt, daß überhaupt eine Abwägung möglich ist, umgeht es zwangsläufig jede Auseinandersetzung mit der Funktion und dem Inhalt des "Bildnisses aus dem Bereiche der Zeitgeschichte" aus verfassungsrechtlicher Sicht. Es griff in der gesamten Ur-

---

1. vgl. H.-J. PAPIER, Bundesverfassungsgericht und Grundgesetz Bd. I, 432/ 443, 448 ff.

2. PAPIER, a. a. O., 432/445 f.

3. BVerfGE 30, 173/197 "Mephisto"; vgl. zum Problem des Umfangs der Prüfungskompetenz des Bundesverfassungsgerichts in diesem Zusammenhang die abweichenden Stellungnahmen der Richter STEIN und RUPP-v.BRÜNNECK zum Mephistourteil in BVerfGE 30, 200 ff.; sowie G.ROELLECKE, Bundesverfassungsgericht und Grundgesetz, Bd. 2, 22 ff. und PAPIER, Bundesverfassungsgericht und Grundgesetz Bd. 1, 432 ff.

4. BVerfGE 35, 202/224 f. = NJW 1973, 1226/1229 "Lebach", entgegen BVerfGE 34, 269/280 = NJW 1973, 1221/1223 "Soraya", wonach die Verfassungswidrigkeit eines Urteils auch daraus folgen kann, daß der Richter zu einem zwar der Wertvorstellung der Verfassung entsprechenden Ergebnis auf einem methodischen Weg gelangt, der die ihm bei der Rechtsfindung gezogenen Grenzen mißachtet; siehe im folgenden den 4. Teil

teilsbegründung nicht auf diesen Rechtsbegriff zurück und läßt so die Frage offen, auf welche Weise eigentlich die Zivilgerichte, die mit der Vorschrift des § 23 I KUG direkt konfrontiert sind, das auch inhaltlich als verbindlich vorgeschriebene Abwägungsergebnis des Bundesverfassungsgerichts(1) unter Anwendung des § 23 I Nr. 1 KUG nachvollziehen und mit dieser Vorschrift vereinbaren können. Möglich erscheint das nur, wenn man es - wie es Neumann-Duesberg und v.Gamm, wenn auch nicht ausdrücklich tun - auch für das zivilrechtliche Ebene für irrelevant erklärt, daß die Interessenabwägung bereits bei § 23 I Nr. 1 KUG angesiedelt wird.

Im Lebach-Urteil kommt deutlich zum Ausdruck, daß das Bundesverfassungsgericht nicht ausreichend zwischen Anwendung und Auslegung einer Norm zu unterscheiden scheint(2). Denn es hat durchaus auch verfassungsrechtliche Konsequenzen, wie im folgenden zu erörtern sein wird, wenn der Inhalt einer gesetzlichen Norm bei ihrer praktischen Handhabung über die einzelfallbezogene Güter- und Interessenabwägung völlig beseitigt und ersetzt wird, anstatt daß ihre konkrete Auslegung in dem durch das Gesetz gezogenen Rahmen durch eine nachgeordnete Abwägung nur hinsichtlich ihrer Verfassungskonformität korrigiert wird.

F. Ergebnis

Als Ergebnis der Entwicklung der Interpretation des § 23 I Nr. 1 KUG in Rechtsprechung und Lehre bleibt festzuhalten, daß die Handhabung der Abbildungsfreiheit die Aussage dieser Norm wieder auf die ursprüngliche Ausgangslage zurückgeführt hat, die der Gesetzgeber der Schaffung eines gesetzlich verankerten Rechts am eigenen Bild im wesentlichen zugrunde gelegt hatte und hier mit Hilfe des Gesetzes, wenn auch unvollkommen lösen wollte. Deshalb kann die Entscheidung des Interessenkonflikts zwischen Persönlichkeitsrecht und Meinungsfreiheit bei der bildlichen Personendarstellung nicht mehr von der Basis eines durch das Gesetz vorgegebenen generellen Ergebnisses getroffen werden, da dessen Gehalt völlig eliminiert wurde. Der Richter sieht sich also in dieselbe Situation versetzt, wie seinerzeit der Gesetzgeber: Er muß die erkannten widerstreitenden Interessen aus eigener Rechtsmacht und Rechtsschöpfung in alleiniger Verpflichtung auf die in der Gesamtrechtsordnung zutage tretenden Wertauffassungen zum Ausgleich bringen. Hilfen erhält er nur aus der vorgefundenen Rechtsprechung, deren Entscheidungsschwerpunkte, wie z. B. das bewußte Eintreten in die Öffentlichkeit oder der Schutz des Privatlebens selten etwas mit dem Gesetzesinhalt zu tun haben. Sie erfüllen allenfalls die Funktion von Fallgruppen, indem sie eventuell für gleichgelagerte Sachverhalte einen Entscheidungskonsens zum Ausdruck bringen, anhand dessen der Richter seine eigene Sicht und sein eigenes Urteil zu überprüfen hat(3).

---

1. E 35, 202/243 f. = NJW 1973, 1226/1233 f.
2. s. ROELLECKE, Bundesverfassungsgericht und Grundgesetz Bd. 2 22/35 Fn. 72 mit Verweis auf BVerfGE 34, 269/280 "Soraya" und die Übersicht bei LEIBHOLZ/RINCK, Grundgesetz, 6. Aufl. 1979, vor Art. 1 - 19 Rdnr.3, S. 54 ff.
3. vgl. LARENZ, Methodenlehre, 277 ff.

G. Das Recht am eigenen Bild im Vergleich zum allgemeinen Persönlichkeitsrecht

Zum Beginn dieser Abhandlung wurde dargestellt, daß es dem Recht am eigenen Bild sowohl in seiner gesetzlichen Fassung als auch in seiner in Rechtsprechung und Lehre zutage getretenen Ausformung an spezifischen Rechtsgütern mangele, daß vielmehr eine nicht eingrenzbare Vielzahl von Interessen und einzelner Persönlichkeitsrechte objektiv erfaßt und geschützt würde.

Mit dem Wegfall der Bestimmbarkeit genereller Verletzungshandlungen ist darüber hinaus die Besonderheit des sogenannten Rechts am eigenen Bild im Vergleich zum allgemeinen Persönlichkeitsrecht hinfällig geworden. Hier wie dort muß die Rechtswidrigkeit der Beeinträchtigung der Persönlichkeitsrechte in jedem einzelnen Falle positiv festgestellt werden, da es außerhalb der §§ 22 ff. KUG an Tatbeständen fehlt, die eine entsprechende Indizwirkung auslösen könnten. In beiden Fällen ist die Methode dazu die der einzelfallbezogenen Abwägung(1).

Diese Gleichbehandlung des allgemeinen Persönlichkeitsrechts und des Rechts am eigenen Bild wird nicht nur dort offenbar, wo eine direkte Anwendung der §§ 22 ff. KUG, die ihrem Wortlaut nach nur von der Verbreitung und Schaustellung, nicht aber vor der Abbildung selbst schützen(2), ausscheidet, sondern auch bei den gleichgelagerten Interessenkonflikten zwischen Persönlichkeitsrecht und Meinungsfreiheit in den Fällen nichtbildlicher Darstellung, insbesondere der textlichen(3). Selbst inhaltlich unterscheidet sich die Einzelfallabwägung im Falle der Bildnisveröffentlichung nicht von der Abwägung bei der Darstellung mit anderen Mitteln, da oft die gleichen Kriterien zur Entscheidung herangezogen werden(4). Allenfalls bildet der gelegentlich auftauchende Gedanke erhöhter Schutzbedürftigkeit vor bildlicher Darstellung den einzig feststellbaren Unterschied(5).

Die Behandlung des sogenannten Rechts am eigenen Bild durch Rechtsprechung und Literatur hat damit nicht nur die gesetzliche Konfliktslösung aufgegeben, sondern auch die dadurch bedingte Differenzierung im Vergleich mit den anderen Darstellungsformen. Sie entspricht auf diese Weise vollständig dem von A. Arndt geforderten Differenzierungsverbot bezüglich der Freiheit der Meinungsäußerungen in Wort, Schrift und Bild(6).

----

1. Vgl. BUSSMANN, Ufita 40 (1963), 21/38

2. vgl. BGHZ 24, 200/208 f. "Spätheimkehrer"

3. BGHZ 31, 308/313 "Alte Herren"; BGHZ 36, 77/80/83 "Waffenhändler", BGH GRUR 1971, 529/530 "Dreckschleuder"; BGHZ 3, 270/281 "Sumpfblüte"; BGH GRUR 1966, 157/158

4. OLG Braunschweig NJW 1975, 651; NJW 1970, 1325/1326

5. BGH NJW 1966, 2353/2354 "Vor unserer eigenen Tür"; HUBMANN, JZ 1957, 521/525

6. Art. 5 I GG; A. ARNDT, NJW 1967, 1845

Da die Zulässitkeit nichtbildlicher Personendarstellung über das allgemeine Persönlichkeitsrecht als einschlägige Anspruchsgrundlage entschieden wird, bleibt als einzige Besonderheit eines "eigenständigen Persönlichkeitsrechts am eigenen Bild" übrig, daß es auf eine gesetzliche Grundlage verweisen kann, die jedoch nicht zur Anwendung kommt.

4. Teil

DIE ZULÄSSIGKEIT EINER INTERPRETATION DES BILDNISSES DER ZEITGESCHICHTE DURCH EINZELFALLABWÄGUNG

Es ist evident, daß Rechtsprechung und Lehre bei der Beurteilung der Veröffentlichungsfreiheit von Bildnissen in Widerspruch zumindest zu der in § 23 I KUG festgelegten gesetzlichen Regelung des Konflikts treten, wenn sie - wie sonst im allgemeinen Persönlichkeitsrecht üblich - die Tatbestandsmäßigkeit und Rechtswidrigkeit der Beeinträchtigungshandlung unter Vernachlässigung der gesetzlichen Tatbestandsmerkmale allein mit Hilfe der einzelfallbezogenen Güter- und Interessenabwägung bestimmen. Denn diese Ermittlung der Verletzungshandlungen entspricht nicht der gesetzlichen Systematik, nach der dem Prinzip des grundsätzlichen Einwilligungserfordernisses in § 22 KUG Ausnahmen in § 23 I KUG gegenübergestellt werden, die ihrerseits wieder nach § 23 II KUG durch die "berechtigten Interessen" des Abgebildeten als dem nach dem Gesetzeswortlaut vorgesehenen Ansatzpunkt einer ergänzenden Einzelfallabwägung eingeschränkt werden können.
Die Abwägung bereits auf der ersten Stufe dieses Systems beseitigt und ersetzt sowohl den Grundsatz des § 22 KUG als auch das Regel-Ausnahmeverhältnis, das sich in § 23 I Nr. 1 KUG für die hier erörterte Interessenkollision manifestiert[1].

Nun sind Widersprüche zwischen der gesetzlichen Normierung und ihrer konkreten Übertragung auf die zu beurteilenden Sachverhalte nicht unbeschränkt tragbar, da die darin zum Ausdruck kommenden Bewertungsdifferenzen diejenigen Verfassungsprinzipien berühren, nach denen der Richter dem Gesetz unterworfen (Art. 97 I GG), bzw. an Recht und Gesetz gebunden ist (Art. 20 III GG)[2].
Nach Art. 97 I GG und Art. 20 III GG ist der Richter gehindert, sich gegen verfassungsgemäße Gesetze in der Weise aufzulehnen, daß er sie entweder überhaupt nicht anwendet, obwohl sie für den zu entscheidenden Sachverhalt eine Regelung enthalten, oder daß er eine grundsätzlich andere Wertung seinem Urteil zugrunde legt, als sie das anzuwendende Gesetz ausspricht.
Auch soweit er ein Gesetz für verfassungswidrig hält, kann er sich nicht einfach darüber hinwegsetzen; vielmehr ist er nach Art. 100 GG verpflichtet, eine Entscheidung des zuständigen Verfassungsgerichts über die Gültigkeit dieser Norm einzuholen.
Die in der Praxis und Literatur einhellig vorgenommene vollständige Ersetzung der §§ 22 und 23 I Nr. 1 KUG durch eine Einzelfallabwägung, die weder auf den Grundsatz des § 22 KUG noch auf den Rechtsbegriff des "Bildnisses aus dem Bereiche der Zeitgeschichte" zurückgreift und auf diese Weise auch die dreistufig angelegte Gesetzessystematik übergeht, ist deshalb vorrangig im Hin-

---

1. vgl. D. FRANKE, NJW 1981, 2033/2034; G. ARZT, Der strafrechtliche Schutz der Intimsphäre, 28; E. FRANKE, JR 1982, 48/50

2. s. auch § 1 GVG und § 25 DRiG

blick auf ihre Vereinbarkeit mit diesen Verfassungsprinzipien zu überprüfen; die Frage ihrer Zulässigkeit stellt sich als ein Verfassungsproblem(1).

A. Einzelfallabwägung als richterliche Rechtsfortbildung

Im Rahmen der Behandlung des Rechts am eigenen Bild ist konkret danach zu fragen, ob die einzelfallbezogene Güter- und Interessenabwägung als für die Entscheidung allein relevanter Weg zur Problemlösung sich noch als eine Rechtsfindung innerhalb der mit der Bindung des Richters an Recht und Gesetz gezogenen Grenzen oder bereits als Überschreitung dieser Grenzen, deren Zulässigkeit in Frage stehen könnte, darstellt.

Grundsätzlich werden in diesem Fragenbereich drei Arten richterlicher Rechtsfortbildung unterschieden: die Rechtsfindung in der Form der Gesetzesauslegung als Konkretisierung der Norm (Rechtsfindung secundum legem), die gesetzesergänzende Lückenfüllung (Rechtsfindung praeter legem) und als dritte Form die Gesetzeskorrektur (Rechtsfindung contra legem)(2). Dabei gelten die beiden erstgenannten Wege der Rechtsfortbildung generell als mit Art. 20 III und Art. 97 I GG vereinbar, während die richterliche Befugnis zur Rechtsfortbildung contra legem im wesentlichen als unzulässig angesehen wird(3), so daß es wesentlich darauf ankommt, ob die vorgefundene Behandlung des § 23 I Nr. 1 KUG als Rechtsfortbildung "intra" oder "contra legem" beurteilt werden muß.

1. Einzelfallabwägung als Auslegung

Ohne Zweifel würde man die Handhabung der §§ 22, 23 KUG mit der Praxis noch als Rechtsfortbildung "intra legem" beurteilen müssen, wenn die Abwägung des berechtigten Informationsinteresses der Allgemeinheit mit den Interessen des Abgebildeten noch als Auslegung dieser Vorschriften angesehen werden könnte, wie es Rechtsprechung und Lehre unausgesprochen ja vorzugeben scheinen. Denn

----

1. KREY, JZ 1978, 361/363/365/465 mit Verweisungen auf IPSEN, Richterrecht und Verfassung 1975, 231 ff., 239; R.P.SCHNEIDER, DÖV 1975, 443/446, 448, 452; RÜTHERS, Die unbegrenzte Auslegung 1968, 88; RUPP, NJW 1973, 1769

2. KREY, JZ 1978, 361 mit Verweisen auf ENGISCH, Einführung in das juristische Denken, 6. Aufl. 1975, 105, 134; CANARIS, Die Feststellung von Lücken im Gesetz, 17 f., 19 ff., 31 ff.; KREY, NJW 1970, 1908; s. a. R.WANK, Grenzen richterlicher Rechtsfortbildung, 71 m. w. Nach.

3. s. die Darstellung bei KREY, JZ 1978, 428 ff., deren Wiedergabe hier den Rahmen sprengen würde; s. a. die heute vorherrschenden nicht ganz übereinstimmenden Auffassungen zu den Grenzen der Rechtsfortbildung bei PALANDT-HEINRICHS, Einl. v. § 1, VI. Anm. 4 c; STAUDINGER-COING, Einl. 201 ff.; SOERGEL-HEFERMEHL, Anh. zu § 133 Rz. 15 (widersprüchlich ; LARENZ, Methodenlehre, 402 ff., insbes. 417 ff. (nicht eindeutig); HESSE, Grundzüge des Verfassungsrechts, 76; GÜLDNER, Verfassungsprinzip und Privatrechtsnorm, 188

die Auslegung eines Gesetzes als Vorstufe seiner Anwendung auf den Einzelfall ist gerade eine typische Aufgabe der Judikative bei der Umsetzung der vorgefundenen Norm in eine Sachverhaltsentscheidung(1).

Abwägung und Auslegung müssen daher bestimmt und gegeneinander abgegrenzt werden, um beantworten zu können, ob eine einzelfallbezogene Güter- und Interessenabwägung noch als Auslegung des Gesetzes, an das sie anknüpft, verstanden werden kann.

Wie dargestellt(2) handelt es sich bei der Abwägung um ein allgemeines Prinzip der Rechtsfortbildung, mit dessen Hilfe Interessenkonflikte entschieden werden.

Da allen Normen des Privatrechts, sofern es sich nicht um reine Organisationsregeln handelt, Interessenkollisionen zugrunde liegen, hat bereits der Gesetzgeber Abwägungen vorzunehmen, wenn er auftretende Konflikte auf die ihm gemäße Weise regelt(3).

Das Ergebnis dieser Abwägung findet sich als die Entscheidung des in Frage stehenden Konflikts in Form einer Bewertung wieder, unter welchen Voraussetzungen das eine Interesse sich zu Lasten des entgegenstehenden durchsetzen darf und seine Wahrnehmung trotz der Beeinträchtigung des Gegeninteresses rechtmäßig ist. Ein Rechtssatz gibt so - in Tatbestand und Rechtsfolge gegliedert(4) - die Beurteilung des Gesetzgebers zu erkennen, wie das anstehende Ordnungsproblem zu lösen sei, indem er die ihm zugrunde liegende Wertung in Entscheidungs- und Verhaltensregeln umsetzt(5). Gesetze in diesem Sinne werden daher auch als Bewertungs- und Bestimmungsnormen bezeichnet(6).

Die gleiche Aufgabe -Entscheidung eines Ordnungsproblems- erfüllt die Abwägung auf der Ebene des Einzelfalls. Das Urteil des Richters, in dem ein beeinträchtigendes Verhalten entweder als rechtmäßig oder als rechtswidrig qualifiziert wird, trifft ebenso eine Bewertung einer Interessenkollision, aus der für den konkreten Konflikt eine Verhaltensregel, die sich indirekt aus dem Tenor und den Entscheidungsgründen herauslesen läßt, abgeleitet werden kann.

Die Bindung des Richters an Recht und Gesetz, seine Gesetzesunterworfenheit bedeutet nun, verkürzt ausgedrückt, seine Bindung an die wertende Entscheidung des Gesetzes. Insoweit erschließt sich die sogenannte "ratio legis"

----

1. vgl. LARENZ, Methodenlehre, 298 ff.; KREY, Studien zum Gesetzesvorbehalt 97 ff., 246
2. oben 1. Teil II B 2
3. STAUDINGER-COING, Einl. Rz. 114 ff.
4. STUADINGER-COING, Einl. Rz. 114 ff., LARENZ, Methodenlehre, 234 f., 255 f.
5. LARENZ, Methodenlehre, 255
6. KREY, Studien zum Gesetzesvorbehalt, 68 m. w. Nachw.

als die Konfliktsbeurteilung, wie sie im Gesetz zum Ausdruck kommt(1). Soweit der Richter daher bei seiner Sachverhaltsbeurteilung auf eine Norm stößt, in der der ihm vorgelegte Interessenkonflikt geregelt ist, hat er die Bewertung des Gesetzes auf diesen Fall zu übertragen. Zu einer dazu im Widerspruch stehenden eigenen Bewertung ist er nicht ohne weiteres berechtigt. Eine vom Gesetz losgelöste Einzelfallabwägung des Richters kommt erst und nur so weit in Betracht, als ihr nicht bereits Abwägungsergebnisse vorgegeben sind(2), bzw. dann, wenn deren Umsetzung ihm, wie beim Vorliegen von Generalklauseln, Leerformeln und unbestimmten Rechtsbegriffen einen weiteren selbständig auszufüllenden Spielraum lassen.

Hier setzt nun die Gesetzesauslegung in ihrer vorrangigen Funktion an, das notwendig abstrakte Abwägungsergebnis der Norm zu konkretisieren, nach seinem Sinn und Zweck zu interpretieren(3), um so die Subsumtion des konkreten Sachverhalts unter die Norm zu ermöglichen.

Damit ist der wesenhafte Unterschied zwischen Abwägung und Auslegung bezeichnet: Die Auslegung setzt bereits ein Ergebnis, eine Entscheidung des Interessenkonflikts voraus, bemüht sich um die Deutung der in der Norm vorhandenen Bewertung und ist so auf die Durchsetzung der gesetzlichen Wertentscheidung gerichtet. Jede Auslegung bezieht sich so geradezu auf diese Wertentscheidung als notwendigem Ausgangspunkt der Interpretation.

Die Abwägung dagegen, soweit sie nicht wie bei der vom Bundesverfassungsgericht vorgeschriebenen Beachtung der Ausstrahlungswirkung der Grundrechte (4) und wie bei jeder Begriffsauslegung notwendig nur ergänzende Funktion hat, führt erst zu einer Wertung, die einer Auslegung zugänglich ist. Deshalb ist es prinzipiell undenkbar, daß Auslegung die Interpretation eines Abwägungsergebnisses anhand einer weiteren vom Ergebnis unabhängigen Abwägung auf einer niedrigeren Stufe der Rechtsverwirklichung sein kann. Denn das würde letztendlich bedeuten, eine Wertung durch eine andere inhaltlich bestimmen zu wollen.

Wie eben bereits angedeutet, kommt auch die Auslegung bei der Umsetzung des Norminhalts nicht ohne eine ergänzende Bewertung und damit nicht ohne eine zusätzliche Abwägung aus; schon deshalb nicht, weil zu prüfen ist, ob die gefundene Auslegung auf den vorliegenden Tatbestand paßt. Insbesondere die Existenz einer teleologischen Auslegungsmethode beweist, daß jede Norm sowohl ihrer abstrakt-generellen Natur als auch des normativen Charakters oder der relativen Unbestimmtheit der in ihr enthaltenen Rechtsbegriffe wegen, nur einen Rahmen für mögliche Interpretationen bildet, dessen Ausfüllung und Konkretisierung nicht allein eines bloßen Erkenntnisakts in der Form der logischen Schlußfolgerung bedarf, sondern darüber hinaus zu

----

1. CANARIS, Die Feststellung von Lücken im Gesetz, 19
2. LARENZ, Methodenlehre, 392 f., 402
3. PALANDT-HEINRICHS, Ein. v. § 1, VI. Anm. 3 a; STAUDINGER-COING, Einl. Rz. 119, LARENZ, Methodenlehre, 299
4. s. o. 3. Teil II E und BVerfGE 30, 173/197 "Mephisto"

einer wertenden Betrachtung zwingt(1). Ansonsten wäre auch eine Anpassung des Norminhalts an veränderte Wertanschauungen, eine Entwicklung in der Auslegung positiven Rechts nicht denkbar(2).

Um Auslegung wird es sich aber dabei immer nur dann handeln, wenn sich auch die ergänzende Abwägung als Normenkonkretisierung darstellt, d. h. wenn sie sich im Rahmen der durch die Wortbedeutung oder zumindest der durch die ratio legis gezogenen Grenzen bewegt und so den gesetzlichen Regelungszweck zugrunde legt und respektiert. Ansonsten ist eine Einzelfallabwägung als Methode der Rechtsfortbildung nur dort angebracht, wo sie zur Lösung von Interessenkollisionen, für die es an einer ausdrücklichen Regel im Gesetz fehlt, herangezogen wird(3).

Es kommt deshalb für die Zulässigkeit der tatsächlichen Handhabung der §§ 22, 23 KUG darauf an, ob sich die propagierte Einzelfallabwägung noch als eine die Auslegung ergänzende Maßnahme oder als eine den durch Wortbedeutung und Regelungszweck gesteckten Rahmen sprengende Ersetzung der gesetzlichen Wertung begreifen läßt.

Den eigentlichen Ansatzpunkt einer Auslegbarkeit innerhalb der §§ 22, 23 I Nr. 1, 22 II KUG bildet der Rechtsbegriff des "Bildnisses aus dem Bereiche der Zeitgeschichte". Der aus ihm abzuleitende Wortsinn des § 23 I Nr. 1 KUG fordert, daß nur Bildnisse, die ein Geschehen jüngeren Datums kommentieren, dem für Gegenwart und Zukunft eine nicht unerhebliche Relevanz zugesprochen werden kann, die Möglichkeit zu einer einwilligungsunabhängigen Veröffentlichung eröffnen. Dem entspricht in etwa der vom Gesetzgeber verfolgte Zweck, den Grundsatz des § 22 KUG so weit wie möglich beizubehalten und nur herausragende Persönlichkeiten der öffentlichen Darstellung preiszugeben. Unabhängig von dieser gesetzgeberischen Zielsetzung ist dem Normtext auch aus einer objektiven heutigen durch den Gegensatz der Art. 2 und 5 GG geprägten Sicht nicht anzumerken, daß er über eine Erfassung jeglicher Aktualität, jedes Tages- und Zeitgeschehens überhaupt keine Einschränkungen der Veröffentlichungsfreiheit mehr beinhalten soll und diese deshalb mangels gesetzlicher Voraussetzungen nur über die einzelfallbezogene Abwägung der dem Konflikt grundsätzlich zugrunde liegenden Interessen herbeigeführt werden können.

Ebenso wenig ist haltbar, daß sich die zeitgeschichtliche Bedeutung einer Person oder eines Ereignisses aus einem Überwiegen öffentlicher Interessen über die persönlichen Belange ergeben könne, da das Gesetz die gegenteilige Wertung ausdrückt, als nur bei zeitgeschichtlichen Bildnissen das Interesse an der Veröffentlichung höher zu bewerten sei(4). Eine Umkehrbarkeit

----

1. KREY, Studien zum Gesetzesvorbehalt, 67 ff., PALANDT-HEINRICHS, Einl. v. § 1, VI Anm. 3 c
2. LARENZ, Methodenlehre, 301
3. LARENZ, Methodenlehre, 402
4. vgl. EB.SCHMIDT, Justiz und Publizistik, 25 Fn. 50 und S. 26 m.w.Nachw.

von Voraussetzung und Folgerung erlaubt § 23 I Nr. 1 KUG, wie jede andere gesetzliche Wertung nicht, ohne daß dabei dieselbe aufgegeben würde. So wäre es auch z. B. undenkbar, daß in Nachahmung der Neumann-Duesberg'schen Formel von der Person der Zeitgeschichte die Zuordnung des Eigentums danach beurteilt würde, wer das höherwertige Interesse an der Sachherrschaft über den in Frage stehenden Gegenstand und an den anderen mit dem Eigentum verbundenen Rechten vorweisen könnte.

Die mit der Neumann-Duesberg'schen Formel zutage tretende Auflösung sprachlicher Wortinhalte liefert eher ein recht krasses Beispiel für das Goethe-Wort:"Im Auslegen seid frisch und munter, legt Ihr's nicht aus, so legt was unter".
Die rein verbale Beibehaltung gesetzlicher Begriffe zur Bestimmung des Ergebnisses einer von diesen Begriffen unabhängigen Einzelfallabwägung beweist deutlich, daß nicht der gesetzlichen ratio legis zur Durchsetzung verholfen, diese vielmehr durch eine eigenständige Wertung ersetzt werden soll.

Als Auslegung ist diese Vorgehensweise nicht begreifbar.

2. Einzelfallabwägung als Lückenfüllung

Ohne auf ihre Vereinbarkeit mit dem Grundsatz der Gesetzesunterworfenheit des Richters eigehen zu müssen, ließe sich die von Rechtsprechung und Lehre herangezogene Einzelfallabwägung nur dann als einwandfrei zulässige Form der Rechtsfortbildung halten, wenn es sich bei ihrer Anwendung um eine gesetzesergänzende Lückenfüllung handeln würde(1). Das würde allerdings eine planwidrige Unvollständigkeit des Gesetzes, eine Regelungslücke voraussetzen, die durch den Richter ausgefüllt werden kann und muß(2).

Bereits der Umstand, daß nach Rechtsprechung und Lehre die Einzelfallabwägung die nach dem Wortlaut des § 23 I Nr. 1 KUG eigentlich vorzunehmende Auslegung ersetzt, spricht dagegen, daß dieses Gesetz insoweit keine abschließende Regelung enthält. Auch nach Sinn und Zweck der Norm erfassen die §§ 22, 23 I Nr. 1 KUG den gesamten Bereich der Interessenkollisionen, die für den Bereich der Bildnisveröffentlichungen durch das Aufeinandertreffen der Art. 2 und 5 GG gekennzeichnet sind(3). Eine Regelungslücke ließe sich so allenfalls annehmen, soweit es um die Berücksichtigung hoheitlicher Interessen geht(4).

---

1. PALANDT-HEINRICHS, Einl. v. § 1, VI. Anm. 4 b; SOERGEL-HEFERMEHL, Anh. zu § 133 Rz. 12 ff., LARENZ, Methodenlehre, 354 ff.; KREY, JZ 1978, 361/364 f.

2. LARENZ, Methodenlehre, 358, KREY, JZ 1978, 361/364

3. v.GAMM, Urheberrechtsgesetz, Einf.Rz. 115; HUBMANN, Das Persönlichkeitsrecht, 299; SCHWERDTNER, Münchener Kommentar, § 12 Anhang Rz. 168 ff.; BGH Warn. Rspr. 1979 (39), 120/122

4. vgl. meinen Beitrag in NJW 1982, 863

3. Einzelfallabwägung als Rechtsfortbildung "contra legem"

Wenn aber die einzelfallbezogene Abwägung der Interessen der Abgebildeten mit denen der Allgemeinheit(1) nicht als Konkretisierung des gesetzlichen Regelungsrahmens und mangels Regelungslücke auch nicht als gesetzesergänzende Rechtsfortbildung angesehen werden kann, muß diese ständig geübte Behandlung des Interessenkonflikts notwendigerweise im Widerspruch zum Gesetz selbst stehen. Die Nichtbeachtung der gesetzlichen Wertentscheidung, die sich in der von Fall zu Fall variierenden Ersetzung dieser Wertung durch eine eigenständige Beurteilung äußert, stellt sich deshalb als eine "Gesetzeskorrektur", als Rechtsfortbildung "contra legem"(2) oder in den Worten Larenz's als eine "gesetzesübersteigende Rechtsfortbildung dar(3).

Diese Mißachtung der gesetzlichen ratio legis wird nicht dadurch beseitigt, daß man die Einzelfallabwägung vordergründig als Bestimmung der Tatbestandsvoraussetzungen des § 23 I Nr. 1 KUG ausgibt. Darin drückt sich eher eine bewußte oder unbewußte Verschleierung der Divergenz zwischen Norm und Normanwendung aus, die dazu geführt hat, daß diese Divergenz bisher auch nicht einmal problematisiert und erörtert, geschweige denn der Versuch ihrer Rechtfertigung unternommen worden wäre.

B. Die Unzulässigkeit einer Rechtsfortbildung contra legem

Grundsätzlich steht eine solche Auflehnung gegen das Gesetz im Gegensatz zu Art.20 III und Art.97 I GG(4), die die Unterworfenheit des Richters unter das Gesetz zu einem Prinzip von Verfassungsrang erheben. Die Zulässigkeit eines Verstoßes gegen den Grundsatz der Bindung an Recht und Gesetz ist daher ebenfalls aus der Verfassung zu beantworten, denn Begründungen, die die faktische Außerkraftsetzung des § 23 I Nr. 1 KUG rechtfertigen könnten, aber selbst keine verfassungsrechtliche Qualität aufzuweisen haben, sind nicht in der Lage, die in Art. 20 III GG und Art. 97 I GG zum Ausdruck kommende Wertentscheidung des Grundgesetzes umzustoßen. Die Zulässigkeit einer solchen gesetzesüberschreitenden Rechtsfortbildung könnte daher nur, wie bei jeder Kollision verfassungsrechtlicher Prinzipien, unter Berufung auf höherrangige Werte des Grundgesetzes bejaht werden.

---

1. bzw. denen der Publizisten
2. KREY, JZ 1978, 361/362, CANARIS, Die Feststellungen von Lücken im Gesetz, 33, ENGISCH, Einführung in das juristische Denken, 7. Aufl. 1977, 138
3. Methodenlehre, 402 ff.; BVerfGE 8, 28/34 f.; E 18, 97/111; E 19, 248/253; BVerfG NJW 1981, 108/109; BGHSt 22, 146/153
4. KREY, JZ 1978, 361, 465/467; HESSE, Grundzüge des Verfassungsrechts, 76; GÜLDNER, Verfassungsprinzip und Privatrechtsnorm, 188; PALANDT-HEINRICHS, Einl. v. § 1 VI. Anm. 4 c; nicht ganz eindeutig LARENZ, Methodenlehre, 402 ff., 417 ff.; SOERGEL-HEFERMEHL, Anh. zu § 133 Rz. 15

Zu denken wäre dabei an das Gerechtigkeitsprinzip(1), das im Rechtsstaatsprinzip des Art. 20 III GG, in Art. 28 I S. 1 GG und auch in Art. 3 GG seinen Niederschlag findet und das der in Art. 20 III GG und Art. 97 I GG mitverankerten Rechtssicherheit und Gewaltenteilung entgegengesetzt werden könnte(2). Direkter auf das Recht am eigenen Bild bezogen käme Art. 5 I GG in Betracht.

Grundwertkonflikte der Verfassung, die sich durch die Beteiligung des Prinzips der Gesetzesunterworfenheit und der Bindung des Richters an Recht und Gesetz als eines der kollidierenden Werte kennzeichnen, werden von der Verfassung selbst auf eine Weise gelöst, die der sonst üblichen mit Hilfe der Güter- und Interessenabwägung(3) nicht entspricht. Schlüsselworte dazu sind die verfassungskonforme Auslegung der Gesetze und die konkrete Normenkontrolle nach Art. 100 I GG.

Die Verfassungsmäßigkeit eines Gesetzes beweist sich an seiner verfassungsmäßigen Auslegbarkeit. Nach der ständigen Rechtsprechung des Bundesverfassungsgerichts kann ein Gesetz nicht für nichtig erklärt werden, wenn es im Einklang mit der Verfassung auslegbar ist(4), so daß sich umgekehrt die Verfassungwidrigkeit einer Norm erst aus der Unmöglichkeit der verfassungsgemäßen Konkretisierung ergibt(5). Dabei ist auch die verfassungskonforme Auslegung an Wortbedeutung und ratio legis gebunden(6).

Verfassungskonforme Auslegbarkeit bedeutet gleichzeitig ein Muß zur Respektierung in diesem Sinne; eine contra legem erfolgende Gesetzeskorrektur verfassungsgemäß interpretierbarer Normen ist grundsätzlich ausgeschlossen (7). Eine Hinwegsetzung über das im Einklang mit dem Grundgesetz stehende Gesetz verstieße nicht nur gegen die Art. 20 III und Art. 97 I GG, sondern auch gegen das Prinzip der Gewaltenteilung, das Rechtsstaats- und das Demokratieprinzip(8); sie würde bedeuten, daß sich die Rechtsprechung als dritte Gewalt im Staate durch die Nichtbeachtung verfassungsgemäßen positiven Rechts nicht nur über den einzig demokratisch legitimierten parlamentarischen Gesetzgeber, sondern über die Verfassung selbst erhöbe und so zur ersten sogar vom Grundgesetz unabhängigen Staatsgewalt würde(9).

----

1. BVerfGE 25, 269/290; KREY, JZ 1978, 465/466

2. KREY, JZ 1978, 465/467

3. vgl. LEPA, Der Inhalt der Grundrechte, 22 ff.

4. BVerfGE 2, 266/282; E 48, 40/45 f.; LARENZ, Methodenlehre 329 m.w.Nachw. in Fn 48; HESSE, Grundzüge des Verfassungsrechts, 30 und Fn.43; MAUNZ, Deutsches Staatsrecht 23 Aufl. 1980, 48 m.w.Nachw.

5. LARENZ, Methodenlehre, 329; BVerfGE 42, 176/189 f.

6. BVerfGE 8, 28/34; E 18, 97/111; E 42, 176/189 f.; E 47, 48/82; BVerfG NJW 1981, 108/109; HESSE, Grundzüge des Verfassungsrechts, 30; KREY, JZ 1978, 465/467

7. KREY, JZ 1978, 361/465

8. vgl. die eingehende Erörterung bei KREY, JZ 1978, 465 ff.; BVerfGE 49, 304, 318

9. KREY, JZ 1978, 361/465 f.

Ergibt sich bei dem Versuch der verfassungskonformen Auslegung deren Unmöglichkeit, ist das Gesetz also verfassungswidrig, ist der Richter auch dann nicht zu einer zwar verfassungskonformen, aber contra legem erfolgenden "Auslegung" befugt(1). Denn es ist Sache des Gesetzgebers, an die Stelle eines verfassungswidrigen Gesetzes eine verfassungsgemäße Neuregelung zu setzen(2).

Ausschlaggebender ist jedoch, daß das Grundgesetz der Judikative in Art. 100 I GG ausdrücklich vorschreibt, daß ein Gericht, sobald es ein Gesetz, auf dessen Gültigkeit es bei der Entscheidung ankommt, für verfassungswidrig hält, das Verfahren auszusetzen hat, um die Entscheidung des jeweils zuständigen Verfassungsgerichts über die Gültigkeit dieses Gesetzes einzuholen(3). Jede verfassungskonforme Auslegung eines verfassungswidrigen Gesetzes, die über Wortsinn und Regelungszweck hinausgeht, wäre deshalb eine Umgehung des Art. 100 I GG und ein Eingriff in die Kompetenz der Verfassungsgerichte(4) und deshalb unzulässig. Das richterliche Prüfungsrecht weicht hier der verfassungsgerichtlichen Prüfungszuständigkeit(5).

Konflikte, bei denen sich der Richter veranlaßt sehen könnte, aufgrund angenommener höherrangiger Wertentscheidungen eine Rechtsfortbildung contra legem vorzunehmen, können deshalb nicht zu richterlichen Gesetzeskorrekturen, sondern nur zur verfassungsgerichtlichen Nichtigkeitserklärung führen, da eine solche Rechtsfortbildung entweder gegen die Art. 20 III und Art. 97 I GG oder gegen Art. 100 I GG verstieße.

Somit wäre die Frage der Zulässigkeit des Widerspruchs zwischen Norm und Normanwendung negativ entschieden; die Interpretation der §§ 22, 23 I Nr. 1 KUG durch eine vom Gesetz unabhängige Einzelfallabwägung bedeutet eine verfassungsrechtlich nicht haltbare Verknüpfung von gesetzlich vorgegebener Konfliktslösung und tatsächlicher Fallentscheidung.

Die ständige Handhabung der §§ 22, 23 KUG durch die Rechtsprechung, die ihre Bestätigung in der herrschenden Lehre findet, steht so in untragbarem Widerspruch zum vorgegebenen Gesetz. Als vorläufiges Ergebnis ist deshalb festzuhalten, daß dieser Widerspruch zwischen dem Gesetz und seiner tatsächlichen Anwendung verfassungswidrig ist, weil beide nicht in verfassungskonformer Weise miteinander in Einklang gebracht werden können.

Das ist aber nur der erste Schritt, mit dem die Unmöglichkeit der Verbindung von bestimmtem Rechtsbegriff und Einzelfallabwägung als einer vorgeblichen Auslegung geklärt wurde. Eine Aussage über den eigentlich inhaltlich verfassungsgemäßen Weg der Konfliktslösung ist damit noch nicht getroffen, da

----

1. LARENZ, Methodenlehre, 330
2. KREY, JZ 1978, 465, 467 mit Verweisen auf BVerfGE 8, 28/36 f.; E 9, 250/255, E 18, 288/301 f., E 22, 349/361 f.
3. Konkrete Normenkontrolle
4. KREY, JZ 1978, 465/467; BVerfGE 8, 28/34
5. So MAUNZ/ZIPPELIUS, Deutsches Staatsrecht, 303

noch nicht entschieden ist, ob nun entweder die Einzelfallabwägung isoliert von jeder gesetzlichen Wertung oder aber die §§ 22 ff. KUG in ihrer konkreten Ausgestaltung, vielleicht sogar erst eine dritte Alternative den Anforderungen des Grundgesetzes entspricht.

Das hängt zum einen davon ab, ob die §§ 22, 23 KUG verfassungskonform auslegbar sind. Sollte das der Fall sein, hat eine solche Auslegung an die Stelle der Einzelfallabwägung in der jetzt vorherrschenden Handhabung zu treten. Sind sie es dagegen nicht, muß über die konkrete Normenkontrolle(1) die Nichtigkeit dieser Normen festgestellt werden.

Die konkrete Normenkontrolle zwingt zwar den Richter nur zur Vorlage für verfassungswidrig gehaltener nachkonstitutioneller Gesetze; bei den §§ 22 ff. KUG handelt es sich jedoch, obwohl sie im Jahre 1907 in Kraft getreten sind, um solch vorlagepflichtiges positives Recht. Mit der Reform des Urheberrechts im Jahre 1965 wurde zwar das KUG aufgehoben, aber nicht, soweit es den Schutz von Bildnissen beinhaltete(2). Über § 141 Ziff. 5 UrhG hat der Gesetzgeber die §§ 22 ff. KUG in den Rang eines nachkonstitutionellen Gesetzes erhoben, da er sie mit ihrer Beibehaltung in seinen Willen aufgenommen und bestätigt hat(3).

Für den Fall fehlender verfassungskonformer Auslegbarkeit der §§ 22 ff. KUG entscheidet sich dann die Notwendigkeit eines Rückgriffs auf die Methode der Einzelfallabwägung zur Lösung dieses Interessenkonflikts danach, ob nicht andere der Gesetzesform zugängliche Wertungen von konkretem Regelungsgehalt denkbar wären, die den Anforderungen des Grundgesetzes entsprechen und die die §§ 22, 23 KUG ersetzen können.

----

1. oder über eine Verfassungsbeschwerde
2. § 141 Ziff. 5 UrhG
3. vgl. zur Behandlung vorkonstitutioneller Gesetze HESSE, Grundzüge des Verfassungsrechts, 254 Rz. 685; MAUNZ/ZIPPELIUS, Deutsches Staatsrecht, 303 f.

5. Teil

DIE NOTWENDIGKEIT EINER EINZELFALLBEZOGENEN GÜTER- UND INTERESSENABWÄGUNG ZUR ERMITTLUNG DER RECHTSVERLETZUNG

Eine inhaltliche verfassungsrechtliche Überprüfung der §§ 22, 23 KUG wird nun nicht deshalb überflüssig, weil das Bundesverfassungsgericht in seiner Lebach-Entscheidung davon ausging, diese Vorschriften seien nicht zu beanstanden(1).

Unter Gleichsetzung von auslegungsbegleitender und rahmensprengender Abwägung hatte es nämlich nur die Möglichkeit zur Beachtung der Ausstrahlungswirkung der Grundrechte überhaupt geprüft und dabei übersehen, daß eine den vom Gesetz gezogenen Rahmen sprengende Einzelfallabwägung verfassungsrechtliche Konsequenzen im Hinblick auf Art. 97 I GG und Art. 20 III GG nach sich zieht. Das Bundesverfassungsgericht hat so keine Feststellungen getroffen, ob eine gesetzestreue und dabei verfassungskonforme Auslegung des § 23 I Nr. 1 KUG denkbar ist, die einer am Grundgesetz orientierten Kontrolle durch eine auslegungsbegleitende Einzelfallabwägung grundsätzlich standzuhalten vermag. Der kritiklose Rückgriff auf die vorgefundene zivilrechtliche Praxis (2) hat den Blick auf diese Prüfung offensichtlich versperrt.

Das Bundesverfassungsgericht setzt sich so in Widerspruch zu seiner eigenen erst kurz zuvor in der Soraya-Entscheidung(3) getroffenen Feststellung: "Der Richter kann die Wertvorstellungen des Grundgesetzes nicht in beliebiger Weise in seinen Entscheidungen zur Geltung bringen. Er würde die Verfassung auch verletzen, wenn er zu einem Ergebnis, das den Wertvorstellungen der Verfassung entspräche, auf einem methodischen Wege gelangte, der die dem Richter bei der Rechtsfindung gezogenen verfassungsrechtlichen Grenzen mißachtete. Auch eine so getroffene Entscheidung müßte vom Bundesverfassungsgericht beanstandet werden."

Die Verfassungsmäßigkeit der §§ 22, 23 KUG ist also nicht allein davon abhängig, daß die zivilrechtliche Praxis überhaupt eine Einzelfallabwägung vornimmt, sondern vielmehr von der inhaltlichen Vereinbarkeit der vorgefundenen Vorschriften mit dem Normgehalt der angesprochenen Grundrechte. Deshalb ist die vom Bundesverfassungsgericht im Lebach-Urteil ausgesprochene Verfassungsmäßigkeit der §§ 22, 23 KUG unerheblich, da die Prüfung der Möglichkeit zur fallbezogenen Wertung allein nichts über die verfassungskonforme Auslegbarkeit des § 23 I Nr. 1 KUG aussagt.

---

1. E 35, 202/224 f. = NJW 1973, 1226/1229
2. s. den Verweis des Bundesverfassungsgerichts auf NEUMANN-DUESBERG, JZ 1973, 262 und v.GAMM, Urheberrechtsgesetz, Einf. Rz. 113 in E 35, 202/225 = NJW 1973, 1226/1229
3. E 34, 269/280 = NJW 1973, 1221/1223 "Soraya"

I. Die verfassungskonforme Auslegbarkeit der §§ 22, 23 I Nr. 1 KUG

Die seit Jahrzehnten relativ einheitliche Handhabung des Rechts am eigenen Bild in der zivilrechtlichen Praxis und Lehre im Hinblick auf die Methodik der Konfliktslösung, die ständige Nichtbeachtung des Regelungsgehalts des § 23 I Nr. 1 KUG und die unkritische Anerkennung der gesetzesunabhängigen Einzelfallabwägung als verfassungsgemäß durch das Bundesverfassungsgericht rechtfertigen es, die verfassungskonforme Auslegbarkeit der §§ 22, 23 KUG unter einem vom normalen Weg der Auseinandersetzung mit dem Rechtsbegriff und Begriffsinhalt abweichenden Ansatzpunkt zu untersuchen; nämlich unter dem Aspekt, daß jede verfassungskonforme Auslegbarkeit bestimmter Rechtsbegriffe voraussetzt, daß die zugrunde liegende Interessenkollision überhaupt einer gesetzlichen Konfliktslösung von konkretem Regelungsgehalt, der Erstellung allgemeinverbindlicher Bestimmungs- und Bewertungsnormen, die mit der Verfassung vereinbar sind, zugänglich ist.
Die Vielfalt der mit einer gesetzlichen Regelung auf einen Nenner zu bringenden Interessen im Bereich des Rechts am eigenen Bild, die im wesentlichen durch die uneingrenzbare Vielfalt des möglichen bildlichen Darstellungsinhalts bedingt ist, begründet nämlich berechtigte Zweifel, ob eine für alle diese Fälle verbindliche konkrete Regelung überhaupt möglich erscheint; das heißt, zu gleichermaßen vernünftigen und gerechten Ergebnissen führen kann.

Daß eine solche Untersuchung nicht abwegig ist, bezeugt allein der weite Bereich der Anwendung der Einzelfallabwägung, wie beispielsweise im allgemeinen Persönlichkeitsrecht, das sich bis jetzt jeder gesetzlichen Umsetzung verschlossn hat.

Die Vereinbarkeit einer so gefundenen allgemeingültigen Bewertbarkeit der erfaßten Sachverhalte mit den §§ 22, 23 KUG beantwortete dann die Frage nach der verfassungskonformen Auslegbarkeit dieser Vorschriften mit.

Ein solcher Ansatz bietet außerdem den Vorteil, daß die eventuelle Verneinung einer gesetzlichen Regelbarkeit gleichzeitig die Methode der einzelfallbezogenen Güter- und Interessenabwägung als einzig verfassungsgemäßem Weg der Entscheidung des Problems des Persönlichkeitsschutzes vor bildlicher Darstellung ausweisen würde und so über die im Ergebnis des letzten Kapitels angeschnittenen Alternativen, die sich aus der Unzulässigkeit des Widerspruchs zwischen Norm und Normanwendung in der heutigen Behandlung des Rechts am eigenen Bild ergeben, in einem Prüfungsgang mitentscheiden könnte.

Mit der inzidenten Prüfung, ob die Verfassung die Einzelfallabwägung tatsächlich zwingend erfordere, könnte darüber hinaus der bislang fehlende, aber für jede Rechtsfortbildung notwendige Nachweis[1] erbracht werden, daß die gegebene gesetzliche Problemlösung nicht mehr als der Verfassung entsprechend angesehen werden kann.

----
1. PALANDT-HEINRICHS, Einl. v. § 1 VI. Anm. 4 c; STAUDINGER-COING, Einl. Rz. 211, GÖLDNER, Verfassungsprinzip und Privatrechtsnorm, 204, 208

II. Der Konkretisierungsprimat des Gesetzgebers und Art. 3 I GG

Wenn Rechtsfindung, gleich in welcher Form und durch wen, Konfliktslösung ist, deren Notwendigkeit in der Kollision konträrer Zielsetzungen und Interessen als der beherrschenden rechtstatsächlichen Erscheinung ihre Ursache hat, ist die Abwägung als für alle Fälle des Interssenwiderstreits geltender Lösungsweg(1) die elementarste und zuerst zum Zuge kommende Methode(2) der Konfliktslösung. Naturgemäßes Ergebnis einer solchen Abwägung als eines Vergleichs der am Konflikt beteiligten Wertigkeiten ist die Feststellung des Überwiegens der einen oder anderen Rechtsposition unter bestimmten Voraussetzungen. Aus der Verbindung dieses Überwiegens des beurteilten Interesses mit einer Rechtsfolge unter den Voraussetzungen, die das Überwiegen begründen, läßt sich dann eine Rechtsregel für die Behandlung des konkreten Konflikts entwickeln, die sich z. B. in der richterlichen Fallentscheidung im Urteil ausdrückt. Die Bildung und Verknüpfung von Tatbestand und Rechtsfolge, die zusammen die Rechtsregel ergeben, spiegelt auf diese Weise das Ergebnis der Bewertung wieder, unter welchen Voraussetzungen welches Interesse überwiegen soll und beschreibt gleichzeitig den Anspruch auf Wahrnehmung des unter den in der Regel enthaltenen Bedingungen "berechtigten Interesses".

Will man nun eine aus einem konkreten Fall entwickelte Rechtsregel als Ausgestaltung des zugrunde liegenden Abwägungsergebnisses auf andere Sachverhalte übertragen, so ist das dann möglich, wenn die Verbindlichkeit dieses Ergebnisses als sachgerechte Regelung auch dieser Einzelfälle gesichert ist; denn erst dann kann eine erneute auf diese Sachverhalte bezogene Abwägung und Regelbildung unterbleiben.

Sobald aber eine Regelung Verbindlichkeit für mehr als nur einen Fall erlangt, verliert sie ihren individuellen konkreten Charakter. Ein Geltungsanspruch für eine Vielzahl nach der entwickelten Regel zu entscheidenden Einzelfälle bedingt vielmehr eine abstrakt-generelle Natur, d. h. den Normcharakter der Regelung(3), wobei der Grad der Abstraktheit und der generelle

---

1. BGHZ 3, 270/271, 281 "Sumpfblüte"; RGSt 61, 242/254; STAUDINGER-COING, Einl. Rz. 114; HUBMANN, Wertung und Abwägung im Recht, 145/147
2. kritisch zur Abwägung als einer Methode, J.N.DRUEY, St. Galler Festgabe zum Schweizerischen Juristentag 1981, 131 ff.
3. vgl. LARENZ, Methodenlehre, 232 sowie die Ausführungen zu der Abgrenzung des Verwaltungsakts als einer Einzelfallregelung von der Rechtsnorm im allgemeinen Verwaltungsrecht bei MEYER/BORGS, Kommentar zum Verwaltungsverfahrensgesetz 1982, § 35 Rz. 44 ff.; KNACK, Verwaltungsverfahrensgesetz, Kommentar 1981 § 35 Rz. 4.3.1 ff.; WOLFF-BACHOF, Verwaltungsrecht I 1974, § 46 VI. a.

Charakter der Norm in unmittelbarem Zusammenhang mit dem Verbindlichkeitsanspruch hinsichtlich der Menge der erfaßten Regelungssachverhalte stehen(1).

Norm und Einzelfallbewertung unterscheiden sich also im wesentlichen durch die Allgemeinverbindlichkeit der in der Norm enthaltenen Rechtsregel, also in der Anwendbarkeit ein und derselben rechtlichen Beurteilung auf eine unbestimmte Vielzahl von Sachverhalten. Die Normsetzung beinhaltet so das Erstellen von Regeln von normativem und allgemeinverbindlichem Charakter, die für die zu erfassenden Lebenssachverhalte eine taugliche, d. h. primär eine gerechte Entscheidung des in diesen Lebenssachverhalten zutage tretenden Interessenkonflikts bedeuten.

Der Legislative steht nun aus mehreren Gründen ein Primat zur Rechtsetzung und Entscheidung typischer Interessenkonflikte zu(2). Ohne diese vorrangige Befugnis zur Konfliktslösung mit Hilfe des Gesetzes wäre bereits die Gesetzesbindung der Judikative illusorisch; auch Rechtssicherheit, Rechtspublizität, Rechtsgleichheit und Rechtsobjektivität könnten durch die Rechtsprechung nicht in gleichem Maße wie durch die gesetzgebende Gewalt gewährleistet werden(3). Zuzustimmen dürfte Göldner(4) darin sein, daß sich dieser Primat auch aus der größeren Funktionstauglichkeit der Legislative zu inhaltlich sachgerechterer Prinzipienausformung aufgrund der ihr im Vergleich zur Judikative zur Verfügung stehenden geeigneteren Mittel rechtfertigt(5). Insoweit ist der Konkretisierungsprimat eng mit dem Gewaltenteilungsprinzip verbunden, da beide verfassungsrechtlichen Grundsätze den Gedanken eines Verbots der Wahrnehmung von Funktionen, die der Struktur des jeweiligen Verfassungsorgans und der ihm zugewiesenen Aufgabenstellung nicht entsprechen, gemeinsam haben(6). Man wird daher den Vorrang der Legislative zur Prinzipienkonkretisierung nicht nur als ein Recht der gesetzgebenden Organe zur Normsetzung ansehen dürfen, sondern aus dieser Befugnis eine Aufgabe und Verpflichtung zu ihrer Wahrnehmung herleiten können, sobald sich ein ernsthaftes Regelungsbedürfnis bemerkbar macht.

----

1. Die abstrakte Natur der Norm als der Unbestimmtheit der Zahl der ihr unterworfenen Sachverhalte ist hierbei von ihrem konkreten Regelungsgehalt, d.h. der inhaltlichen Bestimmtheit und Schärfe der Tatbestandsmerkmale zu unterscheiden

2. GÖLDNER, Verfassungsprinzip und Privatrechtsnorm, 182 ff.; LARENZ, Methodenlehre, 330, 419; H. SCHNEIDER, Die Güterabwägung des Bundesverfassungsgerichts, 193, 198; BVerfGE 20, 162/187

3. vgl. GÖLDNER, a. a. O. 184 m. w. Nachw.

4. a. a. O., 186, 237

5. s. auch R.WANK, Grenzen richterlicher Rechtsfortbildung, 113 ff., 154 ff.; J.IPSEN, Richterrecht und Verfassung, 133 ff.; HESSE, Grundzüge des Verfassungsrechts, 187

6. so zur Gewaltenteilung HESSE, Grundzüge des Verfassungsrechts, 187

Die Ausformung von Prinzipien, einschließlich denen der Verfassung ist deshalb grundsätzlich der rechtsprechenden Gewalt nur so weit anvertraut, als sich dies aus dem funktionalen Zusammenspiel von Gesetzgebung und Rechtsprechung, dem arbeitsteiligen Zusammenwirken bei der Normsetzung und Normvollendung als notwendig erweist(1).

Die von Rechtsprechung und Lehre im Rahmen der §§ 22, 23 KUG in der beschriebenen Form herangezogene Einzelfallabwägung würde daher als eventuelle Nichtbeachtung des Konkretisierungsprimats der gesetzgebenden Gewalt neben Art. 97 I GG und Art. 20 III GG auch diejenigen Verfassungsgrundsätze, aus denen sich dieser Vorrang zur Prinzipienausformung ableiten läßt, verletzen und sich über die grundgesetzlich vorgesehene Aufgabenverteilung zwischen Legislative und Judikative hinwegsetzen. Sie kann deshalb, wenn überhaupt, nur in einem Umfang möglich sein, der sich nicht in Widerspruch zu dieser Aufgabenverteilung setzt. Eine Einzelfallabwägung ist deshalb nur dann vertretbar, wenn die Legislative eine entsprechende Normsetzung bisher nicht vorgenommen hat, aus der Natur der Sache dazu nicht in der Lage ist oder durch die Aufnahme von Generalklauseln oder Leerformeln, wie der des "berechtigten Interesses" im Gesetz zum Ausdruck bringt, daß sie die Prinzipienkonkretisierung in einem weiten Ausmaß delegiert(2).

Eine solche Delegation liegt hier, wie ausgeführt, nicht vor. Prüft man deshalb, unter Außerachtlassung der Tatsache, daß hier bereits eine Normsetzung vorliegt, ob die Legislative kraft Natur der Sache überhaupt zu einer gesetzlichen Ausformung des Persönlichkeitsschutzes vor bildlicher Darstellung in der Lage ist, die vor der Verfassung Bestand haben könnte, so hängt dies bereits von der Möglichkeit zu einer Abwägung auf der Ebene der Gesetzgebung an sich ab, deren Ergebnis Normativität und Allgemeingültigkeit nicht nur aufgrund der Autorität des Gesetzes, sondern auch von der Sache her für sich beanspruchen kann und einer tatbestandlichen Fassung zugänglich ist.

Der grundlegende Zielkonflikt in diesem Bereich erweist sich so als der zwischen der durch eine Norm repräsentierten Rechtssicherheit und der durch die Abwägung gewährleisteten Einzelfallgerechtigkeit. Denn eine Regelung kann inhaltlich und nicht nur formell nur dann von allgemeiner Gültigkeit sein, wenn sich die aus der Allgemeinverbindlichkeit resultierende Gleichbehandlung der erfaßten Sachverhalte im wesentlichen durch die Parallelität der Bewertungen der konkreten Fälle und der Übereinstimmung dieser parallelen Bewertbarkeit mit der abstrakten Regel des Gesetzes verifizieren läßt. Die Übertragung der Gesetzesregel auf den Einzelfall muß zu befriedigenden, gerechten Ergebnissen führen; das ist dann gewährleistet, wenn das sich im

----
1. KREY, Studien zum Gesetzesvorbehalt, 97 ff., 246
2. DRUEY, St. Galler Festgabe zum Schweizerischen Juristentag 1981, 131/147; LARENZ, Methodenlehre, 402; H. SCHNEIDER, Die Güterabwägung des Bundesverfassungsgerichts, 198; BVerfGE 20, 162/169

Gesetz widerspiegelnde Abwägungsergebnis auch sachgerechtes Ergebnis einer Beurteilung des gerade vorliegenden Sachverhalts sein könnte. Umgekehrt muß, soll es nicht bei der einzelfallbezogenen Abwägung als ausschlaggebendem Mittel der Entscheidungsfindung bleiben, eine Verallgemeinerungsfähigkeit einer im konkreten Fall für gerecht empfundenen Beurteilung für alle betroffenen Interessenkollisionen bestehen.

Das Bundesverfassungsgericht räumt zwar bei einem Widerstreit zwischen Rechtssicherheit und Gerechtigkeit dem Gesetzgeber ein Wahlrecht ein, sich für eines der beiden Prinzipien zu Lasten des entgegenstehenden zu entscheiden; setzt dieser Wahlfreiheit jedoch die verfassungsgerichtliche überprüfbare Grenze der Willkür(1).

Die Allgemeingültigkeit einer abstrakt-generellen Regelung als einer Gleichbehandlung der zu beurteilenden Sachverhalte unter dem Anspruch der Gerechtigkeit stellt somit ein typisches Problem der Forderung des Gleichheitssatzes des Art. 3 I GG dar, Gleiches gleich und Ungleiches seiner spezifischen Eigenart entsprechend zu behandeln(2). Diese ständig gebrauchte Formel des Bundesverfassungsgerichts(3) zu Art. 3 I GG erfährt eine Erweiterung durch die Forderung, auch das Unterschiedliche in sich gleich zu behandeln (4) und läßt sich so zu der Aussage zusammenfassen, jeden Regelungssachverhalt seiner besonderen Eigenart gemäß zu behandeln.

Der dem Gesetzgeber unter dem Gebot der Rechtsetzungsgleichheit(5) verbleibende Gestaltungsfreiraum(6) führt dabei erst dann zur Annahme eines Verstoßes gegen Art. 3 I GG durch den materiellen Gehalt einer Norm, wenn der Gesetzgeber es unterlassen hat, bestehende Gleichheiten zu berücksichtigen, die so bedeutsam sind, daß sie bei einer am Gerechtigkeitsgedanken orientierten Betrachtungsweise hätten berücksichtigt werden müssen(7); bzw. dann, wenn sich in der praktischen Auswirkung eines Gesetzes, das vom Wortlaut

---

1. E 25, 269/290 f.; E 3, 225/237 f.; E 15, 313/319 f.

2. RUPP, Bundesverfassungsgericht und Grundgesetz II, 364/371; SCHMIDT-BLEIBTREU/KLEIN, Art. 3 GG Rz. 13; MAUNZ-ZIPPELIUS, Deutsches Staatsrecht, 197; HESSE, Grundzüge des Verfassungsrechts, 166; BVerfGE 1, 14/52; E 3, 58/135; E 4, 144/155 u.a.

3. seit E 1, 14/52

4. DÜRIG in MAUNZ-DÜRIG, Art. 3 I Rz. 321 f.

5. PAPIER, Bundesverfassungsgericht und Grundgesetz I, 432/455

6. MAUNZ-ZIPPELIUS, Deutsches Staatsrecht, 199; SCHMIDT-BLEIBTREU/KLEIN, Art. 3 GG Rz. 3, 16; RUPP, Bundesverfassungsgericht und Grundgesetz II, 364/371; BVerfGE 3, 58/135; E 46, 55/62; E 49, 260/271; E 9, 291/302; E 17, 1; E 17, 199/293 u. a.

7. so MAUNZ-ZIPPELIUS, Deutsches Staatsrecht, 199 mit Verweis auf BVerfGE 23, 229/240; E 18, 121/124; E 21, 12, 26

her keine Ungleichbehandlung erkennen läßt,offenbare Ungleichheiten ergeben, die gerade auf die rechtliche Gestaltung zurückzuführen sind(1).

Von einer zwingend aus der Sicht des Art. 3 I GG gebotenen Einzelfallabwägung kann deshalb erst dann ausgegangen werden, wenn jede denkbare durch eine Norm erfolgende Gleichbehandlung bei ihrer praktischen Umsetzung in krassen Widerspruch zum vorherrschenden Gerechtigkeitsempfinden nicht nur in einer vernachlässigbaren Zahl von Einzelfällen(2) träte; bzw. wenn keine einer Gesetzesfassung zugängliche Differenzierbarkeit in der Regelung ungleicher Sachverhalte zu gerechten Ergebnissen führen könnte. Die Einzelfallabwägung wird deshalb dann zu einer Notwendigkeit, wenn die erfaßten Sachverhalte von einer solchen Verschiedenartigkeit sind, daß daraus keine verallgemeinerungsfähige Beurteilungsgrundlage ableitbar wäre, die eine aus der Natur des Gesetzes folgende Gleichbehandlung ermöglichen könnte.

Eine dennoch vorgenommene abstrakt-generelle Regelung wäre unter diesen Umständen dem Vorwurf der Willkürlichkeit ausgesetzt und wäre deshalb auch mit dem Konkretisierungsprimat des Gesetzgebers nicht zu rechtfertigen.

Das Problem der Notwendigkeit der Einzelfallabwägung stellt sich so ebenfalls als ein Problem der Kollision von Verfassungswerten, dem des Gleichbehandlungsgebots, des Gerechtigkeitsgebots und dem des Vorrangs des Gesetzgebers zur Konfliktslösung, das nach allgemeinen Grundsätzen in der Weise zu entscheiden wäre, welches Verfassungsprinzip im konkreten Fall höher zu bewerten ist(3).

Dieser Konflikt wäre indes keiner, wenn allen Prinzipien Rechnung getragen werden könnte, indem sich abstrakt-generelle Regelungen aufstellen ließen, deren Gerechtigkeitsgehalt sich bei allen von der Regel erfaßten Einzelfällen erneut erweisen würde. Den Anforderungen des Art. 3 I GG würden die §§ 22, 23 KUG dann entsprechen, wenn § 23 I Nr. 1 KUG eine dieser denkbaren Regelungen wäre.

III. Schutz der Persönlichkeit vor Bildnisveröffentlichungen und Art. 3 I GG

A. Die Grundlagen des Gleichbehandlungsgebots

Wenn Art. 3 I GG fordert, Gleiches gleich und Ungleiches ungleich zu behandeln, so setzt das zunächst voraus, daß Gleiches als solches erkannt und

---

1. MAUNZ-ZIPPELIUS, Deutsches Staatsrecht, 23. Aufl. 1980, 146; BVerfGE 8, 8/51
2. s. dazu RUPP, Bundesverfassungsgericht und Grundgesetz II, 364/377 f.
3. LEPA, Der Inhalt der Grundrechte, 24; BVerfGE 28, 243/261

Unterschiedliches voneinander geschieden werden kann. Dabei ist zu beachten, daß Gleichheit nicht mit Identität verwechselt werden darf, da nur eine Mehrzahl von Objekten einander gleich sein können, so daß nie eine vollkommene absolute Übereinstimmung bestehen kann(1). Eine Mehrzahl von Objekten bedingt zwangsläufig deren Geschiedenheit und Unterscheidbarkeit voneinander. Deshalb trifft das Gebot, Gleiches gleich zu behandeln, eigentlich auf die Notwendigkeit, "Verschiedenes" gleich behandeln zu müssen. Daß dieses Paradoxon lösbar ist, liegt in der Möglichkeit, verschiedene Objekte im Hinblick auf bestimmte ausgesuchte Gemeinsamkeiten miteinander zu vergleichen. Die auf diese Weise erfolgende Heraushebung gemeinsamer Merkmale unter Vernachlässigung übriger Eigenschaften(2) erfolgt zwangsläufig selektiv, was wiederum eine Zweckgerichtetheit bei der Auswahl beinhaltet. Der Vergleich als Grundlage des Gleichheitssatzes(3) ist deshalb nur sinnvoll, wenn er auf eine an die verglichenen Merkmale anknüpfende Gleich- oder Ungleichbehandlung abzielt. Von Bedeutung sind daher nur Gemeinsamkeiten oder Unterschiede, die im Hinblick auf die beabsichtigte Regelung wesentlich sind(4).
Mit Art. 3 I GG wäre es deshalb nicht vereinbar, wenn Eigenschaften der Vergleichsobjekte zur Beurteilung herangezogen würden, die für den verfolgten Regelungszweck nicht wesentlich wären, oder wenn eine Gleichbehandlung gewählt würde, die sich nicht auf bestehende wesentliche Gemeinsamkeiten zurückführen ließe. Ebenso wäre eine Ungleichbehandlung nicht tragbar, die sich nicht auf für die Unterscheidung wesentliche Merkmale stützen, bzw. wesentliche Gemeinsamkeiten vernachlässigen würde.

B. Die Anforderungen des Gleichbehandlungsgebots

Die Absicht der Regelung eines Sachgebietes setzt nun einen Vergleich in zweierlei Hinsicht voraus:
Zum einen bedarf es wesentlicher Gemeinsamkeiten der zu erfassenden Sachverhalte, um überhaupt das Regelungsgebiet von anderen Sachbereichen abzugrenzen, um so der Forderung gerecht werden zu können, Ungleiches in sich gleich, aber voneinander verschieden zu behandeln(5). So wurde in den §§ 22 ff. KUG die Tatsache der Veröffentlichung von Personenbildnissen zugrunde gelegt, um die so bezeichneten Sachverhalte einer einheitlichen Regelung, der sich aus der übereinstimmenden Anwendung von Tatbestand und Rechtsfolgen ergebenden Gleichheit des Gesetzes(6), unterwerfen zu können, die sich von der Behandlung anderer Arten der Persönlichkeitsbeeinträchtigung unterscheidet.

----

1. HESSE, AöR 77 (1951/52), 167/172; DÜRIG in MAUNZ-DÜRIG, Art. 3 I Rz. 332
2. vgl. RUPP, Bundesverfassungsgericht und Grundgesetz II, 364/377 f.
3. DÜRIG in MAUNZ-DÜRIG, Art. 3 I Rz. 305, 337; HUBMANN, JZ 1957, 753/754; ders., JZ 1957, 521/523; ders. Wertung und Abwägung im Recht, 150
4. DÜRIG in MAUNZ-DÜRIG, Art. 3 I Rz. 332; HESSE, AöR 77 (1951/52), 167/174
5. DÜRIG in MAUNZ-DÜRIG, Art. 3 I GG Rz. 321
6. HESSE, AöR 77 (1951/52), 167/175

Da aber nicht für alle Bildnisveröffentlichungen dieselbe Rechtsfolge, d.h. entweder ihre grundsätzliche Zulässigkeit bzw. Unzulässigkeit, angeordnet werden kann und soll, sondern noch einmal unterschieden werden muß zwischen rechtmäßigen und rechtswidrigen öffentlichen Darstellungen, bedeutet Gleichbehandlung innerhalb des so abgegrenzten Regelungsgebiets die Anlegung eines oder weniger für alle Sachverhalte gültigen Maßstäbe zur Trennung der rechtsverletzenden von den rechtmäßigen Veröffentlichungen. Als zweites müssen deshalb die Sachverhalte auf wesentliche gemeinsame Merkmale hin verglichen werden, die die Bildung eines sachgerechten Grundes für diese Unterscheidung erlauben und die über die bloße Tatsache der Bildnisveröffentlichung hinaus gehen. So wäre auf § 23 I Nr. 1 KUG bezogen zu fragen, ob die Zeitgeschichtlichkeit einen sachgerechten Maßstab bildet, die Rechtsverletzung zu begründen, bzw. abzulehnen.

Dabei würde die Unmöglichkeit der Bildung einer einheitlichen Beurteilung als Grundlage zur Unterscheidung rechtmäßiger von rechtswidrigen Veröffentlichungen gleichzeitig die Sachgerechtigkeit der besonderen Behandlung des Schutzes der Persönlichkeit vor bildlicher Darstellung mit in Frage stellen; denn wenn das Ungleiche nicht wieder in sich gleich behandelt werden kann, erübrigt sich das die mit der Unterscheidung verbundene Heraushebung, da damit der auf eine Regelung abzielende Zweck des Vergleichs nicht mehr erreichbar wäre.

C. Der "sachgerechte Grund" als Bedingung der Rechtsgleichheit

Es stellt sich so die Aufgabe, die von den Merkmalen der Bildnisveröffentlichung erfaßten Sachverhalte daraufhin zu vergleichen, ob sie gemeinsame wesentliche Eigenschaften aufweisen, die als Anknüpfungspunkt einer sachgerechten Unterscheidung hinsichtlich der Zulässigkeit der in § 22 und § 23 I KUG beschriebenen Tathandlung dienen können.

Da sich bei der Personenbildveröffentlichung aufgrund des umfassenden Schutzes der beteiligten Güter des Persönlichkeitsrechts und der Meinungsfreiheit jede Durchsetzung eines Interesses als Beeinträchtigung des entgegenstehenden Belanges darstellt, muß die Zielrichtung des Vergleichs der Sachverhalte auf die Bestimmung solcher wesentlicher Merkmale gerichtet sein, anhand derer zutreffend das Überwiegen des einen oder anderen Interesses bestimmt werden kann. Gesucht ist deshalb als sachgerechter Grund ein tertium comparationis zur Ermittlung der Interessenrangordnung(1) innerhalb der konkreten Kollisionen. Die Feststellung des Überwiegens muß dabei von einem Vergleich der Gewichtigkeiten und des Wertgehalts der kollidierenden Interessen ausgehen(2).

----

1. REHBINDER, Die öffentliche Aufgabe, 63

2. HUBMANN, JZ 1957, 521/523; ders. Das Persönlichkeitsrecht, 161; gegen die Vergleichbarkeit von Werten, DRUEY, St. Galler Festgabe zum Schweizerischen Juristentag 1981, 131/142 ff.

D. Die Erstellung einer Wertrangordnung als Beurteilungsmaßstab

In dieser Beziehung wird, wie es die Bezeichnung Güterabwägung nahelegt, dargetan, daß sich die unterschiedliche Gewichtigkeit der Interessen nach der Rangordnung der hinter ihnen stehenden betroffenen Verfassungswerte und Rechtsgütern richtet(1) und richten müsse(2). Konsequent angewandt entspräche so die Rangordnung der Interessen der Rangordnung der Werte. Mithin wäre der abstrakte Vergleich der abstrakten Werte primär ausschlaggebend und es müßte nur noch die Rangordnung dieser Werte festgelegt werden, um einen passenden Maßstab zu gewinnen.

Daß dem nicht so sein kann, beweist bereits das Lebach-Urteil des Bundesverfassungsgerichts, das auf drei verschiedenen Ebenen der Abwägung im gleichen Fall zu jeweils unterschiedlichen Ergebnissen kommt.

Der abstrakte Vergleich der Rechte aus Art. 2 GG und Art. 5 I GG führte zu keiner Einräumung eines grundsätzlichen Vorrangs eines der beteiligten Grundrechte(3). Deshalb wäre im Einzelfall eine generelle und konkrete Abwägung der sich gegenüberstehenden Rechtsgüter notwendig(4). Auf der Stufe der generellen Abwägung erklärt das Bundesverfassungsgericht dann das Interessen an einer aktuellen Berichterstattung über Straftaten im Vergleich zu dem damit verbundenen Einbruch in die Persönlichkeitssphäre des Straftäters prinzipiell für vorrangig(5), während nach der konkreten Abwägung im gegebenen Fall das Resozialisierungsinteresse des Strafentlassenen ein Verbot dieser Berichterstattung erforderlich mache(6).

Wie wenig der abstrakte Wertevergleich zu befriedigenden Ergebnisse führen kann, zeigt unter anderem auch Hubmann(7), wenn er dem Persönlichkeitsrecht deshalb einen prinzipiellen Vorrang einräumen will, da dieses Recht die Meinungsäußerungsfreiheit miteinschließe. Ähnlich unsachgemäß ist die Erwägung(8), daß aus Art. 5 II GG folge, daß jedem Recht, das den Rechten aus Art. 5 I GG Schranken setze, schon deswegen ein Vorrang vor der Meinungsfreiheit zukäme(9).

----

1. HUBMANN, Wertung und Abwägung im Recht, 20; ders. JZ 1957, 753/754; ders. Das Persönlichkeitsrecht, 162; LARENZ, Methodenlehre, 393/401

2. HERZOG in MAUNZ-DÜRIG, Art. 5 Rz. 252

3. E 35, 202/225 = NJW 1973, 1226/1229

4. E 35, 202/221, 224 = NJW 1973, 1226/1228

5. E 35, 202/231 = NJW 1973, 1226/1230

6. E 35, 202/242 f. = NJW 1973, 1226/1233

7. Das Persönlichkeitsrecht, 207 f.

8. vgl. RÜFNER, Bundesverfassungsgericht und Grundgesetz II, 453/462 f.

9. vgl. HUBMANN, Wertung und Abwägung im Recht, 22 Fn. 60

Das Bundesverfassungsgericht selbst vermeidet es trotz gegenteiliger Hinweise konsequent, auf der Ebene der Verfassung eine Wertrangordnung aufzustellen(1). Vielmehr muß von einer grundsätzlichen Gleichrangigkeit der Güter der Verfassung ausgegangen werden(2), die deshalb automatisch zu einem Rückgriff auf den konkreten Fall zwingt(3).

Die Rangordnung der Werte ist somit nicht zwangsläufig identisch mit der der beteiligten Interessen. Denn nicht der Wert an sich bestimmt die Gewichtigkeit, mit der er sich tatsächlich in einer Kollision entgegengesetzter Belange bemerkbar macht. Nicht in jedem Konflikt steht das Persönlichkeitsrecht oder die Meinungsfreiheit in vollem Umfang auf dem Spiel(4), sondern nur in dem Ausmaß, in dem die Beeinträchtigungshandlungen diese Werte tatsächlich berühren(5). So ist die öffentliche Darstellung des gesamten Privatlebens einer Person bei weitem beeinträchtigender als beispielsweise die bildliche Wiedergabe der samstäglichen Gartenarbeit. Die Gewichtigkeit der beteiligten Werte wird also von deren Ranghöhe zwar mitbeeinflußt, jedoch nicht ausschlaggebend.

Wesentlich wichtiger als der abstrakte Vergleich der Werte ist also die jeweilige Beeinträchtigung(6) ihres Geltungsbereichs. Entscheidender als der abstrakte Wert ist deshalb der konkrete Wertverlust, der durch die Beeinträchtigungshandlung hervorgerufen wird. Es müssen also letztlich die Wertverluste miteinander verglichen werden, die bei alternativen Verhaltensweisen auftreten würden und die Alternative gewählt werden, bei deren Durchsetzung insgesamt der geringste Wertverlust eintreten würde, bzw. bei der sich beide Werte weitestgehend realisieren können.

E. Die Entwicklung eines sachgerechten Grundes aus der Typik der Sachverhalte

Wenn sich die Wertverluste also nicht auf der sich vordergründig anbietenden Grundlage der beteiligten Werte und ihres Rangverhältnisses beurteilen lassen, müssen die Vorzugsregeln für die Behandlung der konkreten Interessenabwägung auf einer anderen Basis entwickelt werden.

Aus jedem Einzelfall ist nun sicher eine eigenständige Präferenzregel, die zu einem gerechten Ergebnis führt, ableitbar, da jeder Sachverhalt einer ihm

----

1. B. SCHLINK, Abwägung im Verfassungsrecht, 43
2. vgl. ROFNER, Bundesverfassungsgericht und Grundgesetz II, 453/462
3. ROELLECKE, Bundesverfassungsgericht und Grundgesetz II, 22/27 ff.; H. SCHNEIDER, Die Güterabwägung des Bundesverfassungsgerichts, 181 ff.
4. HUBMANN, Das Persönlichkeitsrecht, 208
5. MÜNZBERG, Verhalten und Erfolg, 303
6. s. z. B. LARENZ, Methodenlehre 401; HUBMANN, Wertung und Abwägung im Recht, 25

gemäßen Bewertung zugänglich ist. Ansonsten wäre eine einzelfallbezogene Güter- und Interessenabwägung obsolet. Die Abwägung ermöglicht so die Verwirklichung des allgemeinen Gleichheitssatzes in jedem Fall(1). Beispielsweise läßt sich die Zulässigkeit der Presseberichterstattung über das Privatleben eines Politikers mit der Begründung rechtfertigen, wer sich als Politiker öffentlich über die Moral seiner politischen Gegner äußere, müsse es hinnehmen, daß auch sein Privatleben an diesen Moralvorstellungen öffentlich gemessen werde (2).

Neben den aus Einzelfallbewertungen resultierenden Präferenzregeln existieren weitere Vorzugsgesetze, denen grundsätzliche Allgemeingültigkeit zugesprochen wird. So bemühen sich verschiedene Abhandlungen über die Methodik der Interessenabwägung durch das Aufzeigen einiger wesentlicher Präferenzregeln dieses Verfahren zu objektivieren und es auf diese Weise einer zugeschriebenen Willkürlichkeit zu entheben(3).

Beispielsweise nennt Hubmann als Maßstab neben der Ranghöhe und der Größe des Wertgehaltes die Nähe des Wertes zum Sachverhalt, die Möglichkeit bzw. Unmöglichkeit der Wertverwirklichung, die Wahrscheinlichkeit einer Verletzung und den Grad der Bedürfnisbefriedigung(4). Daneben erwähnt er die Prinzipien der Berücksichtigung der Sachwidrigkeit von Interessen, der Interessenidentität, -häufung und -intensität, sowie die Berücksichtigung des menschlichen Verhaltens(5) und weist außerdem auf das Ausweichs-,Ausgleichs- und Prinzip des schonendsten Mittels hin, sowie auf das Entschädigungsprinzip(6).

Ähnliche Darstellungen findet man bei Larenz, Münzberg und Rehbinder(7), die jedoch inhaltlich nur teilweise Übereinstimmungen aufweisen.

Gemeinsam ist diesen Objektivierungsversuchen aber, daß sie aufgrund jeglicher Loslösung vom Interessenkonflikt nur übergeordnete Wertungen in Form von Prinzipien aufzeigen können. So wäre eine Regelung der Zulässigkeit der Bildnisveröffentlichung nicht sonderlich hilfreich, die sich z. B. auf das Gebot des geringstmöglichen Eingriffs in die beteiligten Rechtspostionen oder auf die Berücksichtigung der Interessenintensität beschränken würde.

----

1. vgl. H. SCHNEIDER, Die Güterabwägung des Bundesverfassungsgerichts, 200

2. BGH NJW 1964, 1471 f. "Sittenrichter"

3. LARENZ, Festschrift für E.Klingmüller 1974, 235/236 ff.; ders. Methodenlehre, 393 ff.; HUBMANN, Wertung und Abwägung im Recht 3 ff., 50 ff., 145 ff., sowie in AcP 155, 85 ff.; Festschrift für L. Schnorr v. Carolsfeld 1973, 173 ff.; MÜNZBERG, Verhalten und Erfolg 281 ff.; REHBINDER, Die öffentliche Aufgabe, 61 ff.

4. Wertung und Abwägung im Recht, 3 ff.

5. Schuld, Gefährdung, Veranlassung

6. Wertung und Abwägung im Recht, 50 ff.

7. jeweils a. a. O.

Von Nutzen sind vielmehr inhaltliche Regelungen, die sich zwischen den beiden Extremen der Einzelfallbeurteilung und der Anwendung übergeordneter Prinzipien bewegen. Sie können zum einen durch Verallgemeinerung der Einzelfallbeurteilung(1) gewonnen werden, als auch auf dem Wege der Prinzipienkonkretisierung(2).
Die Verallgemeinerung einer Fallbeurteilung bewirkt notwendig eine Abstraktion in Richtung auf ein allgemeines Prinzip, da ein Allgemeingültigkeitsanspruch die Loslösung von spezifischen Besonderheiten bedingt. Auf der anderen Seite verringert die Konkretisierung den Geltungsumfang der so gefundenen Norm im Vergleich mit dem des Prinzips. So könnte eine Normierung des gesamten Kaufrechts nicht oder nur eingeschränkt spezielle Problematiken bestimmter Arten von Kaufverträgen berücksichtigen, eine Konkretisierung des allgemeinen Persönlichkeitsrechts durch die Regelung des Schutzes des Privatlebens nicht den Ehrenschutz umfassen.

Da Konkretisierung auch Differenzierung bedeutet, entspricht eine Regelung, je differenzierter sie sich darstellt, umso mehr den Anforderungen des Art. 3 I GG und des Gerechtigkeitsprinzips, da sich eine Differenzierung in einer umfänglicheren Aufnahme und Einbeziehung von Wertungsgesichtspunkten niederschlägt. Ein höherer Grad an Differenziertheit einer Vorzugsregel ermöglicht deshalb einen höheren Grad inhaltlicher Sachgerechtigkeit, so daß eine unabhängige Einzelfallbeurteilung dem absoluten Gerechtigkeitsideal aufgrund der Möglichkeit zur Einbeziehung und zum Vergleich aller im konkreten Fall auftauchenden Vorzugstendenzen am nächsten kommen kann.

Jede Erarbeitung einer abstrakt-generellen Regelung steht deshalb unter dem Zielkonflikt, so verbindlich zu sein, daß alle dem betreffenden Sachgebiet zugehörigen Interessenkonflikte erfaßt werden können, darüber hinaus inhaltlich jedoch eine solche Konkretheit aufzuweisen, daß sie eine möglichst sachgerechte Lösung darstellt.

Diesem Zielkonflikt werden diejenigen Normierungen am gerechtesten, die sich weitgehend an der Typik der zu regelnden Interessenkonflikte orientieren(3). Denn die Anlehnung an die typischen Merkmale der Sachverhalte ermöglicht eine maximale Differenzierung und Konkretisierung, die dennoch für alle Einzelfälle gleichermaßen verbindlich ist. Eine darüber hinausgreifende Berücksichtigung von Gesichtspunkten würde sich auf nicht regelmäßig auftretende Besonderheiten stützen, die nur für einen Teil der Sachverhalte, bzw. überhaupt nicht von Relevanz wären. Deshalb eröffnet die Einbeziehung der typischen Merkmale der zu regelnden Sachverhalte zwar die Chance größtmöglicher Differenzierbarkeit und Konkretisierung; gleichzeitig bildet sie aber auch deren Grenze.

Jeder Erstellung einer abstrakt-generellen Regelung muß weiter die Prüfung vorangehen, ob die vorhandenen Sachverhaltsübereinstimmungen im Hinblick

---

1. vgl. NEUMANN-DUESBERG, NJW 1957, 1341
2. zu diesem Verfahren LARENZ, Methodenlehre, 277 ff.
3. vgl. LARENZ, Methodenlehre, 232

auf den verfolgten Zweck als wesentliche Gemeinsamkeit aufgefaßt werden können, aus denen taugliche Vorzugstendenzen ableitbar sind. Denn nur unter der Bedingung, daß die vorgefundene Typik für den Regelungszweck von Bedeutung ist, läßt sich gewährleisten, daß die als Grundlage einer Bewertung heranziehbaren Elemente auch wirklich regelhaft auftreten(1), und daß die entwickelte Regel eine solche Gewichtigkeit aufweisen kann, daß aus den Fallbesonderheiten resultierende Wertungsgesichtspunkte das Ergebnis der grundlegenden Abwägung nicht mehr in Frage stellen können. Erst wenn eine für die verfolgte Regelungsabsicht taugliche Typik der Sachverhalte besteht, lassen sich die entscheidungserheblichen Umstände, die die Abwägung auf der Ebene der Normsetzung bestimmen, bei einer Einzelfallbeurteilung wiederfinden, so daß sich das Ergebnis beider Abwägungen decken würde.

Einzelfallgerechtigkeit und Rechtssicherheit geraten deshalb dann nicht in Widerspruch zueinander, wenn eine Identität der erheblichen Abwägungsgesichtspunkte auf beiden Ebenen der Rechtsfindung, der legislativen als auch der judikativen die Vorhersehbarkeit der Sachgerechtigkeit der Lösung des Gesetzes für die von ihm erfaßten konkreten Fälle garantiert.

Eine relativ unkomplizierte Handhabung einer so gebildeten Norm durch die Rechtsprechung wäre die Folge, während bei ihrer Anwendung auftretende Spannungen signalisieren würden, daß die gesetzliche Regel nicht auf einer für den Regelungszweck wesentlichen Fähigkeit zur Abstraktion der erfaßten Sachverhalte beruhen würde.

Für den von den §§ 22 ff. KUG umschriebenen Regelungsbereich wäre deshalb nach einer Typik der Sachverhalte zu suchen, die über die bloße Tatsache der Bildnisveröffentlichung hinaus ginge, denn diese Gemeinsamkeit ist nur bedeutsam im Hinblick auf die Unterscheidung zu anderen Sachbereichen.

Gleichzeitig müßte die gefundene Übereinstimmung der Lebenssachverhalte eine wesentliche Beurteilungsgrundlage abgeben können, auf die sich ein Allgemeinverbindlichkeitsanspruch der zu treffenden Bewertung stützen ließe.

F. Die Zugänglichkeit der von der Rechtsprechung entwickelten Bewertungsmaßstäbe für eine gesetzliche Ausgestaltung

Eine typische Übereinstimmung der Sachverhalte müßte sich primär aus der Einheitlichkeit und dem Allgemeingültigkeitsanspruch der im Fallmaterial der Rechtsprechung zu den §§ 22, 23 I Nr. 1, 23 II KUG zutage tretenden Bewertungsregeln ablesen lassen.
Den von Rechtsprechung und Literatur herangezogenen Maßstäben ist die mangelnde Verallgemeinerungsfähigkeit jedoch allen offensichtlich immanent. Keiner deckt mehr als einer unter vielen Aspekten ab.

So bietet eine vorrangige Abbildungsfreiheit von Personen des öffentlichen Lebens keine Gewähr vor der Verletzung der Rechte auf ungestörte Privatheit (2), keinen Schutz der religiösen Empfindung(3) oder von der Unangemessen-

----

1. vgl. RUPP, Bundesverfassungsgericht und Grundgesetz II, 364/378

2. OLG München Ufita 41, 322 = Schulze OLGZ 58 "Spitzenkandidat"

3. AG München JZ 1928, 376 "Th. v. Konnersreuth"

heit der Bildniserlangung(1), bzw. der Art und Weise der Wiedergabe. Sie schützt ebenso wenig vor der wirtschaftlichen Ausnutzung der Bekanntheit der Persönlichkeit durch andere(2).

Die von G. Arzt(3) dem § 23 I Nr. 1 KUG unterlegte Schutzrichtung des Privatlebens vor Indiskretion im Gegensatz zum weniger schutzwürdig erscheinenden öffentlichen Auftreten kann keinen tauglichen Anhaltspunkt für den Ausschluß von Darstellungen in sachwidrigen Zusammenhängen abgeben(4), genauso wenig wie sie ausreichend über die Wiedergabemöglichkeit der Angehörigen und Freunde von Personen der Zeitgeschichte zu entscheiden vermag(5). Nach der Unterscheidung "privat - öffentlich" ist auch die Abbildungsfreiheit hoheitlich Tätiger offenbar nicht sachgerecht regelungsfähig(6), ebenso wenig wie die Darstellungsfähigkeit von Straftätern(7), Straftatverdächtigen(8) und Strafentlassenen(9). Sie erfaßt nicht das Problem der Fahndung nach Tatverdächtigen im Fernsehen(10) und nicht die öffentlicher Wiedergabe menschlicher Mißgeburten(11).

Auch das Veranlasserprinzip gibt eine sachgerechte Lösung nur für wenige Fälle ab, eigentlich nur für diejenigen, bei denen der Abgebildete zwar selbst die öffentliche Auseinandersetzung um seine Person verantwortlich verursacht hat und sich dennoch gegen eine Darstellung seiner Person wehrt.

Letztlich garantiert auch das Ausmaß öffentlicher Beachtung als Maßstab keinen Ausschluß möglicher Verletzungen des Privat- und Familienlebens, der Würde des Abgebildeten(12) und keinen Schutz vor Neugierde und Sensationslust.

----

1. RGZ 45, 170 "Bismarck"

2. RGZ 74, 308 "Graf Zeppelin"; BGH NJW 1961, 558 "Familie Schölermann"; BGH Warn. Rspr. 1979 (39), 120; BGHZ 20, 345 "Paul Dahlke"

3. Der strafrechtliche Schutz der Intimsphäre, 27 f.

4. BGH NJW 1962, 1004 "Doppelmörder"; BGH GRUR 1962, 211 "Hochzeitsbild"

5. NEUMANN-DUESBERG, Juristenjahrbuch 7 (1966/67), 138, 155 ff.; BGH NJW 1965, 2148 "Spielgefährtin"

6. OLG Stuttgart JZ 1960, 126; VG Karlsruhe NJW 1980, 1708

7. OLG München NJW 1963, 658; OLG Frankfurt GRUR 1958, 508 "Verbrecherbraut"

8. OLG Oldenburg NJW 1963, 920

9. BVerfGE 35, 202; OLG Koblenz NJW 1973, 251; OLG Hamburg AfP 1976, 31 "Banklady"

10. OLG Frankfurt NJW 1971, 47 "XY-ungelöst"

11. LG Kleve MDR 1953, 107 "Siamesische Zwillinge"; OLG München NJW 1975, 1129

12. KG Schulze KGZ 51 "Kolle/Wunder der Liebe"; OLG München NJW 1975, 1129 "Zwergwüchsiger"; NEUMANN-DUESBERG, MDR 1953, 108

Damit wären die im wesentlichen wiederholt auftretenden Unterscheidungsprinzipien genannt, nach denen rechtmäßige von rechtswidrigen Veröffentlichungen geschieden werden, die jedoch alle kaum jemals in ihrer reinen Form von ausschlaggebender Gewichtigkeit für die Fallentscheidung geworden sind. So erschien das Veranlassungsprinzip in mehreren verschiedenen Varianten(1); seine strikte Anwendung führt, wie der Fall "Ebert und Noske in der Badehose" (2) zeigte, nicht immer zu wünschenswerten Ergebnissen. Auch der Rückgriff auf das bestehende Informationsinteresse der Allgemeinheit zur Rechtfertigung der Veröffentlichung ist von dem Bezugspunkt dieses Interesses abhängig, wie das Verlangen nach "berechtigten" Interessen beweist.

Gerade an der Bewertungsregel, die Veröffentlichung einer bildlichen Wiedergabe sei umso schutzwürdiger, je höher das allgemeine Interesse und die geschenkte Aufmerksamkeit sei, läßt sich deutlich zeigen, wie wenig erschöpfend solche Beurteilungen für sich gesehen bei ihrer Anwendung auf den konkreten Fall sein können.

Nimmt man das von G. Arzt(3) erörterte Beispiel des Problems der Zulässigkeit öffentlicher Darstellung von Krankheiten bekannter Politiker, die ja durch Bilder aus dem Krankenhaus etc. illustriert werden kann, so geraten dabei mehrere anwendbare Bewertungsregeln in ein Spannungsverhältnis, von denen letztlich eine ganz spezifische, nicht verallgemeinerungsfähige den Ausschlag gibt. Nach dem genannten Prinzip wäre die Darstellung zulässig, da an bekannten Politikern als Personen der Zeitgeschichte ein vorrangiges Interesse der Allgemeinheit besteht. Gleichzeitig würde es sich aber um Tatsachen aus dem Privat-, wenn nicht gar Intimleben handeln, die eigentlich generellen Schutz vor öffentlicher Ausbreitung genießen. Nach G. Arzt käme es für die Entscheidung auf den Einfluß an, den die Krankheit auf die Weiterführung der Amtsgeschäfte ausübt, der, je größer er sei, eine umso größere "staatsbürgerliche Anteilnahme" rechtfertige. Dieser Gedanke ist über den von ihm selbst umschriebenen Sachverhalt hinaus nicht übertragbar, nicht einmal mehr auf die Zulässigkeit der Erörterung der Krankheitsbilder von Schauspielern oder Persönlichkeiten des Gesellschaftslebens. Das Beispiel zeigt, daß die Lösung des Interessenkonflikts nicht aus den vordergründigen Gemeinsamkeiten des Sachverhalts "Person des öffentlichen Lebens", "Interesse der Öffentlichkeit" und "Privatleben" gewonnen werden kann, sondern erst aus der Besonderheit der spezifischen Konfliktslage "Krankheiten von Politikern" und "Amtsführung".

Wie wenig wesentliche Gemeinsamkeiten selbst nah verwandte Sachbereiche aufweisen, zeigt sich auch bei der Interessenkollision um die Bildberichterstattung über Straftaten und der daran Beteiligten. So spielt bei der Bildlichen Wiedergabe Strafverdächtiger, Untersuchungsgefangener und Angeklagter

----

1. s. o. 3. Teil II B 2
2. Schöffengericht Ahrensböck DJZ 1920, 596 = Schulze SchöffG 1
3. Der strafrechtliche Schutz der Intimsphäre, 136

in parallel zu dieser Aufzählung abnehmendem Umfang der Gedanke der Unschuldsvermutung für die Konfliktslösung die ausschlaggebende Rolle. Nach der Rechtskraft der Verurteilungen wird dieser Gesichtspunkt irrelevant und das Informationsbedürfnis der Öffentlichkeit erlangt größeres Gewicht. Nach der Entlassung des Strafgefangenen steht dann dessen Resozialisierungsinteresse stärker im Vordergrund(1).

Bei der Zulässigkeit der Veröffentlichung von Bildnissen hoheitlich Tätiger erörtert z. B. H. Kohl(2) über mehrere Seiten spezielle Abwägungsgesichtspunkte, die ebenfalls gezielt auf den angesprochenen Personenkreis zugeschnitten sind. Er faßt diese zwar in vier "Hauptregeln"(3) zusammen, die jedoch alle in ein "je - desto"-Verhältnis gestellt sind - z.B. je höher das Amt des Abgebildeten, desto eher ist er verpflichtet, Bildaufnahmen und Bildberichterstattung zu dulden - und somit nur Anhaltspunkte, aber keine präzisen Beurteilungsgrundlagen liefern können.

Wenn also diese relativ engen Sachbereiche schon keine wesentlichen Gemeinsamkeiten aufweisen, die zu einer einheitlichen Beurteilung führen könnten, so erscheint es völlig aussichtslos, sie untereinander zu vergleichen und auf einen Nenner bringen zu wollen.

Hinzu kommt, daß die Sachbereichsumschreibung noch nichts über die mögliche Intensität des jeweiligen Eingriffs und die damit verbundenen konkreten Wertverluste aussagen kann, die von der Typik der Sachverhalte nicht oder nur wenig abhängig ist(4). So kann die Beeinträchtigung des Persönlichkeitsrechts bei einer Veröffentlichung in Massenmedien zu größeren Wertverlusten führen, als eine entsprechende Wiedergabe in einem regionalen Wochenblatt(5).

Soweit also Sachverhaltsgemeinsamkeiten bestehen, sind sie nicht von wesentlicher Natur, da, wie die Beispiele zeigen, die ausschlaggebende Bewertung nicht an diese Gemeinsamkeiten, sondern vorwiegend an die insoweit wesentlichen Besonderheiten anknüpfen muß, um sachgerechte Ergebnisse zu erreichen.

G. Die Notwendigkeit einer bis zum konkreten Interesse zurückgreifenden Differenzierung

Die Gründe dafür sind verschiedener Art:
Bereits die Vielfalt der objektiv von den §§ 22, 23 KUG erfaßten Rechtsgüter und Interessen schließt eine Vergleichbarkeit aufgrund fehlender wesentlicher

----

1. vgl. zu diesem Fragenkreis P.ZIELMANN, Der Tatverdächtige als Person der Zeitgeschichte; v.BECKER, Straftäter und Tatverdächtige in den Massenmedien; J.BORNKAMM, Pressefreiheit und Fairneß des Strafverfahrens; LAMPE, NJW 1973, 217 ff.; BVerfGE 35, 202; OLG Koblenz NJW 1973, 251 "Lebach"
2. Festschrift f. M. Löffler, 1980, 127/132-142
3. a. a. O., 136
4. vgl. W.SCHMIDT, NJW 1980, 2066/2067; BVerfG NJW 1980, 2072
5. so ähnlich HUBMANN, Wertung und Abwägung im Recht, 25

Gemeinsamkeiten aus. Der Indiskretionsschutz läßt sich nicht auf gleiche Weise regeln wie der Schutz vor gewerblicher Ausnutzung der Bekanntheit des Dargestellten oder wie der Schutz der Ehre.

Darüber hinaus weisen die vom allgemeinen Persönlichkeitsrecht abgeleiteten konkreteren Rechtsgüter, wie etwa das Privatleben, keine klare Abgrenzung auf. Nach Schwerdtner ist nicht einmal eine klare Unterscheidung von Privat- und Intimleben gelungen(1).

Auch die Trennung des Privatlebens von der Öffentlichkeit ist unscharf; die Einordnungen von Bedingungen abhängig, die diesen Begriffen selbst nicht zu entnehmen sind. So gehörte z. B. die Kinderlosigkeit des ehemaligen persischen Kaiserhauses offenbar nicht zum privaten Bereich, sondern stellte ein öffentlich ausgebreitetes Politikum ersten Ranges dar(2), während der gleiche Tatbestand bei einer Normalehe für die allgemeine Erörterung absolut tabu wäre.

Auch ergibt sich selbst bei einer klaren Zuordnungsfähigkeit nicht einmal für alle vom jeweiligen Rechtsgut erfaßten Sachverhalte und Intersssen eine übereinstimmende Schutzwürdigkeit. Die Wahrung der Diskretion erscheint in Bezug auf eine große Familienfeier nicht so dringend, wie bei einem handfesten Ehekrach oder gar bezüglich ehebrecherischen Verhaltens. Aus diesem Grund sind die meisten Rechtsgüter der von den §§ 22, 23 I Nr. 1 KUG erfaßten Persönlichkeitsrechte selbst nur im Vergleich zum allgemeinen Persönlichkeitsrecht konkretere Rahmenrechte, deren tatsächliche Bedeutung und Auswirkung erst auf der Ebene des jeweiligen Interesses, d. h. des Einzelfalles feststellbar ist. Unterscheidungen des Indiskretionsschutzes nach Sphären(3) sind daher relativ unergiebig; sie lassen allenfalls die Aussage zu, eine Abbildung sei umso eher veröffentlichungsfähig, je mehr sie dem öffentlichen Tätigkeitskreis und je weniger sie dem privaten, familiären oder gar intimen Lebenskreis zuzurechnen ist. Denn keine Sphäre ist so absolut schutzwürdig, als daß nicht doch übergeordnete Interessen in der Lage wären, sich über ihren generellen Schutzanspruch hinwegzusetzen. Selbst die private Gefängnispost eines Untersuchungsgefangenen kann nach § 119 III StPO geöffnet werden, wenn es der Zweck der Untersuchungshaft oder die Ordnung in der Vollzugsanstalt erfordert.

Hinzu kommt, daß die Vielzahl der untereinander bereits nicht zu vereinbarenden persönlichkeitsrechtlichen Interessen und Rechtsgüter auf eine nicht bestimmbare Zahl denkbarer Gegeninteressen stößt(4), die sich ebenfalls nicht miteinander vergleichen lassen; aus deren Existenz sich aber eine noch größere Vielfalt denkbarer Konflikte ergibt, die den Rahmen der Übersichtlichkeit und Erfaßbarkeit sprengt.

----
1. Münchener Kommentar, § 12 Anhang Rz. 206 f.
2. vgl. LG Stuttgart, Ufita 40, 226 "Soraya" und RILLING, Ufita 40, 68
3. HUBMANN, Das Persönlichkeitsrecht, 268 ff.; ders. Ufita 26, 19/23 ff., ZIELMANN, Der Tatverdächtige als Person der Zeitgeschichte, 39 ff.
4. vgl. HERZOG in MAUNZ-DÜRIG, Art. 5 Rz. 260

Die Notwendigkeit einer nicht abschätzbaren Zahl einzelner unterschiedlicher Bewertungsregeln läßt deshalb keinen Schluß auf eine Ähnlichkeit der Sachverhalte, die über die Tatsache der Bildnisveröffentlichung hinausgeht, zu. Das ist auch nicht zu erwarten, wenn man bedenkt, daß sich die Gemeinsamkeiten und Unterschiede der Sachverhalte nur aus dem Inhalt der Darstellung, somit des wiedergegebenen Geschehens, allenfalls noch aus den äußeren Umständen der Veröffentlichung bestimmen lassen. Der mögliche Inhalt bildlicher, insbesondere im Zusammenhang mit textlicher Darstellung umfaßt nun aber das gesamte sich äußernde und bemerkbar machende Leben. Wenn gleichzeitig die Tatsache der Veröffentlichung selbst keinen oder nur in unwesentlichen Ausmaßen verletzenden Charakter hat, also die verletzende Eigenschaft primär dem konkreten Gehalt der Veröffentlichung, damit der Darstellung des tatsächlichen Geschehens mit ihren eventuellen Verfälschungen, sowie der Unangemessenheit der Wiedergabe zukommt(1), dann kann kaum eine einheitliche Bewertung von halbwegs differenziertem Regelungsgehalt gleichermaßen für die gesamte Spannbreite der denkbaren Veröffentlichungen sinnvoll und möglich sein. Denn solches zu versuchen, hieße die Komplexität des Lebens selbst nach einer einheitlichen Richtschnur kategorisieren zu wollen, was der Vielfältigkeit seiner Erscheinungsformen höchst unangemessen wäre. Die Unbegrenztheit der möglichen Darstellungsinhalte verschließt sich so einer Typisierung der Sachverhalte.

H. Nutzen und Möglichkeit einer Fallgruppenbildung

Chancen für konkrete Regelungen böte daher allenfalls eine Aufgliederung der Gesamtzahl der erfaßten Sachverhalte nach verschiedenen typischen Darstellungsinhalten, die von ihrer Thematik her nach gemeinsamen Merkmalen in sich abgrenzbar wären.

Es wäre deshalb an die Erarbeitung von Fallgruppen zu denken, die eventuell eine generelle Regelung konkreten Gehalts für die jeweilige in sich abgeschlossene Thematik zulassen könnten. In Frage käme eventuell eine Unterscheidung nach betroffenen Rechtsgütern des Persönlichkeitsrechts. Die von G. Arzt(2) behandelte Freiheit der Darstellung der Krankheitsbilder von Politikern zeigt jedoch, wie speziell die Thematik der einzelnen Fallgruppen sein müßte. Das gefundene Bewertungskriterium, der mögliche Einfluß der Krankheit auf die Führung der Amtsgeschäfte, mag wohl für Staatsoberhäupter, Regierungschefs und Minister eine zutreffende Antwort zulassen; seine Gültigkeit dürfte bei Bundestags- oder Landtagsabgeordneten schon zu bezweifeln sein, so daß bereits hier weitere Fallgruppen, gestaffelt nach der Bedeutung der Betroffenen für das politische Geschehen anzuschließen wären.

Fallgruppen, auch wenn sie nur unter dem Aspekt eines groben Anhalts für die richterliche Entscheidung, die dessen einzelfallbezogene Begründung nicht ersetzt, geschaffen werden, sind nur so weit von Belang, als sich die zur Grup-

---

1. vgl. oben 2. Teil I C 2, 3, 4
2. Der strafrechtliche Schutz der Intimsphäre, 136

penbildung herangezogenen Übereinstimmungen auf die typischen und innerhalb der Fallgruppe relativ einheitlich zu treffenden Wertungen erstreckt. Eine Kategorisierung, wie sie etwa Fikentscher(1) zum allgemeinen Persönlichkeitsrecht vornimmt, indem er unter anderem unter der Überschrift "Eindringen in den persönlichen Bereich" die operative Entnahme von Körperteilen eines Verstorbenen ohne Zustimmung der nächsten Angehörigen mit dem heimlichen Abhören des Telefons vergleichen will, ist wegen der fehlenden Gemeinsamkeiten der Sachverhalte in den für die Regelung bedeutsamen Merkmalen und der damit verbundenen fehlenden Übereinstimmung der Bewertungskriterien von geringem Wert. Ihre Existenz täuscht mehr Sinnhaftigkeit vor, als tatsächlich bestehen kann und ist so eher als ein Versuch zu verstehen, die Weite der Generalklausel des allgemeinen Persönlichkeitsrechts nicht allein der richterlichen Substantiierung zu überlassen. Eine echte Hilfe für die Rechtsfindung vermag sie nicht zu liefern.

Genauso wenig nützte es, die bildliche Personendarstellung nach Fallgruppen zu differenzieren, die fast so zahlreich sein müßten wie die konkreten Einzelfälle selbst. Allenfalls Unübersichtlichkeit wäre die Folge.

Deshalb steht die Vielfalt des Lebens nicht nur einer einheitlichen aussagekräftigen Regelung auf Normebene, sondern auch einer sinnvollen Fallgruppenbildung, die an Sachverhaltsgemeinsamkeiten oder an einzelnen Rechtsgütern anknüpfen würde, im Wege.

J. Ergebnis

Eine an die Merkmale der Sachverhalte anknüpfende Differenzierung und Konkretisierung müßte daher, um zu sinnvollen Ergebnissen führen zu können, bis auf die Ebene des Einzelfalls und damit der jeweiligen Interessen hin fortgeschrieben werden, da es die Besonderheiten der einzelnen Kollisionen sind und nicht typische Gemeinsamkeiten, an die sachgerechte Lösungen anzuknüpfen haben. Die Veröffentlichung von Personenbildnissen ist durch ein zu großes Spannungsverhältnis zwischen den generellen Prinzipien - auf Seite des Abgebildeten das des allgemeinen Persönlichkeitsrechts, auf Seite der Veröffentlicher das der Meinungsfreiheit - und den konkreten Einzelproblemen gekennzeichnet, so daß die zu berücksichtigenden Sachverhalts- und Bewertungsfaktoren zu mannigfaltig und damit zu wenig evident sind, als daß daraus eine Substantiierung des Prinzips von über den Einzelfall hinausreichender Relevanz denkbar wäre.

Eine Differenzierung der Persönlichkeitsrechtsverletzungen nach dem Mittel des Eingriffs, wie hier der Verbreitung und Schaustellung von Personenbildnissen, erlaubt also keine auf die Charakteristiken des Sachgebiets zurückgreifende Regelungen, da unter dieser Prämisse eine solche Charakteristik nicht existiert.

Aber auch eine Differenzierung des Persönlichkeitsrechts nach Rechtsgütern würde aus den genannten Gründen nicht weiterhelfen die dadurch bestimmten Sachbereiche einer von ihrer Eigenart her ausgehenden Normierung zu unterziehen.

----
1. Schuldrecht, 641 f.

Soweit daher die Sachverhaltsmerkmale in die Bewertung einfließen sollen oder müssen, um so möglich sachnah entscheiden zu können, ist eine Regelbildung nicht möglich und sinnvoll, die über die Beurteilung der jeweiligen Interessenkollision mit Hilfe der Einzelfallabwägung hinausginge. Gesetzliche an den Sachverhalten orientierte Ausgestaltungen eines Rechts am eigenen Bild können deshalb nur auf übergeordnete Gesichtspunkte zurückgreifen, die von der tatsächlichen Grundlage weitestgehend abstrahieren.

IV. Die generelle Unterscheidbarkeit nach dem Wertvollsein des Darstellungsinhalts

A. Die Möglichkeit der generellen Unterscheidung nach dem Wertgehalt der Darstellung

Trotz aller bisherigen Feststellungen bleibt allerdings eine einzige Gemeinsamkeit als Grundlage der Bildung eines Vergleichsmaßstabs, die, da sie auf Grund ihrer Ursächlichkeit in der Methode und Natur des wertenden Vergleichs relativ sachverhaltsunabhängig ist, die Möglichkeit zur Abwägung grundsätzlich für jede denkbare Güter- und Interessenkollision garantiert.
Diese gemeinsame Eigenschaft jedes Gutes, jedes Interesses und jeden Verhaltens ist dessen Wertvollsein an sich, der ihnen ausnahmslos, wenn auch in verschiedenen Abstufungen innewohnende Wertgehalt[1], der einen Vergleich aller Verhaltensweisen erlaubt.

Selbst wenn also eine inhaltliche Regelung, die auf eine Typik der Sachverhalte zurückgreift, beim Recht am eigenen Bild mangels einer solchen Typik ausscheidet, schließt das dennoch nicht aus, daß eine gesetzliche Regelung grundsätzlich denkbar wäre, die losgelöst von Sachverhaltselementen allein nach dem Wertgehalt der Bildnisse die Zulässigkeit der Verbreitung und Schaustellung generell und allgemeingültig entscheidet.

Der dazu notwendige Vergleichsmaßstab ist das der menschlichen Natur beigegebene Wertbewußtsein, das dem Wertgefühl entspricht.

1. Bedeutung und Tauglichkeit der Wertung als Entscheidungsgrundlage

Dagegen mag man einwenden können, daß ein dem Gefühl überantworteter Maßstab kaum eine zuverlässige Stütze sein könne, gerechte und absolut gültige, damit objektive Beurteilungen zu gewährleisten, sondern daß er vielmehr der Willkür Tür und Tor öffne. Wertungen appellieren an innere Instanzen des Menschen wie Rechtsgefühl und Gewissen, an Ethik und Moral und nur bedingt an den Verstand. Die allein auf Wertungen gestützte Rechtsfindung ähnelt deshalb einem "black-box"-Verfahren, bei dem zwar input (vorgegebener Sachverhalt) und output (Entscheidung) registriert werden können, die Umsetzung der Sachlage in die Entscheidung dagegen nur bedingt offenbar wird.

---

1. vgl. HUBMANN, Wertung und Abwägung im Recht, 23

Der Berufung auf Werte wird deshalb entgegengehalten, daß Wertungsergebnisse beliebig seien(1). Zutreffend ist, daß sie rational nicht auf ihre Richtigkeit hin überprüfbar sind, sondern sich erst anhand der Übereinstimmung mit der Wertung durch andere als bestandskräftig erweisen(2). In den Vorwurf der Subjektivität mag unbewußt der Grund der Abneigung gegen einzelfallbezogene Abwägungen liegen, die nichts anderes bedeuten, als weitestgehende Unabhängigkeit des Richters in der Beurteilung von Sachverhalten.

Was die Bezeichnung "Güter und Interessenabwägung" und die Mathematisierungsversuche Hubmanns(3) leicht verdecken, ist die Identität von Abwägung und Wertung, denn jede Prüfung der überwiegenden Schutzwürdigkeit eines Belangs ist im Grunde nichts anderes als eine vergleichende Wertung. In der fehlenden Objektivierbarkeit und Durchsichtigkeit des Wertungsvorganges mag auch die Ursache des ständigen Bemühens um Normen- oder wenigstens Fallgruppenbildung liegen, auch wenn das, wie z. B. beim allgemeinen Persönlichkeitsrecht, aussichtslos erscheint.

Dennoch spricht die nicht vernunftgemäße Beweisbarkeit der Richtigkeit der dem Wertebewußtsein entspringenden Beurteilungen nicht für die Willkürlichkeit der Entscheidungen, vielmehr scheint gerade dieses Wertebewußtsein eine den Verstand ergänzende und ihn zum Großteil überlegenere zuverlässige Basis zu bilden. Denn offensichtlich besitzt der Mensch die Fähigkeit, selbst komplizierte Sachverhalte mit Hilfe dieser Seelenkraft mit Gewißheit schnell und sicher zu beurteilen(4), da in ihm eine vorgegebene Wertordnung als Grundlage des so bezeichneten Naturrechts zu existieren scheint. Ob nun dieses "Wertorgan" im Sinne der platonischen Ideen gesehen wird, auf dem idealen Ansichsein der Werte(5) im menschlichen Geiste, dem der Mensch sich strebend zuwendet, gründet oder als Manifestation der Gedanken Gottes(6) aufgefaßt wird, so ist ihm als offensichtlich mit den Quellen des Daseins verbundenem Bewußtsein die Anerkennung als taugliches Instrument der Rechtsfindung nicht zu versagen. Einen Beweis dafür bietet gerade das heute nicht mehr in Frage gestellte Institut des allgemeinen Persönlichkeitsrechts, dessen Konkretisierungen alle auf von voneinander und von verbindlichen Vorgaben unabhängigen Einzelfallabwägungen beruhen. Ohne die Existenz eines solchen Maßstabes wären ansonsten auch die Generalklauseln im positiven Recht nicht tragbar.

----

1. ROELLECKE, Bundesverfassungsgericht und Grundgesetz II, 22/37 und Fn. 88 mit Verweis auf A. Podlech, Wertung und Werte im Recht, AöR 95 (1970), 185/204 ff.
2. J.N.DRUEY, St. Galler Festgabe zum Schweizerischen Juristentag 1981, 131/139 ff.; LARENZ, Festschrift für E. Klingmüller 1974, 235/236 m. w. Nachw.; HUBMANN, Wertung und Abwägung im Recht, 1 ff., 103 ff.
3. Wertung und Abwägung im Recht, 145 ff. = Festschrift für Schnorr v. Carolsfeld 1972, 173 ff.
4. vgl. HUBMANN, Wertung und Abwägung im Recht, 131, 133
5. N. HARTMANN, Ethik 1949, 148 ff.
6. HUBMANN, Wertung und Abwägung im Recht, 116 mit Verweis auf Augustinus und Thomas von Aquin

Eine Unfehlbarkeit des Wertebewußtseins und des Rechtsgefühls soll damit schon wegen der durch die Notwendigkeit der Umsetzung des bloßen Empfindens in verstandesmäßige Begründungen und der naturgemäßen Begrenztheit menschlicher Erkenntnisfähigkeit bedingten Irrtumsmöglichkeiten[1] nicht postuliert werden; allenfalls eine dem Verstand gegenüber deutliche Überlegenheit in der Entscheidungsfähigkeit.

Das Rechts- und Wertebewußtsein stellt mithin durchaus einen tauglichen Maßstab, die unterschiedlichen Wertgehalte der verschiedenen Verhaltensweisen, Interessen und Rechtsgüter in der konkreten Kollision miteinander vergleichen zu können. Letztlich stützt sich im Ansatz die herrschende Meinung in Rechtsprechung und Literatur zu § 23 I Nr. 1 KUG auf keine andere Beurteilungsgrundlage, wenn sie ein berechtigtes Interesse der Öffentlichkeit auf Information fordert, um das Persönlichkeitsrecht des Abgebildeten zu Gunsten der Meinungsfreiheit einzuschränken. Denn sie differenziert so ebenfalls nach dem Wert, den die jeweilige Information, abgestellt auf die angesprochene Zielgruppe der Allgemeinheit, aufzuweisen hat, ohne dabei an andere Maßstäbe gebunden zu sein, als an ihr Wertgefühl. Diese Sicht mag dahinterstehen, wenn Rehbinder[2] die Interssen der Allgemeinheit nicht als am Konflikt beteiligt, sondern als Wertmaßstab zur Beurteilung der Kollision ansieht.

2. Das Wertvollsein des Darstellungsinhalts

Da sich naturgemäß der tatsächliche Wertgehalt jeder Veröffentlichung nach dem Inhalt des verbreiteten Bildnisses, bzw. der Gesamtdarstellung richtet, ergibt sich eine Unterscheidbarkeit der Veröffentlichung unter Anlegung dieses allgemeinen Wertmaßstabs nach der Bedeutung des veröffentlichten Darstellungsgehalts. Die Bedeutung des wiedergegebenen Geschehens bildet so die einzige wesentliche Gemeinsamkeit aller Sachverhalte, die über die Tatsache der Bildnisveröffentlichung hinausgeht und dennoch so weit von Fallbesonderheiten unabhängig ist, daß sie zur Bildung allen Einzelfällen gerecht werdenden Regeln taugt. Gleichzeitig stellt sie wegen dieser Beziehung auf das in der Veröffentlichung wiedergegebene Geschehen eine ausreichende Verbindung zwischen Regel und Sachverhalt dar, ohne die jede Normierung, da sie nicht mehr auf die tatsächlichen Gegebenheiten Bezug nähme, allenfalls noch wie etwa in den Generalklklauseln prinzipielle Forderungen aufstellen könnte.

3. Das Zeitgeschichtserfordernis als Beispiel einer Unterscheidung nach dem Wertgehalt

Das Wertvollsein des wiedergegebenen Darstellungsgehalts ist auch einer generellen Unterteilbarkeit in Wertgehaltsstufen und so einer Regelung von abstrakt-generellem Charakter zugänglich, wie § 23 I Nr. 1 KUG selbst beweist, indem er auf die zeitgeschichtliche Relevanz des Bildnisses, damit auf dessen Bedeutung und Wert als Wiedergabe des für gegenwärtige und künftige Gestaltungen des menschlichen Zusammenlebens bedeutsamen Geschehens oder wichtiger Persönlichkeiten Bezug nimmt.

----

1. HUBMANN, Wertung und Abwägung im Recht, 135 ff.
2. Die öffentliche Aufgabe, 123

B. Die Verfassungswidrigkeit einer generellen Unterscheidung nach dem Wertvollsein der Bildnisveröffentlichung auf Gesetzesebene

Wenn auch diese letzte an sich bestehende Möglichkeit einer mit Art. 3 I GG zu vereinbarenden abstrakt-generellen Regelung verbleibt, nach dem Wert des Darstellungsgehalts zu unterscheiden, so ist damit noch nicht geklärt, welche Wertgehaltsstufe und ob gerade die der Zeitgeschichtlichkeit den Anforderungen des Normgehalts der Art. 2 und 5 I GG entsprechen kann und ob nicht die Ausstrahlung der sachlich beteiligten Grundrechte auf diesem Bereich des Zivilrechts es grundsätzlich verbietet, nach einer einheitlichen Wertstufe zu differenzieren. Diese für die Verfassungsmäßigkeit der §§ 22, 23 I Nr. 1 KUG entscheidende Frage ist vom Bundesverfassungsgericht gerade nicht geprüft worden.

Erst die Verneinung der Zulässigkeit einer Differenzierung auf Normebene nach dem Wertgehalt würde, da sonst keine Möglichkeit einer inhaltlich ausgestalteten Regelbildung über den konkreten Sachverhalt hinaus mehr besteht, die Einzelfallabwägung als einzig taugliches Mittel der Konfliktslösung endgültig als zwingend erweisen. Denn die Grenzen der Beachtung des Konkretisierungsprimats des Gesetzgebers, des Vorrangs der Legislative zur Konfliktsregelung, sind spätestens dann erreicht, wenn jede mögliche Normsetzung, die als Prinzipienkonkretisierung aufgefaßt werden könnte, den Richter entweder zu einer mit den beteiligten Grundrechten nicht zu vereinbarenden oder zu einer contra legem erfolgenden Auslegung zwingen würde(1).

1. Der Verlust einer Unterscheidbarkeit bei einer Veröffentlichungsfreiheit des Zeitgeschehens

Die Ursache der von Rechtsprechung und herrschender Lehre im Zivilrecht durchgeführten Einzelfallabwägung bereits im Rahmen des § 23 I Nr. 1 KUG liegt, wie ausgeführt(2) darin begründet, daß das Erfordernis zeitgeschichtlicher Bedeutung des Bildes beseitigt und das Zeitgeschehen prinzipiell für veröffentlichungsfähig erklärt worden ist.

Das Zeitgeschehen als aktuelles Geschehen der Gegenwart stellt in keiner Weise mehr auf die Bedeutung des Bildes und des wiedergegebenen Sachverhalts ab. Die Ersetzung der Zeitgeschichte durch das Zeitgeschehen verzichtet vielmehr auf jegliche Abstufung nach der Relevanz der Darstellung und deshalb auch auf die an sich denkbare Gemeinsamkeit als Grundlage einer allgemeingültigen Regelung auf Normebene. Folglich kann die Fallentscheidung nur noch unter Einbeziehung der spezifischen Besonderheiten der Einzelsachverhalte vorgenommen werden, so daß sich für die Zivilrechtsprechung neben der Aufgabe der gesetzlichen Wertung als Ursache auch aus Art. 3 I GG zwingend ein Rückgriff auf die Einzelfallabwägung ergab.

Aus verfassungsrechtlicher Sicht wäre daher ebenfalls die Einzelfallabwägung als ausschließliche Methode der Entscheidungsgewinnung zwingend und damit

---

1. s. auch BVerfGE 34, 269/280 = NJW 1973, 1221/1223 "Soraya"
2. oben 3. Teil II A

gleichzeitig § 23 I Nr. 1 KUG verfassungswidrig, wenn die Berücksichtigung des Art. 5 I GG in der Kollision mit Art. 2 I GG es verböte, eine höhere Wertgehaltsstufe als die des Zeitgeschehens anzulegen und so die Veröffentlichungsfähigkeit generell von einer bestimmten Höhe des Wertvollseins, die logisch noch eine Unterscheidung erlaubt, abhängig zu machen. Mit anderen Worten: Die Einzelfallabwägung wäre auch aus verfassungsrechtlichen Gründen geboten, wenn die durch die zivilrechtliche Rechtsprechung und Lehre vorgenommene Reduzierung des Inhalts des Rechtsbegriffs des § 23 I Nr. 1 KUG auf das Zeitgeschehen auch aus den Wertentscheidungen des Grundgesetzes heraus nicht zu umgehen wäre.

2. Die Ableitung von Wertgehaltsstufen mit
   Hilfe einer abstrakten Güterabwägung

Noch zu Zeiten der Weimarer Verfassung galt es als herrschende Lehre, daß im Falle des Konflikts der Meinungsäußerungsfreiheit mit einem anderen Rechtsgut automatisch die erstere zu weichen habe; mithin die unterste Stufe der Rangskala der Werte einnahm(1). Daß dennoch Regelungen, wie die der §§ 22 ff. KUG zu Gunsten des publizistischen Anrechts der Allgemeinheit persönlichkeitsrechtliche Werte in der ihnen zugeteilten Schutzwürdigkeit einzuschränken vermochten, lag in dem Umstand begründet, daß das allgemeine Persönlichkeitsrecht sich noch nicht hatte durchsetzen können und besondere Persönlichkeitsrechte nur einfachgesetzlichen Schutz genossen. Die Rangzuweisung der Persönlichkeitsrechte gestaltete sich damals so nicht besser als die der Meinungsfreiheit. Mit dem Inkrafttreten des Grundgesetzes und der Ableitung des allgemeinen Persönlichkeitsrechts aus den Art. 1 und 2 des Grundgesetzes änderte sich die Situation hinsichtlich des Wertzuwachses beider Rechtspositionen entschieden, jedoch nicht im Hinblick auf das zueinanderbestehende Rangverhältnis. Weder die Meinungsfreiheit noch das Persönlichkeitsrecht können im Falle ihrer Kollision einen grundsätzlichen Vorrang beanspruchen(2), so daß aus einer abstrakten Güterabwägung heraus kein Ergebnis zu gewinnen ist, das als grundsätzliches Wertverhältnis mit Hilfe einer Festlegung der nötigen Relevanz des Bildnisgehaltes für eine einwilligungsunabhängige Veröffentlichung auf den von den §§ 22, 23 I Nr. 1 KUG umschriebenen Konflikt übertragen werden könnte(3). Ein abstrakter Vergleich kann deshalb die Frage nach der Veröffentlichungsfähigkeit des bildlich festgehaltenen Zeitgeschehens nicht beantworten.

3. Die Nichtbewertbarkeit der Meinung im Rahmen der Meinungsfreiheit

Geht man deshalb einen Schritt weiter und fragt nach dem Wertverhältnis der einzelnen Meinungsäußerungen zueinander, so läßt sich daraus ebenfalls keine Rangfolge nach der Bedeutung gestaffelt entwickeln(4); Art. 5 I GG ist bezüglich des Wertvollseins einzelner Meinungsäußerungen neutral.

----

1. vgl. HERZOG in MAUNZ-DÜRIG, Art. 5 Rz. 250, 258
2. BVerfGE 35, 202/225 = NJW 1973, 1226/1229 "Lebach"
3. s. 3. Teil II C
4. s. o. 2. Teil II E

Diese Nichtunterscheidbarkeit, bzw. Nichtunterscheidung läßt sich aus der individuellen und konstitutionellen Komponente der Rechte aus Art. 5 I GG begründen.

Soweit Art. 5 I GG geistige Freiheit schlechthin(1) schützen soll, verkörpert dieses Grundrecht einen von der einzelnen Freiheitsbetätigung unabhängigen eigenen Wert, der in sich keine Differenzierung zuläßt, vielmehr Meinungsäußerungen, das bloße Tagesgeschehen betreffend genauso schützt, wie geschichtlich relevante Darstellungen. Die Meinung wird von Art. 5 GG um ihrer selbst willen und nicht ihres Inhalts wegen geschützt. Darin unterscheidet sich der Charakter der Rechte aus Art. 5 I GG von dem des allgemeinen Persönlichkeitsrechts, das durchaus den einzelnen dazu gehörigen Rechtsgütern verschiedene Schutzwürdigkeiten zuweist.

4. Das Tages- und Zeitgeschehen als Hauptgebiete der "öffentlichen Meinung"

Für das Bundesverfassungsgericht besteht die konsituierende Wirkung gerade in der Bildung öffentlicher Meinung(2), die unter anderem die öffentliche Aufgabe der Presse ausmachen soll(3). Selbst wenn ein Schwerpunkt dieser individuellen und überindividuellen Meinungsbildung der politische Bereich zu sein scheint, so hat sich doch das Bundesverfassungsgericht bisher enthalten, die öffentliche Meinung inhaltlich und nach Gegenstandsgebieten zu umreißen und abzugrenzen(4). Eine Untersuchung der Verteilung der denkbaren Bezugsobjekte dürfte zweifellos als ihr Hauptgebiet das Tages- und Zeitgeschehen ausweisen, eine Unterscheidung nach Themen jedoch nicht zulassen. Der Anteil über die Aktualität hinausgehender relevanterer Informationen würde dagegen gering und die Existenz der Medien allein nicht lohnenswert erscheinen lassen. Deshalb sieht auch das Bundesverfassungsgericht die Aufgabe und Funktion der Medien vorwiegend in der Vermittlung des Tages- und Zeitgeschehens(5), ohne nach der Relevanz des Informationsstoffes zu differenzieren. So möchte es z. B. gewährleistet sehen, daß die politisch handelnden Staatsorgane bei ihrer Entscheidung auch in Einzelfragen der Tagespolitik ständig ein Reservoir von im Volke zu diesen Fragen tatsächlich vertretenen Auffassungen vorfinden, um daran ihre Beurteilung ausrichten zu können(6).

Eine Beschränkung auf über den Tag oder die nächsten Wochen hinausreichend wichtiger Tatsachen- und Meinungsmitteilungen würde deshalb nicht nur den umfangsmäßig größten Teil an verbreiteten Informationen, sondern auch der dem Art. 5 I GG unterlegten Zielsetzung und Bedeutung nicht entsprechen.

----

1. HESSE, Grundzüge des Verfassungsrechts, 151 Rz. 388
2. E 8, 51/68 und E 20, 56/98 "Parteifinanzierung"; E 12, 113/125 "Schmid-Spiegel"
3. SCHMITT GLAESER, AöR 97 (1972), 60/111 ff.
4. SCHMITT GLAESER, AöR 97 (1972), 60/113
5. E 35, 202/222, 230 = NJW 1973, 1226/1228, 1230 "Lebach"
6. E 20, 162/174 f. "Spiegel"

5. Die Unmöglichkeit einer Wertgehaltsstufenbildung aus Gründen des Persönlichkeitsrechts

Eine Wertgehaltsunterscheidung ist also nicht im Verhältnis der Meinungsäußerungen untereinander möglich; ihre unterschiedliche Gewichtigkeit kann sich vielmehr erst im Verhältnis und nur im Bezug auf die durch die jeweilige Meinungsäußerung eingeschränkten Rechte und Interessen erweisen. Wenn aber die Vermittlung des Zeitgeschehens Hauptaufgabe der Medien ist, kann sich ein einheitlicher darüberliegender Wertgehalt als Schwelle zur einwilligungsunabhängigen Bildnisveröffentlichung nur aus einer ebenso einheitlichen bzw. nur den Willkürgrenzen unterworfenen Feststellung und Bestimmung eines grundsätzlichen Schutzbedürfnisses der Persönlichkeitsrechte ergeben.

Da der Tatsache der Bildnisveröffentlichung selbst jedoch nicht automatisch verletzender Charakter zukommt, nur weil sie ohne Einwilligung erfolgt ist, die Verletzung vielmehr aus der ungerechtfertigten Einschränkung der verschiedenartigsten persönlichkeitsrechtlichen Rechtsgüter aufgrund des konkreten Darstellungsgehalts folgt, so daß das Schutzbedürfnis von Mal zu Mal wechselt, läßt sich eine solche einheitliche für alle Meinungsäußerungen und persönlichkeitsrechtlichen Rechtsgüter und Interessen gleichermaßen gültige Grenze des Schutzes zwischen Art. 2 GG und Art. 5 GG in diesem Bereich nicht feststellen.

Auch unter dieser Fragestellung steht also die Vielfalt der nach ihrer Schutzwürdigkeit nicht vergleichbaren Interessen auf persönlichkeitsrechtlichem Gebiete einer Einheitlichkeit in der Festlegung des bestimmten Wertgehalts der Darstellungen als Schwelle von der bloßen Beeinträchtigungshandlung zur Rechtsverletzung entgegen.

C. Ergebnis

Der Zwang zum Ausgleich der Interessen im Sinne einer höchstmöglichen Verwirklichung aller beteiligten Werte bedeutet daher nicht, daß aus Gründen des Schutzes der Persönlichkeitsrechte der Abgebildeten die Vermittlung des Tages- und Zeitgeschehens generell zu unterbleiben habe, sofern die Betroffenen nicht selbst mit ihrer Darstellung einverstanden sind. Eine Abhängigkeit der freien Verbreitung von Personenbildnissen erst ab einer bestimmten Grenze des Wertvollseins des Bildnisinhalts wird also nicht von Art. 2 GG gefordert und würde deshalb in Bereichen, die unterhalb einer solchen Relevanz liegen, zwangsläufig zur ungerechtfertigten Beschneidung der Rechte aus Art. 5 I GG führen.

Die Sachgerechtigkeit eines Beurteilungsmaßstabes, der auf einen gleichermaßen verbindlichen einheitlichen Wertgehalt der Bildnisse abstellen würde, folgt somit weder aus dem Normzweck des Art. 5 I GG, noch aus dem Persönlichkeitsrecht oder ihrem Verhältnis zueinander. Die bloße Sachgerechtigkeit eines solchen Maßstabes aus Gründen des Gleichbehandlungsgebots findet deshalb keine Entsprechung in der verfassungsrechtlichen Thematik der hier erörterten speziellen Interessenkollision. Diese Divergenz muß deshalb, da den Anforderungen der Art. 3, 2 und 5 GG auf jeden Fall durch die mögliche Bildung von Präferenzregeln unter Zugrundelegung der Einzelfallabwägung Genüge getan werden kann, zu einem Verzicht auf die im Rahmen des Art. 3 I GG an sich denkbare abstrakt-generellen Regelbarkeit, der Unterscheidung nach dem Wertvollsein des dargestellten Geschehens führen.

Die Entscheidung der hier bestehenden Spannungslage zwischen dem Konkretisierungsprimat der Legislative und der Meinungsfreiheit fällt so zu Gunsten der nach Art. 5 I GG sachgerechteren Lösung aus. Denn jede gesetzliche, inhaltlich konkret ausgestaltete Regelung des Bildnisschutzes würde nicht nur zu Ungerechtigkeiten in einem Ausmaß führen, das jeder legislativen Normierung aus der Sicht des Gesetzgebers unwesentlicher Lebenssachverhaltsverschiedenheiten immanent ist(1), sondern zu Ungerechtigkeiten, die gewissermaßen vorprogrammiert eine hohe Zahl von Einzelfällen betreffen würden und wegen des damit verbundenen intensiven Verstoßes gegen Art. 5 GG nicht hingenommen werden können.

Das bedeutet aber nicht, daß das Persönlichkeitsrecht der Meinungsfreiheit schutzlos ausgeliefert wäre oder hinter dieser zurücktreten müßte.
Das gefundene Ergebnis besagt nur, daß aufgrund der ständigen bundesverfassungsgerichtlichen Rechtsprechung zu Art. 5 GG eine generelle Regelung auf Gesetzesebene, die nach dem Wertvollsein des Bildnisinhalts differenzieren würde, ebenso unmöglich ist, wie eine an Sachverhaltsgemeinsamkeiten ausgerichtete Norm.

Es scheidet also nur die Möglichkeit aus, den Schutz vor verletzenden Bildnisveröffentlichungen mit Hilfe des Gesetzes zu garantieren; nicht aber, diesen Schutz überhaupt zu gewährleisten.

Das Ergebnis der Untersuchung - die Unmöglichkeit sachgerechter gesetzlicher Regelungen - ist also in Bezug auf die konkreten Sachentscheidungen völlig neutral, da es nur die Konfliktslösung von der Ebene des Gesetzes auf die Ebene des Einzelfalles verweist.
Die Notwendigkeit zur Einzelfallabwägung als anzuwendender Methode sagt naturgemäß nichts über das Ergebnis dieser Abwägung aus. Der Schutz der Persönlichkeit wird deshalb als solcher nicht tangiert; vielmehr erscheint wegen der Eigenart des Persönlichkeitsrechts ein sachgerechter Ausgleich zu dessen Gunsten allein über die Einzelfallabwägung gesichert, da nur diese alle Besonderheiten des konkreten Falles zu berücksichtigen in der Lage ist.
Dies bezeugt das vorhandene Rechtsprechungsmaterial zum Recht am eigenen Bild, dem man trotz, oder besser wegen der ständigen Heranziehung der Einzelfallabwägung nicht nachsagen kann, es habe den Schutz der Persönlichkeit zu Gunsten der Meinungsfreiheit vernachlässigt.

----
1. vgl. RUPP, Bundesverfassungsgericht und Grundgesetz II, 364/377 f. mit Verweis auf BVerfGE 26, 265/275 f.; E 18, 97/106; E 23, 74/83 jeweils mit weiteren Nachweisen; zur Frage des gesetzgeberischen Spielraums s. LARENZ, Methodenlehre, 330

ERGEBNIS

Die verfassungsrechtliche Untersuchung des Konflikts um die Freiheit der Bildnisveröffentlichung bestätigt und rechtfertigt die Behandlung des § 23 I Nr. 1 KUG in der zivilrechtlichen Rechtsprechung und Lehre, soweit diese zur Lösung der Kollision von Persönlichkeitsrecht und Meinungsfreiheit als allein maßgeblich auf die einzelfallbezogene Güter- und Interessenabwägung zurückgreift.

Nicht als richtig bestätigen läßt sich dagegen die Vorgehensweise, diese Abwägung bereits bei der Vorschrift des § 23 I Nr. 1 KUG als dessen Interpretation anzusiedeln, bzw. den konkreten Regelungsgehalt des Rechtsbegriffs "Bildnis aus dem Bereiche der Zeitgeschichte" so auszuhöhlen oder ganz außer Acht zu lassen, daß ungehindert in jedem Falle zu der durch § 23 II KUG vorgezeichneten Interessenabwägung vorgestoßen werden kann.

Diese "Auslegung" des § 23 I Nr. 1 KUG stellt eine verfassungswidrige Rechtsfortbildung contra legem und zugleich einen Verstoß gegen den Vorlagezwang nach Art. 100 I GG dar, weil die durch den alleinigen Rückgriff auf die Einzelfallabwägung zum Ausdruck kommende Nichtanwendung der gesetzlichen Norm die Bindung des Richters an Recht und Gesetz mißachtet.

Diese aus Gründen der Art. 20 III, 79 I und 100 I GG verfassungswidrige Rechtsfortbildung kann jedoch verhindert werden, wenn man die notwendige Konsequenz zieht, daß die §§ 22, 23 I Nr. 1 KUG nicht der Verfassung entsprechen, da sie nicht verfassungskonform im Sinne der Art. 2 und 5 GG ausgelegt werden können. Denn wenn die Einzelfallabwägung allein den Anforderungen dieser Grundrechte auf diesem Gebiet Genüge tun kann, muß eine konkrete Rechtssatzbildung aus Tatbestand und Rechtsfolge als Umschreibung der generellen Verletzungshandlung notwendig verfassungswidrig sein, weil es eine Interpretation einer inhaltlich konkreten Regelung durch eine Einzelfallabwägung als einziger und unabhängiger Entscheidungsgrundlage schon aus denklogischen Gründen nicht geben kann.

Die Situation des sogenannten "Rechts am eigenen Bild" stellt sich demnach so dar, daß eine der Verfassung gemäße Methode der Entscheidungsfindung einem verfassungswidrigen Gesetz unterlegt wird, das diese Methode bei tatsächlicher Anwendung der Norm nicht zuließe. Dieser Rechtszustand ist verfassungsrechtlich nicht haltbar[1].

Es gilt also einen Weg zu finden, die bisherige Reihe der wegen Verletzung der Art. 97 I, 20 III, 100 I GG zumindest nach der Vorgehensweise verfassungswidrigen Urteile nicht um weitere zu vergrößern. Als ersten Schritt bietet sich an, die Nichtigkeitserklärung der §§ 22, 23 I Nr. 1 KUG als eines dem nachkonstitutionellen Recht entsprechenden Gesetzes durch das

---

1. vgl. BVerfGE 34, 269/280 = NJW 1973, 1221/1223 "Soraya"

Bundesverfassungsgericht mittels einer Vorlage nach Art. 100 I GG herbeizuführen. Die unmittelbare Verfassungsbeschwerde einer beteiligten Partei gegen ein erstinstanzliches Urteil dürfte - außer im Falle einer strafrechtlichen Verurteilung nach § 33 i. V. m. den §§ 22, 23 KUG - aussichtslos sein, solange die getroffene Abwägung die Ausstrahlungswirkung der Grundrechte ausreichend beachtet.

Daß das Bundesverfassungsgericht, obwohl es im Falle des "Soldatenmords von Lebach"(1) dazu Gelegenheit hatte, die Verfassungswidrigkeit der §§ 22, 23 I Nr. 1 KUG nicht festgestellt hat, lag in seinem System der verfassungsrechtlichen Überprüfung zivilrechtlicher Entscheidungen begründet, das ihm offensichtlich den Blick auf den im Zivilrecht bestehenden Widerspruch zwischen Norm und Normanwendung versperrte. Sobald sich jedoch ein Gericht dieser Diskrepanz bewußt würde, käme es für seine Entscheidung auf die Gültigkeit des § 23 I Nr. 1 KUG im Sinne des Art. 100 I GG an. Die Chancen für eine solche Bewußtwerdung sind aber nach der jahrelang gleichgeübten Handhabung dieser Vorschriften sehr gering, da es nicht einmal dem Bundesgerichtshof auffällt, daß die auch nach seiner Ansicht in jedem Fall vorzunehmende Interessenabwägung nicht ohne weiteres im Rahmen jeder Norm möglich ist(2).

Diese Arbeit hat zu zwei Ergebnissen geführt, von denen das erste allein den Bildnisschutz betrifft, das zweite gleichermaßen für das gesamte Gebiet des allgemeinen Persönlichkeitsrechts Bedeutung besitzt.

Sie hat anhand der Rechtsprechung gezeigt, daß die Tatsache allein, daß eine Verletzung der Rechte der Persönlichkeit mit Hilfe der Veröffentlichung von Bildnissen erfolgen kann, nicht ausreicht, ein entsprechendes besonderes Persönlichkeitsrecht am eigenen Bild zu schaffen. Der Anknüpfungspunkt der Bildnisveröffentlichung als einziger tatsächlicher Gemeinsamkeit der erfaßten Sachverhalte ist nicht geeignet, ihn zur Grundlage von Rechtssätzen zu machen, die mit allgemeingültigem Anspruch an bestimmte Tatbestandsvoraussetzungen gewisse Rechtsfolgen knüpfen. Jede daraus entwickelte für alle Sachverhalte gültige Bewertungsregel würde die wesentlichen Unterschiede der vom Regelungsumfang erfaßten und einbezogenen persönlichkeitsrechtlichen Güter und Interessen in unzulässiger Weise vernachlässigen. Verletzungen des Rechts auf ein Privatleben lassen sich nicht deshalb gleich regeln wie Verletzungen der Ehre oder des wirtschaftlichen Rufes, weil die Modalität der Verletzung in allen Fällen die gleiche ist. Da die in den Interessenkonflikten auftretenden Wertverluste weder in ihrer Entstehung noch in ihrer Höhe durch die bloße Tatsache der Bildnisveröffentlichung verursacht werden, bedeutet das Herausgreifen dieser als unwesentlich einzuschätzenden Typik im Vergleich zu anderen persönlichkeitsrechtsbeeinträchtigenden Fallgestaltungen, die nicht die bildliche Personendarstellung zum Gegenstand haben, eine Willkürlichkeit im Sinne des Art. 3 I GG.

----

1. E 35, 202 = NJW 1973, 1226
2. BGH Warn.Rspr. 1979 (39), 120/122 f.

Einen sachgerechten Grund, die Tatsache der möglichen Rechtsverletzung durch Bildnisveröffentlichung zum Anlaß einer besonderen gesetzlichen Regelung zu nehmen, könnte diese Sachverhaltsgemeinsamkeit nur bilden, wenn den Abgebildeten ausnahmslos tatsächlich die Verfügungsbefugnis über ihr Abbild, wie es z. T. zu Unrecht behauptet wird, eingeräumt werden könnte, da dann tatsächlich jede nichtbewilligte Veröffentlichung dieses Herrschaftsrechts verletzen würde. Auf diese Weise würde anstelle einer nicht abschließend erfaßbaren Vielzahl von miteinander nicht zu vereinbarenden Rechtsgütern und Interessen ein einziges sicher abgrenzbares Rechtsgut geschaffen, das bei der Bildung von Präferenzregeln zu beachten wäre. Aber ein solches Herrschaftsrecht, wie es Keyßner im Jahre 1896(1) vorgeschlagen hat, ließe sich unter der Geltung des Art. 5 I GG auch nicht mit der Begründung einer größeren Gefährdung der Persönlichkeit durch mögliche Verbreitung und Schaustellung ihres Bildes aufrecht erhalten, weil mit einer aus einem Herrschaftsrecht konsequenterweise folgenden absoluten Einwilligungsabhängigkeit die Meinungsfreiheit auf diesem Sektor unangemessen eingeschränkt würde.

Die gesetzliche Regelung ist außerdem so ausgefallen, daß sie eine nicht bestimmbare Vielzahl von persönlichkeitsrechtlichen Gütern und Interessen erfaßt und so die Persönlichkeit in all ihren sozialen Bezügen vor öffentlicher bildlicher Darstellung dieser Bezüge schützt, so daß schon deshalb die Bezeichnung "Recht am eigenen Bild" fragwürdig erscheint, weil von einer einheitlichen Rechtsposition, wie sie § 22 KUG vortäuscht, nicht die Rede sein kann. Vielmehr muß der zu gewährende Schutz, wie Rechtsprechung und Lehre durch ihren Rückgriff auf die Einzelfallabwägung bewiesen haben, je nach betroffenem Rechtsgut und darüber hinaus auch nach der Stärke des entgegenstehenden Interesses und der durch die Art und Weise der Darstellung bedingten Intensität des Eingriffs variabel sein.

Rechtsprechung und Lehre haben in den letzten knapp 80 Jahre mit ihrer(2) Korrektur des durch im Zuge der Urheberrechtsreform 1965 erfolgten Beibehaltung der §§ 22 ff. KUG zum legistlativen Fehlgriff(3)erwachsenen Gesetzes die Richtigkeit der These J. Kohlers bestätigt, die dieser mit sicherer Intuition bereits vor der gesetzlichen Fassung des Rechts am eigenen Bild aufgestellt hatte. Nach seiner Ansicht konnte es kein besonderes Recht am Bildnis, das für ihn, wenn überhaupt nur als ein Verfügungsrecht über das Abbild selbst vorstellbar war, geben, sondern nur ein "Recht an der Persönlichkeit, das durch Veröffentlichung des Bildes verletzbar sei"(4).

----

1. Das Recht am eigenen Bilde, 31
2. methodisch verfassungswidrigen
3. im Sinne Ph.HECKS, AcP 112 (1914), 1/96
4. Das Eigenbild im Recht, 7 ff.; GRUR 1900, 196 f.; zit. bei A.OSTERRIETH, GRUR 1902, 361/370; Kunstwerkrecht, 158: "Nimmt man aber den richtigen Standpunkt ein, so ist die Veröffentlichung des eigenen Bildes nur eine der vielen Formen, in welchen man die Persönlichkeit antasten kann; daher gehört die ganze Lehre dem Persönlichkeitsrecht an und die Grenzen können nur aus der Betrachtung des Persönlichkeitsrechts heraus ermittelt werden"

Diese auf die Anwendung der Norm beschränkte Korrektur führte jedoch nicht zu der Schlußfolgerung, die Idee eines eigenständigen besonderen Persönlichkeitsrechts am eigenen Bild aufzugeben. Der Zwiespalt zwischen dem Drang zum sachgerechten Ergebnis und dem Bemühen, die wenigen vorhandenen gesetzlichen Ausgestaltungen des Persönlichkeitsrechts nicht aufgeben zu müssen, hat offensichtlich verhindert, sich der Divergenz von Norm und Normanwendung bewußt zu werden und diese Unvereinbarkeit zu beseitigen.

Rechtsprechung und Lehre haben unbeabsichtigt aufgezeigt, daß der richtige Ansatz einer Konkretisierung des allgemeinen Persönlichkeitsrechts nicht die Unterscheidung nach Verletzungsmitteln ist, sondern allenfalls die Unterscheidung nach dem Persönlichkeitsrecht zuordnungsfähigen Rechtsgütern, wie es auf dem Gebiete des allgemeinen Persönlichkeitsrechts zum Teil bereits anerkannt und ausgesprochen wird(1).

Der hier unternommene Versuch des Nachweises einer Notwendigkeit des Rückgriffs auf die Einzelfallabwägung als maßgeblicher Art der Entscheidungsgewinnung bereits in dem eingeschränkten Gebiet des Bildnisschutzes, die erst recht für die Vielfalt der vom allgemeinen Persönlichkeitsrecht zusammengefaßten Einzelgüter und Interessen gelten muß, hat jedoch ergeben, daß auch eine Unterscheidung nach Rechtsgütern nicht zur Regelungsvereinheitlichung auf Gesetzesebene führen kann.

Zum einen stellt die Zahl der Rechtsgüter und die damit verbundene Anzahl von denkbaren Regelungen deren Wert selbst in Frage. Wesentlicher ist jedoch, daß die in die sachgerechte Bewertung einzubeziehenden Besonderheiten der bereits von einem Rechtsgut erfaßten Sachverhalte von so ausschlaggebendem Gewicht sind, daß sie die Möglichkeit einer zutreffenden Beurteilung erst auf der Konkretisierungsebene des jeweiligen Einzelfallinteresses eröffnen.

Das sogenannte Recht am eigenen Bild teilt so das Schicksal der Nichtabgegrenztheit des allgemeinen Persönlichkeitsrechts. Seine Entwicklung in Rechtsprechung und Lehre zeigt auf, wie weit die Konkretisierung gehen müßte, um zu brauchbaren praktisch verwertbaren Ergebnissen zu kommen; wie weit also das Spannungsverhältnis zwischen Prinzip und Einzelfallproblem tatsächlich ist.

Man könnte deshalb die Aussage wagen, besondere und damit einer einheitlichen gesetzlichen Regelung zugängliche Persönlichkeitsrechte sind allenfalls denkbar, wenn sie sich wie beim Urheberpersönlichkeitsrecht oder beim Namensrecht des § 12 BGB in eine Subjekt-Objektbeziehung, d. h. in ein subjektives Recht im überkommenen Sinne fassen lassen. Denn in allen anderen Fällen ist es bisher nicht gelungen, über die Einzelfallabwägung als eines typischen Indikators für die Unmöglichkeit einer Regelung mit allgemeingültigem Anspruch hinauszugelangen.

---

1. ERMAN-WEITNAUER, Anh. zu § 12 Rz. 9; HUBMANN, Das Persönlichkeitsrecht, 156 f.

Wenn sich daher die Rechtsverletzung der Persönlichkeit im Bereich der bildlichen Personendarstellung in verfassungsrechtlich einwandfreier Weise nur am konkreten Einzelfall feststellen läßt, so wäre bereits viel gewonnen, wenn sich die Einsicht durchsetzen würde, daß die angewandte Interessenabwägung höchstens zu dem Ergebnis führen kann, welches Interesse im jeweiligen Konflikt überwiegt, nie aber dazu, es handele sich bei der Darstellung um ein Bildnis oder eine Person der Zeitgeschichte. Mit dieser Einsicht wären zuweilen sich bemerkbar machende Hindernisse auf dem Weg zu einer klaren und richtigen Lösung beiseite geräumt: man würde nicht mehr um nutzlose Begriffsinterpretationen des § 23 I KUG streiten und darüber die exakte Herausarbeitung der Interessen und die Notwendigkeit der Abwägung dieser Interessen übersehen.

Zum Schluß wäre zu überlegen, was an die Stelle der verfassungswidrigen §§ 22, 23 I KUG treten soll; auch und welche gesetzliche Ausgestaltung das "Recht am eigenen Bild" ersetzen kann.

Soweit nicht jede gesetzliche Neuregelung allein schon wegen des willkürlichen Herausgreifens des Bildnisschutzes als Regelungsobjekt wenig sinnvoll erscheint, könnte sie, um den dargestellten Anforderungen zu entsprechen, nur unter jeglichem Verzicht auf eine konkrete inhaltliche Ausformung mit Hilfe einer Leerformel auf die Einzelfallabwägung verweisen, wie das etwa in § 78 des österreichischen Urhebergesetzes geschieht: "Bildnisse von Personen dürfen weder öffentlich ausgestellt noch auf eine andere Art, wodurch sie der Öffentlichkeit zugänglich gemacht werden, verbreitet werden, wenn dadurch berechtigte Interessen des Abgebildeten...verletzt würden"(1). Allenfalls wäre eine Generalklausel denkbar, die auf die beiden kollidierenden Prinzipien, den Persönlichkeitsschutz und die Meinungsfreiheit, verweisen würde. Die fehlende inhaltliche Ausgestaltungsfähigkeit führt in jedem Fall zu der Frage, nach der Sinnhaftigkeit einer solchen Regelung. Das gesamte allgemeine Persönlichkeitsrecht beruht bis heute fast ausschließlich auf richterlicher Rechtsfortbildung, ohne daß dies ernstlich Anlaß zu Besorgnissen geben könnte. Es wäre deshalb abzusehen, daß eine ersatzlose Streichung der §§ 22, 23 KUG ohne nachteilige Folgen bliebe. Eine gesetzliche Neufassung könnte nur indirekt klarstellen, daß die Einzelfallabwägung alleinige Grundlage der Konfliktslösung sein muß und daß eine fortgesetzte Heranziehung von Rechtsbegriffen, wie die des Bildes oder der Person der Zeitgeschichte höchstens als Abwägungsgesichtspunkt, jedoch nicht als Abwägungsergebnis denkbar ist. Sie würde auch darauf verweisen, daß weder das Urheberrecht noch das Eigentum an Bildnissen zu deren persönlichkeitsrechtsverletzender Verwendung berechtigt. Ob diese Gründe als Bedürfnis für eine Ersatzregelung ausreichen, ist jedoch eine Frage an den Gesetzgeber(2).

----
1. vgl. auch P. ABEL, GRUR 1950, 187; § 6 des österreichischen Mediengesetzes
2. vgl. in diesem Zusammenhang das Plädoyer von NIPPERDEY, Verh. d. 42. DJT 1957, Bd. 2, D 20 f. für eine Nichtregelung des Persönlichkeitsrechts durch den Gesetzgeber

ANHANG

Gesetz betreffend das Urheberrecht an Werken der bildenden Künste und der Photographie

§ 22. (Recht am eigenen Bilde) 1 Bildnisse dürfen nur mit Einwilligung des Abgebildeten verbreitet oder öffentlich zur Schau gestellt werden. 2 Die Einwilligung gilt im Zweifel als erteilt, wenn der Abgebildete dafür, daß er sich abbilden ließ, eine Entlohnung erhielt. 3 Nach dem Tode des Abgebildeten bedarf es bis zum Ablauf von 10 Jahren der Einwilligung der Angehörigen des Abgebildeten. 4 Angehörige im Sinne dieses Gesetzes sind der überlebende Ehegatte und die Kinder des Abgebildeten, und wenn weder ein Ehegatte noch Kinder vorhanden sind, die Eltern des Abgebildeten.

§ 23. (Ausnahmen zu § 22) (1) Ohne die nach § 22 erforderliche Einwilligung dürfen verbreitet und zur Schau gestellt werden:

1. Bildnisse aus dem Bereiche der Zeitgeschichte;
2. Bilder, auf denen die Personen nur als Beiwerk neben einer Landschaft oder sonstigen Örtlichkeiten erscheinen;
3. Bilder von Versammlungen, Aufzügen und ähnlichen Vorgängen, an denen die dargestellten Personen teilgenommen haben;
4. Bildnisse, die nicht auf Bestellung angefertigt sind, sofern die Verbreitung oder Schaustellung einem höheren Interesse der Kunst dient.

(2) Die Befugnis erstreckt sich jedoch nicht auf eine Verbreitung und Schaustellung, durch die ein berechtigtes Interesse des Abgebildeten oder, falls dieser verstorben ist, seiner Angehörigen verletzt wird.

§ 33. (Strafvorschrift) (1) Mit Freiheitsstrafe bis zu einem Jahr oder mit Geldstrafe wird bestraft, wer entgegen den §§ 22, 23 ein Bildnis verbreitet oder öffentlich zur Schau stellt.

(2) Die Tat wird nur auf Antrag verfolgt.

LITERATURVERZEICHNIS

ADOMEIT, Klaus — Wahrnehmung berechtigter Interessen und Notwehrrecht. JZ 1970, 495

ALLFELD, Philipp — Die Reform des Urheberrechts an Werken der Photographie. Das Recht 1902, 417
Der Entwurf eines Gesetzes betreffend das Urheberrecht an Werken der bildenden Künste und der Photographie. GRUR 1904, 258
Rechtsanwälte im Bilde. DJZ 1926, 1467

ARNDT, Adolf — "Vor unserer eigenen Tür" - Eine Besprechung der Entscheidung des BGH v. 16.9.1966 zu dieser Fernsehsendung (BGH NJW 1966, 2353). NJW 1967, 1845

ARZT, Gunther — Der strafrechtliche Schutz der Intimsphäre vom zivilrechtlichen Persönlichkeitsschutz aus betrachtet. Tübingen 1970

BECKER, Peter v. — Straftäter und Tatverdächtige in den Massenmedien: Die Frage der Rechtmäßigkeit identifizierender Kriminalberichte. Baden-Baden 1979

BLUME, W. v. — Ist ein Recht am eigenen Bild anzuerkennen? Das Recht 1903, 113

BORNKAMM, Joachim — Pressefreiheit und Fairneß des Strafverfahrens. Baden-Baden 1980

BUSSMANN, Kurt — Reichen die geltenden gesetzlichen Bestimmungen insbesondere im Hinblick auf die modernen Nachrichtenmittel aus, um das Privatleben gegen Indiskretion zu schützen? Gutachten für den 42. D.J.T. 1957, Bd. 1, 1
Gedanken zur Ton- und Bildberichterstattung Ufita 40 (1963), 21

CANARIS, Claus-Wilhelm — Die Feststellung von Lücken im Gesetz. Berlin 1964

COING, Helmut — Ehrenschutz und Presserecht. Karlsruhe 1960

DAGTOGLOU, Prodromos — Motiv der Pressekritik und Pressefreiheit. Zur Wahrnehmung berechtigter Interessen durch die Presse. DÖV 1963, 636

DRUEY, Jean Nicolas — Interssenabwägung - eine Methode? In: Beiträge zur Methode des Rechts. St. Galler Festgabe zum Schweizerischen Juristentag 1981, 131

DÜRIG, Günter — Zum "Lüth-Urteil" des Bundesverfassungsgerichts vom 15.1.1958. DÖV 1958, 194

EBNER, A.	Das Recht am eigenen Bilde. MuW 1933, 279 und MuW 1939, 43
ECKERT, Eduard	Zum Recht am eigenen Bild. Zeitschrift für Rechtspflege in Bayern 1909, 79, 99
ELSTER, Alexander	Urheber- und Erfinder-, Warenzeichen- und Wettbewerbsrecht (Gewerblicher Rechtsschutz). 2. Aufl. 1928
ENGISCH, Karl	Einführung in das juristische Denken. 7. Aufl. 1977
ENNECCERUS, Ludwig/ LEHMANN, Heinrich	Recht der Schuldverhältnisse, 15. Bearbeitung 1958
ERMAN, Walter	Handkommentar zum Bürgerlichen Gesetzbuch. 7. Aufl. 1981
ESSER, Josef	Schuldrecht Band 2 Besonderer Teil. 4. Aufl. 1971
ESSER, Josef/ WEYERS, Hans-Leo	Schuldrecht Band 2 Besonderer Teil, Teilband 2. 5. Aufl. 1979
FIKENTSCHER, Wolfgang	Schuldrecht, 6. Aufl. 1976
FORSTHOFF, Ernst	Tagespresse und Grundgesetz, DÖV 1963, 635
FRANKE, Dietmar	Die Bildberichterstattung über den Angeklagten und der Öffentlichkeitsgrundsatz im Strafverfahren. Saarbrücken 1978. Zur Rechtmäßigkeit der Bildberichterstattung über Polizeieinsätze. NJW 1981, 2033
FRANKE, Einhard	Bildberichterstattung über Demonstrationen und Persönlichkeitsschutz der Polizei. JR 1982, 48
v. GAMM, Otto-Friedrich Frhr.	Urheberrechtsgesetz, Kommentar. München 1968 Persönlichkeits- und Ehrverletzungen durch Massenmedien. München 1969
GAREIS, Karl	Wie weit ist ein Recht am eigenen Bild anzuerkennen und zu schützen? Gutachten für den 26. D.J.T. 1902 Band 1, 1
GÖLDNER, Detlef Christoph	Verfassungsprinzip und Privatrechtsnorm in der verfassungskonformen Auslegung und Rechtsfortbildung. Berlin 1969
HESSE, Konrad	Grundzüge des Verfassungsrechts der Bundesrepublik Deutschland. 13. Aufl. 1982 Der Gleichheitsgrundsatz im Staatsrecht. AöR 77 (1951/52), 167
HIRSCH BALLIN, Ernst D.	Schutz von Bildnissen. Ufita 19 (1955), 290

HOLLDACK, F.	Das Reichsgericht und die Geschichte. JW 1932, 1333
HUBMANN, Heinrich	Die Personendarstellung im Film und der Gesetzentwurf des BJM über den Persönlichkeitsschutz. Ufita 26 (1958), 19 Das Persönlichkeitsrecht. 2. Aufl. 1967 Grundsätze der Interessenabwägung.AcP 155, 85 Der zivilrechtliche Schutz der Persönlichkeit gegen Indiskretion. JZ 1957, 521 Die Methode der Abwägung. In: Festschrift für Ludwig Schnorr von Carolsfeld zum 70. Geburtstag, 1972, 173 Wertung und Abwägung im Recht. Köln 1977
IPSEN, Jörn	Richterrecht und Verfassung. Berlin 1975
JARASS, Hans D.	Konflikte zwischen Polizei und Presse bei Demonstrationen. JZ 1983, 280
KEYßNER, Hugo	Das Recht am eigenen Bilde. Berlin 1896
KOHL, Helmut	Medienwirkung und Medienverantwortung. In: W. Hoffmann-Riem, H. Kohl, F. Kübler, K. Lüscher, Medienwirkung und Medienverantwortung, 57. Baden-Baden 1975 Die Freiheit des Bildjournalisten und das Persönlichkeitsrecht des Beamten. In: Presserecht und Pressefreiheit, Festschrift für Martin Löffler zum 75. Geburtstag, 127. München 1980
KOEBEL, Ulrich	Persönlichkeitsschutz gegenüber öffentlichen Informationen. MDR 1972, 8
KOHLER, Josef	Das Eigenbild im Recht. Berlin 1903 Kunstwerkrecht. Stuttgart 1908 Der Fall der Bismarckphotographie. GRUR 1900, 196
KREY, Volker	Studien zum Gesetzesvorbehalt im Strafrecht. Eine Einführung in die Problematik des Analogieverbots. Berlin 1977 Zur Problematik richterlicher Rechtsfortbildung contra legem. JZ 1978, 361, 428, 465
KRÜGER, Otto	Die Einwirkung des Rechtes am eigenen Bild (§§ 22 ff. des Kunstschutzgesetzes) auf die Eintragbarkeit von Warenzeichen. GRUR 1908, 91
KRÜGER, Ralf	Das Recht am eigenen Bilde bei Polizeieinsätzen. NJW 1982, 89
KRÜGER-NIELAND, Gerda	Das Problem der Rechtswidrigkeit bei Beeinträchtigungen der Persönlichkeit. Versicherungsrecht, Beiheft: Karlsruher Forum 1961, 15

	Das Urheberpersönlichkeitsrecht, eine besondere Erscheinungsform des allgemeinen Persönlichkeitsrechts? In : Festschrift für Fritz Hauß zum 70. Geburtstag, 1978, 215
LAMPE, Ernst-Joachim	Der Straftäter als "Person der Zeitgeschichte". NJW 1973, 217
LARENZ, Karl	Methodenlehre der Rechtswissenschaft, 4. Aufl. 1979 Allgemeiner Teil des Deutschen Bürgerlichen Rechts. 5. Aufl. 1980 Lehrbuch des Schuldrechts II. Band Besonderer Teil 12. Aufl. 1981 Das "allgemeine Persönlichkeitsrecht" im Recht der unerlaubten Handlung. NJW 1955, 52 Methodische Aspekte der "Güterabwägung". In: Festschrift für Ernst Klingmüller, 1974, 235
LEPA, Manfred	Der Inhalt der Grundrechte. 4. Aufl. 1981
LÖFFLER, Martin	Presserecht. Kommentar. 2. Aufl. 1968
LÖFFLER, Martin/ RICKER, Reinhart	Handbuch des Presserechts. München 1978
MARWITZ, Bruno	Das Recht am eigenen Bilde und das Recht am Lebensbild. Ufita 6 (1933), 51
MAUNZ, Theodor/ ZIPPELIUS, Reinhold	Deutsches Staatsrecht. 24. Aufl. 1983
MAUNZ, Theodor/ DÜRIG, Günter/ HERZOG, Roman/ SCHOLZ, Rupert	Kommentar zum Grundgesetz. 5. Aufl. Lieferung 19 (Stand: Oktober 1982)
MÜNZBERG, Wolfgang	Verhalten und Erfolg als Grundlagen der Rechtswidrigkeit und Haftung. Frankfurt 1966
NEUMANN-DUESBERG, Horst	Bildberichterstattung über absolute und relative Personen der Zeitgeschichte. JZ 1960, 114 Das Recht auf Anonymität in seiner Erscheinungsform als Recht am eigenen Bild. Juristen-Jahrbuch Band 7 (1966/67), 138 Abgrenzbarkeit des allgemeinen Persönlichkeitsrechts und sein Schutz nach § 823 Abs. 1 BGB. NJW 1957, 1341 Fernsehsendung "Aktenzeichen XY-ungelöst" und Persönlichkeitsrecht. JZ 1971, 305 Dokumentarfernsehsendung "Soldatenmord von Lebach" unter persönlichkeitsrechtlichem und verfassungsrechtlichem Aspekt. JZ 1973, 261

NIPPERDEY, Hans Carl	Tatbestandsaufbau und Systematik der deliktischen Grundtatbestände. NJW 1967, 1985
OLSHAUSEN, Th.	Das Recht am eigenen Bilde. Gruchot's Beiträge zur Erläuterung des Deutschen Rechts. Band 46 (1902), 492
OSTERRIETH, Albert	Bemerkungen zum Entwurf eines Gesetzes, betreffend das Urheberrecht an Werken der Photographie. GRUR 1902, 343, 361 Bemerkungen zum Entwurf eines Gesetzes, betreffend das Urheberrecht an Werken der bildenden Künste und der Photographie. GRUR 1904, 189, 245
PALANDT	Bürgerliches Gesetzbuch. 41. Aufl. 1982
PAPIER, Hans-Jürgen	"Spezifisches Verfassungsrecht" und "einfaches Recht" als Argumentationsformeln des Bundesverfassungsgerichts. In: Bundesverfassungsgericht und Grundgesetz. Festgabe aus Anlaß des 25jährigen Bestehens des Bundesverfassungsgerichts, 1976 Band 1, 432
REHBINDER, Manfred	Die öffentliche Aufgabe und rechtliche Verantwortlichkeit der Presse. Ein Beitrag zur Lehre von der Wahrnehmung berechtigter Interessen. Berlin 1962
RIETSCHEL, Siegfried	Das Recht am eigenen Bilde. AcP 94, 142
RILLING	Grenzen des Schutzes der Intimsphäre bei Personen der Zeitgeschichte. Ufita 40 (1963), 68
ROELLECKE, Gerd	Prinzipien der Verfassungsinterpretation in der Rechtsprechung des Bundesverfassungsgerichts. In: Bundesverfassungsgericht und Grundgesetz, Festgabe aus Anlaß des 25jährigen Bestehens des Bundesverfassungsgerichts, 1976 Band 2, 22
ROTHFELS, Hans	Zeitgeschichte als Aufgabe. In: Vierteljahreshefte für Zeitgeschichte 1953, 1
RÜFNER, Wolfgang	Grundrechtskonflikte. In: Bundesverfassungsgericht und Grundgesetz, Festgabe aus Anlaß des 25jährigen Bestehens des Bundesverfassungsgerichts, 1976 Band 2, 453
RUPP, Hans Heinrich	Art. 3 GG als Maßstab verfassungsgerichtlicher Gesetzeskontrolle. In: Bundesverfassungsgericht und Grundgesetz, Festgabe aus Anlaß des 25jährigen Bestehens des Bundesverfassungsgerichts, 1976 Band 2, 364

SCHLECHTRIEM, Peter	Inhalt und systematischer Standort des allgemeinen Persönlichkeitsrechts. DRiZ 1975, 65
SCHLINK, Bernhard	Abwägung im Verfassungsrecht. Heidelberg 1975
SCHMIDT, Eberhard	Justiz und Publizistik. Tübingen 1968
SCHMIDT-BLEIBTREU, Bruno/ KLEIN, Franz	Kommentar zum Grundgesetz für die Bundesrepublik Deutschland. 5. Aufl. 1980
SCHMITT GLAESER, Walter	Die Meinungsfreiheit in der Rechtsprechung des Bundesverfassungsgerichts. AöR 97 (1972), 60, 276
SCHNEIDER, Harald	Die Güterabwägung des Bundesverfassungsgerichts bei Grundrechtskonflikten. Baden-Baden 1979
SCHNUR, Roman	Pressefreiheit. VVDStRL Heft 22 (1965), 101
SCHÖNKE-SCHRÖDER	Strafgesetzbuch. Kommentar. 21. Aufl. 1982
SCHULZ-SCHAEFFER, Rudolf	Das subjektive Recht im Gebiet der unerlaubten Handlung. I. Band 1915
SCHWERDTNER, Peter	Das Persönlichkeitsrecht in der deutschen Zivilrechtsordnung. Berlin 1977 Münchener Kommentar zum Bürgerlichen Gesetzbuch Band 1, § 12 Anhang: Allgemeines Persönlichkeitsrecht
SOERGEL	Bürgerliches Gesetzbuch, 11. Aufl. 1978
STAUDINGER, J. v.	Kommentar zum Bürgerlichen Gesetzbuch mit Einführungsgesetz und Nebengesetzen, 12. Aufl. 1980
VOIGTLÄNDER-ELSTER/ KLEINE, Heinz	Urheberrecht. Kommentar. 4. Aufl. 1952
WANDREY, Hanns	Das Recht am Lebensbild. Ufita 5 (1932), 359
WANK, Rolf	Grenzen richterlicher Rechtsfortbildung. Berlin 1977
WEHRHAHN, Jürgen W.	Persönlichkeitsrecht und Zeitgeschichte. Ein Beitrag zur Lehre vom Recht am eigenen Bild. Ufita 37 (1962), 22
WEITNAUER, Hermann	Persönlichkeitsschutz und Pressefreiheit. DB 1976, 1365, 1413
WELLBROCK, Rita	Persönlichkeitsschutz und Kommunikationsfreiheit. Eine Analyse der Zuordnungsproblematik anhand der Rechtsprechung der Zivilgerichte und des Bundesverfassungsgerichts. Baden-Baden 1979
WENZEL, Karl Egbert	Das Recht der Wort- und Bildberichterstattung. Systematisches Handbuch. Köln 1967

WOLF, Ernst   Allgemeiner Teil des Bürgerlichen Rechts.
                     3. Aufl. 1982

ZIELEMANN, Peter   Der Tatverdächtige als Person der Zeitge-
                     schichte. Diss. jur. Tübingen 1980

Bericht der X. Kommission über den Entwurf eines Gesetzes, betreffend das Urheberrecht an Werken der bildenden Künste und der Photographie. In: Stenographische Berichte über die Verhandlungen des Reichstages 11. Legislaturperiode II. Session 1905/6, 6. Anlageband/Drucksachen Nr. 433-526 Aktenstück Nr. 448 S. 4677 ff.

Entwurf eines Gesetzes, betreffend das Urheberrecht an Werken der bildenden Künste und der Photographie. In: Stenographiesche Berichte über die Verhandlungen des Reichstages 11. Legislaturperiode II. Session, 2. Anlageband/Drucksache Nr. 30, 1526, und in: GRUR 1906, 11

Entwurf eines Gesetzes zur Neuordnung des zivilrechtlichen Persönlichkeits- und Ehren-Schutzes. In:
Verhandlungen des Deutschen Bundestages, 3. Wahlperiode. Anlagen zu den stenographischen Berichten Band 63 Drucksache 1237 Bonn 1959

INHALTSVERZEICHNIS

EINLEITUNG 9

1. Teil
DIE VERLETZUNG DES ALLGEMEINEN PERSÖNLICHKEITSRECHTS
UND DER GESETZLICH GEREGELTEN PERSÖNLICHKEITSRECHTE 17

I. Die Generalklausel des allgemeinen Persönlichkeitsrechts 17

A. Die Entwicklung des allgemeinen Persönlichkeitsrechts 17
B. Der Inhalt des allgemeinen Persönlichkeitsrechts 19

II. Die Verletzung des allgemeinen Persönlichkeitsrechts 21

A. Die Konkretisierung der Rechtsgüter des allgemeinen Persönlichkeitsrechts 22
B. Die Konkretisierung von Verletzungstatbeständen 24

   1. Das Merkmal der Rechtswidrigkeit als notwendiger Bestandteil der Rechtsverletzung 28
   2. Die Güter- und Interessenabwägung als allgemeines Prinzip der Tatbestandsabgrenzung 30

C. Die Feststellung der Rechtswidrigkeit im allgemeinen Persönlichkeitsrecht 32

III. Die Verletzung der gesetzlich geregelten Persönlichkeitsrechte 36

2. Teil
DIE AM KONFLIKT UM DIE BILDNISVERÖFFENTLICHUNG
BETEILIGTEN RECHTSGÜTER UND INTERESSEN 39

I. Das Rechtsgut und die Interessen der Abgebildeten im Bildnisschutz 39

A. Die Bestimmung des Rechtsguts anhand des Gesetzes 40

   1. Der Gesetzeswortlaut 40
   2. Der Standort des Rechts am eigenen Bild im KUG und die gesetzgeberischen Motive 41
   3. Der der gesetzlichen Fassung vorangegangene Meinungsstreit um ein Recht am eigenen Bild 42

B. Die Beschreibung des Rechtsguts in Rechtsprechung und Literatur 44
C. Die von den §§ 22, 23 II KUG tatsächlich erfaßten Rechtsgüter und Interessen 46

   1. Die der Interessenlage zugrundeliegende faktische Situation 46
      a. Das Bildnis als Spiegel der Persönlichkeit 46
      b. Auswirkungen der Verbreitung und Schaustellung 48

		c. Die Bildniswiedergabe im Vergleich zu anderen Darstellungsformen	50

      2. Die allein durch die Tatsache der Veröffentlichung berührten Interessen   52

          a. Das Anonymitätsinteresse   53
          b. Schutz der Privat- und Geheimsphäre   54
          c. Die Verfügungsbefugnis über die Darstellung   56

      3. Zusammenhang und Inhalt der Darstellung als Ursachen von Interessenbeeinträchtigungen   58

      4. Beeinträchtigung von Interessen aus außerhalb der Veröffentlichung liegenden Umständen   61

          a. Interessen wirtschaftlicher Art   61
          b. Interessen hoheitlicher Art   64

D. Bestimmung des Umfangs und Eingrenzung der Interessen an der Nichtveröffentlichung   64

      1. Begrenzung auf Interessen persönlichkeitsrechtlicher Natur   65
      2. Umfang der Rechtsgüter der §§ 22, 23 II KUG   66

E. Die Besonderheit eines gesetzlichen Bildnisschutzes   66

      1. Die Würdigung der Gesamtumstände   66
      2. Die Ursache der Rechtsverletzung bei Bild- und sonstiger Darstellung   67
      3. Das Recht am eigenen Bild als besonderes Persönlichkeitsrecht?   68
      4. Die besondere Schutzbedürftigkeit vor bildlicher Darstellung   69
      5. Das Verhältnis von § 22 KUG zu § 23 II KUG in Bezug auf die von ihnen geschützten Güter und Interessen   70

F. Ergebnis   71

II. **Die Rechte auf Veröffentlichung**   72

A. Der dem Gesetz zugrundegelegte Interessenkonflikt   72

B. Die Rechte aus Art. 5 I GG   74

      1. Die ideellen Interessen an der Meinungsäußerung   75
      2. Wirtschaftliche und gewerbliche Interessen   76

C. Die Gemeinschaftsinteressen   78

      1. Die Beteiligung der Gemeinschaftsinteressen am Konflikt um die Bildnisveröffentlichung   80
      2. Die Wahrnehmung berechtigter Interessen der Allgemeinheit   81
          a. Die "öffentliche Aufgabe" der Medien   82
          b. Die Gemeinschaftsinteressen als konstitutionelle Komponente der Meinungsfreiheit   83
          c. Die Fehlerhaftigkeit und negative Wirkung einer Wahrnehmung der Interessen der Allgemeinheit   84
      3. Ergebnis

D. Inhaltliche Bestimmung und Eingrenzung der Interessen an der Bildnisveröffentlichung   86

E. Die Bewertung der Interessen an der Bildnisveröffentlichung	89
III. Konsequenzen aus der Analyse der am Konflikt beteiligten Rechte und Interessen	91

3. Teil
DAS BILDNIS AUS DEM BEREICH DER ZEITGESCHICHTE 93

I. Die gesetzgeberische Lösung des Interessenkonflikts zwischen Persönlichkeitsrecht und Meinungsfreiheit	93
A. Das Bildnis	93
B. Die Zeitgeschichte	93
1. Die Wortbedeutung des Begriffs "Zeitgeschichte"	93
2. Die Interpretation des Gesetzgebers	95
3. Die Diskrepanz zwischen Wortbedeutung und Interpretation	96
C. Die "berechtigten Interessen" des Abgebildeten	98
1. § 23 II KUG	98
2. Die Besonderheit der gesetzlichen Systematik des Rechts am eigenen Bild	102
D. Der Regelungsgehalt der §§ 22, 23 I Nr. 1, 23 II KUG	103
II. Die Interpretation des § 23 I Nr. 1 KUG in Rechtsprechung und Lehre	107
A. Zeitgeschichte und Zeitgeschehen	108
B. Zeitgeschichte und Öffentlichkeit	113
1. Die Person des öffentlichen Lebens	115
2. Abbildungsfreiheit kraft eigener Veranlassung des Abgebildeten	116
3. Zeitgeschichte als Gegenstand allgemeinen Interesses	120
4. Zeitgeschichte als Dokumentation des Zeitgeschehens	122
5. Absolute und relative Personen der Zeitgeschichte	125
C. Die Berechtigung der Interessen der Allgemeinheit	128
D. Das überwiegende Interesse der Allgemeinheit	133
E. Die Behandlung des Rechts am eigenen Bild durch das Bundesverfassungsgericht	138
F. Ergebnis	140
G. Das Recht am eigenen Bild im Vergleich zum allgemeinen Persönlichkeitsrecht	141

4. Teil
DIE ZULÄSSIGKEIT EINER INTERPRETATION DES BILDNISSES DER ZEITGESCHICHTE DURCH EINZELFALLABWÄGUNG 143

A. Einzelfallabwägung als richterliche Rechtsfortbildung ... 144
   1. Einzelfallabwägung als Auslegung ... 144
   2. Einzelfallabwägung als Lückenfüllung ... 148
   3. Einzelfallabwägung als Rechtsfortbildung "contra legem" ... 149
B. Die Unzulässigkeit einer Rechtsfortbildung contra legem ... 149

5. Teil
DIE NOTWENDIGKEIT EINER EINZELFALLBEZOGENEN GÜTER- UND INTERESSENABWÄGUNG ZUR ERMITTLUNG DER RECHTSVERLETZUNG ... 153

I. Die verfassungskonforme Auslegbarkeit der §§ 22, 23 I Nr. 1 KUG ... 154

II. Der Konkretisierungsprimat des Gesetzgebers und Art. 3 I GG ... 155

III. Schutz der Persönlichkeit vor Bildnisveröffentlichungen und Art. 3 I GG ... 159

A. Die Grundlagen des Gleichbehandlungsgebots ... 159
B. Die Anforderungen des Gleichbehandlungsgebots ... 160
C. Der "sachgerechte Grund" als Bedingung der Rechtsgleichheit ... 161
D. Die Erstellung einer Wertrangordnung als Beurteilungsmaßstab ... 162
E. Die Entwicklung eines sachgerechten Grundes aus der Typik der Sachverhalte ... 163
F. Die Zugänglichkeit der von der Rechtsprechung entwickelten Bewertungsmaßstäbe für eine gesetzliche Ausgestaltung ... 166
G. Die Notwendigkeit einer bis zum konkreten Interesse zurückgreifenden Differenzierung ... 169
H. Nutzen und Möglichkeit einer Fallgruppenbildung ... 171
J. Ergebnis ... 172

IV. Die generelle Unterscheidbarkeit nach dem Wertvollsein des Darstellungsinhalts ... 173

A. Die Möglichkeit der generellen Unterscheidung nach dem Wertgehalt der Darstellung ... 173
   1. Bedeutung und Tauglichkeit der Wertung als Entscheidungsgrundlage ... 173
   2. Das Wertvollsein des Darstellungsinhalts ... 175
   3. Das Zeitgeschichtserfordernis als Beispiel einer Unterscheidung nach dem Wertgehalt ... 175
B. Die Verfassungswidrigkeit einer generellen Unterscheidung nach dem Wertvollsein der Bildnisveröffentlichung auf Gesetzesebene ... 176

	1. Der Verlust einer Unterscheidbarkeit bei einer Veröffentlichungsfreiheit des Zeitgeschehens	176
	2. Die Ableitung von Wertgehaltsstufen mit Hilfe einer abstrakten Güterabwägung	177
	3. Die Nichtbewertbarkeit der Meinung im Rahmen der Meinungsfreiheit	177
	4. Das Tages- und Zeitgeschehen als Hauptgebiete der "öffentlichen Meinung"	178
	5. Die Unmöglichkeit einer Wertgehaltsstufenbildung aus Gründen des Persönlichkeitsrechts	179
C.	Ergebnis	179
ERGEBNIS		181
ANHANG		187
LITERATURVERZEICHNIS		189
INHALTSVERZEICHNIS		197